中部发展蓝皮书

南昌大学“211 三期工程”重点学科项目

# 中国中部经济发展报告

教育部人文社会科学重点研究基地
南昌大学中国中部经济发展研究中心

经 济 科 学 出 版 社

责任编辑：吕　萍　张　辉
责任校对：徐领弟　远瑞华
版式设计：代小卫
技术编辑：邱　天

**图书在版编目（CIP）数据**

2008 中国中部经济发展报告/教育部人文社会科学重点研究基地，南昌大学中国中部经济发展研究中心编．—北京：经济科学出版社，2009.2
ISBN 978-7-5058-8361-1

Ⅰ.2…　Ⅱ.①教…②南…　Ⅲ.地区经济-经济发展-报告-中国　Ⅳ.F127

中国版本图书馆 CIP 数据核字（2009）第 113527 号

**2008 中国中部经济发展报告**
教育部人文社会科学重点研究基地
南昌大学中国中部经济发展研究中心
经济科学出版社出版、发行　新华书店经销
社址：北京市海淀区阜成路甲 28 号　邮编：100142
总编部电话：88191217　发行部电话：88191540
网址：www.esp.com.cn
电子邮件：esp@esp.com.cn
汉德鼎印刷厂印刷
季峰装订厂装订
787×1092　16 开　16 印张　310000 字
2009 年 2 月第 1 版　2009 年 2 月第 1 次印刷
ISBN 978-7-5058-8361-1　定价：30.00 元
**（图书出现印装问题，本社负责调换）**

# 切实把握促进中部地区崛起的关键环节

# （代　序）

促进中部地区崛起，是继鼓励东部地区率先发展、实施西部大开发、振兴东北地区等老工业基地战略后，党中央、国务院从我国现代化建设与区域协调发展的全局出发作出的又一重大决策。实施促进中部地区崛起战略以来，在各个方面的共同努力下，中部地区发展呈现出蓬勃向上的喜人局面。据统计，2007 年中部地区生产总值增速达 14.07%，比 2005 年提高了 1.6 个百分点，发展速度明显加快；地区 GDP 占全国比重达 19%，扭转了自 2004 年起持续下降的态势，工业生产连创佳绩，国有及规模以上非国有工业增加值增幅达 23.7%，在四大地区中增长最快。从总体上看，促进中部地区崛起已实现了良好的开局。

中部地区的发展正处于关键时期，大力促进中部地区崛起任务艰巨而时间紧迫。把握机遇，乘势而上，需要进一步廓清思路，抓住重点。从区域协调发展的全局和中部地区的实际出发，要切实把握好如下几个关键方面。

第一，要把推进“三个基地、一个枢纽”建设作为促进中部地区崛起的主要支撑。中部地区在区位、资源、产业、科教等方面具有明显特点和优势，基于这些特点和优势，中央提出，要把中部地区建设成为全国重要的粮食生产基地、能源原材料基地、现代装备制造及高技术产业基地和综合交通枢纽。这不仅是促进中部地区崛起的基本任务，也是实现中部地区崛起的主要支撑。必须把推进“三个基地、一个枢纽”建设作为工作的重中之重。为此，一是要科学制定发展规划。国家已把编制促进中部地区崛起规划列入政府工作的重要内容，而“三个基地、一个枢纽”建设无疑应当成为规划的主线与基础。二是要加大政策支持力度。要适应“三个基地、一个枢纽”建设的需要，落实好现有政策，研究出台更具针对性和力度更大的政策措施。三是加快完善相关基础条件，要围绕建设“三个基地、一个枢纽”，加强基础设施建设，提升产业结构，推进体制创新，优化市场环境。

第二，要把优化提升产业结构作为促进中部地区崛起的基本途径。产业是发展的基础，实现中部地区崛起必须不断优化和提升产业结构。除了要充分发挥自身的优势，形成具有特色的产业门类外，中部地区应有效利用地理位置承东启西、发展状况总体居于中游的条件，积极承接国际和东部地区产业的转移，有效利用西部的资源和要素，打造经济效益高、富有竞争力的产业体系。中部地区还要大力推进自主创新，以自主创新提升产业技术水平。为此，要进一步优化政策环境，形成有利于承接产业转移和技术创新的政策体系；要搞好基础设施建设，为产业转移和资源要素流动提供顺畅通道；要推进开发区发展，以现有的国家级开发区和省级开发区为依托，集聚优势资源，发展高新技术产业。

第三，把加快弱势地区发展作为促进中部地区崛起的关键环节。弱势地区是制约区域协调发展的瓶颈，也是实现区域协调发展的关键。中部六省贫困人口占全国的近1/3，国家级扶贫开发重点县占全国的25.5%。吕梁山、太行山、秦岭大巴山、武陵山、大别山、井冈山和赣南革命根据地六大连片贫困区都集中在中部，革命老区县比重也比较高。促进中部地区崛起要把加快这些地区的发展放在突出重要位置，采取特殊措施解决他们所面临的特殊困难。促进中部弱势地区发展的着力点要放在构建可持续发展的经济基础和运行机制、实现公共服务均等化上。要加大政府投资和财政转移支付力度，强化在义务教育、公共卫生、基本医疗、社会保障、社会救助、促进就业、减少贫困、防灾减灾和公共文化等方面的政策支持，落实好比照西部大开发的各项政策。要进一步推进弱势地区的对外开放，实现弱势地区与发达地区建立在生产资源和要素等公平交换、优势互补基础上的互惠合作。要在进一步促进城市群、经济圈、经济带发展，培育新的增长极的同时，加大先行地区对弱势地区的支持力度。对资源枯竭型城市，要积极推进经济转型，对那些仍有一定资源基础的地区或城市，也要抓紧建立健全资源开发补偿机制和衰退产业援助机制。

第四，要把推动体制机制创新作为促进中部地区崛起的有力保障。良好的体制机制既是推动经济社会快速发展的强大动力，又是实现经济社会健康运行的坚实保障，中部地区存在的许多深层次矛盾和问题都与体制不顺密切相关。与东部地区比，中部地区在改革方面还存在着不少薄弱环节。促进中部地区崛起必须不断深化改革，完善体制机制。特别重要的，一是推进行政管理体制改革，以转变政府职能为重点，改善管理方式，理顺管理层次，优化机构设置，着力构建责任政府、服务政府和法制政府，加快形成与国际通行做法相衔接的管理规制。二是推进所有制改革，加快国有大型企业规范的股份制改革，鼓励和支持非公有经济进入金融服务、公用事业、基础设施等重要领域，形成富有活力和创造力，有利于推进经济、社会全面协调可持续发展的所有制结构。三是推进市场体系改革，着力打破行政垄断和市场封锁，建立健全各类市场，完善社会信用制度，促进商品和要素在区域间的自由流动，形成开放、统一、竞争充分、交易公平的市场体系。在具体工作中，要强化改革思维，注重用改革的办法解决发展中的困难和矛盾。

第五，要把加强区域合作作为促进中部地区崛起的重要手段。合作能够趋利避害，合作有利于优势互补。加强合作与协作是促进中部地区崛起的重要基础。中部地区各省既要加强相互间的合作，形成合力；也要加强与东部和西部的合作，搞好互动。为此，一方面，要适应经济市场化和区域一体化发展的要求，通过体制创新和法律约束，打破行政区划的局限，排除各种形式的障碍，为推进区域合作创造良好的市场基础。另一方面，要完善合作的组织形式和运行机制，创新合作内容与方式，广泛深入地开展多形式、多层次、多领域的区域经济协作和合作。通过合作推进基础设施建设、产业配置、管理规制、市场运行等的一体化。

促进中部地区崛起需要一个过程，要使中部的发展不断实现新跨越，不仅需要对未来发展提出科学的规划与方针政策，而且需要对已进行的工作做实事求是的总结评估。事实上，对未来发展的科学规划和提出正确的方针政策也要以对过去工作的科学总结评估为基础。总结评估已有的工作可以运用多种形式，编制年度发展报告是其中的一种重要形式。南昌大学中国中部经济发展研究中心编制中国中部经济发展报告，对于促进中部崛起来说是一件非常有益的工作。《中国中部经济发展报告》基于中部六省发展的实际，对中部地区总体运行态势进行了描绘，对一些重大的问题作出了理论分析和实证研究，同时，对未来的发展提出了建议。毫无疑问，这本报告无论对于从事中部地区问题研究的专家学者，还是对于推进中部崛起各项工作的实际操作者们来说，都具有积极的参考价值。在此推荐给大家，期望各个方面给予足够的关注。

高校特别是中部地区的高校是促进中部地区崛起的一支重要力量。我们期待中部的高等院校都像南昌大学中国中部研究中心那样，关注中部地区的发展，运用自己特殊的优势，积极支持和推动促进中部地区崛起工作，尤其是在深化制约中部地区发展的重大问题的理论研究方面作出贡献。

是为序。

二〇〇八年二月

（作者系国家促进中部地区崛起工作办公室副主任、著名经济学家）

# 目　录

## 第一部分　中部地区经济发展评价报告



## 第二部分　中部地区经济发展专题研究报告

## 第三部分　中部地区经济发展大事记

# 第一部分

# 中部地区经济发展评价报告

# 第一章　中部地区经济发展概况及综合评价*

## 第一节　中部地区经济发展概况

与全国以及东部、西部、东北三个大区域相比，中部地区区域经济发展具有如下几个现状特征：

### 一、人力资源丰富，但人力资本贡献偏低

2007 年，中部六省总人口达到了 3.72 亿人，占全国的 28.1%，在四大经济区中居第三位；平均每个省人口达到 6 196.90 万人，高出大多数省区的总人口数，其中河南省人口达到了 9 869 万人，人口数量居全国第一位。相对于中部地区 102.8 万平方公里的面积而言，其人口密度达到 362 人/平方公里，是一个典型人口密集区。由于中部地区人口依然处于较高生育时期，全区人口平均自然增长率依然达到 5.53%，仅低于西部地区，是中国第二人口高生育区域。

**表 1－1　　各省人口占中部地区及全国的比重（2007 年）**

| 省区 | 山西 | 安徽 | 江西 | 河南 | 湖北 | 湖南 |
|---|---|---|---|---|---|---|
| 占中部地区比重（%） | 9.12 | 17.95 | 11.75 | 26.54 | 16.33 | 18.30 |
| 占全国比重（%） | 2.57 | 5.05 | 3.30 | 7.47 | 4.59 | 5.15 |

资料来源：中国统计年鉴（2007）。

所谓人力资源，是指某种范围内的人口总体所具有的劳动能力的总和，它又被称为“劳动力资源”或“劳动资源”。中部地区劳动力密集，尤其是河南、湖北、湖南、江西和安徽，人力资源总量都很丰富，六省劳

* 撰稿人：周迪，高丽娟，段玉芳，南昌大学中国中部经济发展研究中心。

动力资源总量占全国31个省（市、区）劳动力总量的30%左右。由于市场发育不完善，产业发展滞后，丰富的劳动力资源并没有转化为现实生产力，劳动力就业不充分，存在大量农村剩余劳动力，全国就有40%的农民工是来自中部。

另外，中部地区科技人力资源两大主体专业技术人员和科技活动人员的发展滞后。首先，中部地区专业技术人员的滞后程度甚于科技活动人员，其特征表现为比重和部分类别的“两低”：一是平均每万人中专业技术人员数与我国其他主要地区相比最低。二是平均每万名专业技术人员中科学技术人员和工程技术人员数与我国其他主要地区相比最低；其次，中部地区科技活动人员发展的“后发劣势”凸显：一是发展速度减慢，和东部地区差距加大。中部地区科技人力资源在对本地区支柱产业的支撑效率上，与东部相比差距拉大，尤其体现在医药制造业、普通机械制造业、电子及通信设备制造业、化学原料及化学制品、石油加工及炼焦业、烟草加工业、食品加工业、有色金属冶炼及压延加工业等支柱工业中。二是很多支柱产业中存在着人力资本投资效率不高，科技人力资源的投入与产出比失衡的现象。

与人力资源紧密联系的一个概念就是人力资本。人力资本积累是区域经济发展的重要因素。人力资本主要以人的能力的利用、开发为表现的，包括教育、工作经验以及人口的健康营养状况等因素在内的资本形式，是对劳动者素质的概括。人力资本与物质资本、劳动、技术进步一起，推动着经济增长，而且人力资本的作用越来越突出，这已经被现代经济持续增长的事实和国内外学者的研究所证实。

中部地区人力资本投资和贡献率偏低，经济欠发达的中部各省为了促进经济发展，不断加大投资力度，但其用于物质资本的投入大大超过用于人力资本的投入，仍然以固定资产投资为主带动经济的增长，人力资本对经济发展的贡献率较低（仅湖北省达到了30.74%，其余均低于30%，具体数据参见表1-2），远未发挥出它应有的重要作用。

**表1-2　　中部地区要素贡献份额**

| 省区 | 山西 | 安徽 | 江西 | 河南 | 湖北 | 湖南 |
|---|---|---|---|---|---|---|
| 物质资本 | 54.59 | 45.6 | 55.35 | 36.24 | 61.54 | 59.33 |
| 人力资本 | 29.77 | 25.6 | 23.26 | 23.89 | 30.74 | 26.05 |

资料来源：周绍森等. 中国中部崛起论. 北京：中国经济出版社，2003：468。

据计算，1990~1995年期间，由中部地区流向东部地区的人口数是同期东部地区流向中部地区人口数的4.9倍。另据统计测算，1995~2000年期间省际流动的外来劳动力推动东部地区GDP增长了10%以上（贡率献），贡献了东部地区GDP增长的近15%（贡献度）。根据2001年有关资料统计，中部各省输出的劳动力约占全国劳动力输出总量的60%左右。尽管劳动力异地间的跨区域流动，减轻了中部地区剩余劳动力就业的压力，也给中部地区带来了一定的收入，但其对中部地区的区域经济发展同样造成了较严重的现实损失。

表1-3比较了中部六省和北京、上海的人均受教育年限的情况。2007年，中部地区人均受教育年限为8.17年，比2009年增加了近1.4年。但与北京的10.7年及上海的11.1年相比，差距还较大，说明人力资本存量相对不足。并且人才外流现象严重，中部地区培养的人才大量流向东南沿海。

**表1-3　中部地区各省与北京、上海市人均受教育年限的对比（2006年、2007年）**

| 地区 | 2006年 | 2007年 |
|---|---|---|
| 中部地区 | 7.8 | 8.17 |
| 山西 | 8.42 | 8.68 |
| 安徽 | 7.04 | 7.21 |
| 江西 | 7.53 | 8.2 |
| 河南 | 7.99 | 8.15 |
| 湖北 | 7.82 | 8.38 |
| 湖南 | 7.99 | 8.38 |
| 北京 | 10.69 | 10.7 |
| 上海 | 10.03 | 11.1 |

资料来源：中华人民共和国科技部（www.most.gov.cn）。

## 二、经济规模偏小，且人均水平较低

2007年该中部地区GDP产值为51 864.28亿元，相对于占全国27.3%的人口份额而言，中部地区经济规模不大，中部地区GDP是全国的21.03%，低于同时期人口比重6.3个百分点，其份额占全国的比重偏低。与其他三个经济区相比，2007年中部地区经济增长速率较低，不仅低于其他三个经济区，而且还低于全国平均水平。2007年，全区人均GDP仅有13 949元，比全国平均水平少4 716元，仅高于西部地区人均水平。

## 三、经济结构不够合理，但工业化进程不断加快

中部地区经济结构与全国经济结构相比表现为：工业化程度不高，第

三产业发展比较滞后，与东部发达地区的经济结构比较存在很大的调整空间（表1－4）。2007年除山西省外，其他省的第一产业产值比重均高于全国平均水平11.7%，同时有三个省的第二产业产值比重高于全国平均水平，工业化进程仍在继续加快，但第二产业产值比重最小的湖南省仍低于全国平均水平6.5个百分点。而第三产业产值比重只有两个省高于全国平均水平，这说明中部地区产业结构较为落后，社会生产资源高级化配置的潜力较大。从就业结构来看，2007年中部地区第一产业就业比重高于全国水平，第二产业和第三产业就业比重低于全国平均水平。从表1－4与表1－5对照来看我国就业结构水平落后于产值结构水平，而中部地区与全国相比无论是就业结构还是产值结构都低于全国水平，且就业结构严重滞后于产值结构。其就业结构整体上呈现出“一、三、二”的结构态势，这是由于中部地区工业水平落后于全国水平所致。

**表1－4　全国及中部各省的经济增长情况（2007年）**

| 地区 | 国内生产总值（GDP） | | | | | 人均GDP |
|---|---|---|---|---|---|---|
| | 总量（亿元） | 增长率（%） | 第一产业 | 第二产业 | 第三产业 | 元/人 |
| 全国 | 246 619 | 11.4 | 11.7 | 49.2 | 39.1 | 18 665 |
| 中部地区 | 51 864 | 14.07 | 14.6 | 49.7 | 35.7 | 13 949 |
| 山西 | 5 696 | 14.2 | 5.5 | 59.6 | 34.9 | 16 835 |
| 安徽 | 7 346 | 13.9 | 16.5 | 44.7 | 38.8 | 12 015 |
| 江西 | 5 469 | 13.0 | 16.6 | 51.7 | 31.7 | 12 562 |
| 河南 | 15 058 | 14.4 | 15.7 | 55 | 29.3 | 16 012 |
| 湖北 | 9 150 | 14.5 | 15.5 | 44.8 | 39.7 | 15 074 |
| 湖南 | 9 145 | 14.4 | 17.6 | 42.7 | 39.7 | 14 405 |

资料来源：中华人民共和国科技部（www.most.gov.cn）。

**表1－5　全国及中部各省三次产业就业结构（2007年）**

| 地区 | 第一产业（%） | 第二产业（%） | 第三产业（%） |
|---|---|---|---|
| 全国 | 40.8 | 26.8 | 32.4 |
| 中部地区 | 45.1 | 24.6 | 30.3 |
| 山西 | 40.1 | 26.2 | 33.7 |
| 安徽 | 56.0 | 19.0 | 25.0 |
| 江西 | 38.0 | 28.0 | 34.0 |
| 河南 | 50.6 | 25.8 | 23.6 |
| 湖北 | 40.8 | 26.8 | 32.4 |
| 湖南 | 44.9 | 22.0 | 33.1 |

资料来源：《中国统计年鉴（2008年）》。

20世纪60～70年代，美国经济学家库兹涅茨利用现代统计体系，通过对各国历史史料进行深入的挖掘，概括出一个国家或地区劳动力的部门分布变化和产业所创造国民收入的比重变化存在一定的规律性，即随着人均收入水平的提高而产生的产业重心转移过程，以及三次产业产值变动与就业构成的相关变化（表1－6）。根据库兹涅茨统计规律，当人均国内生产总值超过1 000美元时，国家的产业比重和劳动力比重结构都会呈现“二、三、一”的结构，且第一产业劳动力比重大于第一产业产值比重（中部是这种情况），由此可见中部地区的第二产业发展滞后，工业化发展很不充分。

**表1－6　库兹涅茨关于产业结构变动规律研究的结论**　单位：%

| 产业部门 | 1958年人均国内生产总值基准水平 | | | | | | | | | |
|---|---|---|---|---|---|---|---|---|---|---|
| | 70 | | 150 | | 300 | | 500 | | 1 000 | |
| | 产值比重 | 劳动力比重 | 产值比重 | 劳动力比重 | 产值比重 | 劳动力比重 | 产值比重 | 劳动力比重 | 产值比重 | 劳动力比重 |
| 第一产业 | 48.4 | 80.5 | 36.8 | 63.3 | 26.4 | 46.1 | 18.7 | 31.4 | 11.7 | 17.0 |
| 第二产业 | 20.6 | 9.6 | 26.3 | 17.0 | 33.0 | 26.8 | 40.9 | 36.0 | 48.4 | 45.6 |
| 第三产业 | 31.0 | 9.9 | 36.9 | 19.7 | 40.6 | 27.1 | 40.4 | 32.6 | 39.9 | 37.4 |

工业增加值水平是工业化程度的重要标志，中部地区人均工业增加值目前低于全国平均水平（图1－1），2007年山西、安徽、江西、河南、湖北、湖南人均工业增加值为全国平均水平的112.4%、50.7%、63.8%、93.6%、57.2%、60.7%，可以在一定程度上说，中部地区人均GDP落后于全国平均水平是因为中部地区工业发展与全国相比潜力未完全发挥出来造成的。

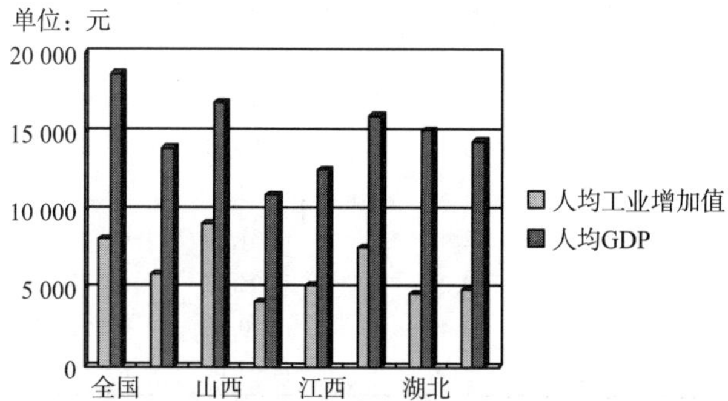


**图1－1　中部地区与全国的人均工业增加值、人均GDP比较（2007年）**

资料来源：中国及各省社会经济统计公报（2007年）。

由于资源条件和历史积累，中部地区形成了以重工业为主的工业结构，而且中部地区较高的重工业比重是建立在较低的经济发展水平基础上的，是轻工业发展相对滞后而反衬的结果。1913 年德国经济学家霍夫曼对 1880～1929 年产业革命以来 50 年间 20 多个国家的工业化过程进行了实证分析，后来，他在 1958 年出版的《工业经济的成长》一书中，又根据以后工业化的实践资料，进一步分析了工业化各阶段工业部门结构变动状况，得出了工业化四阶段的经验学说（表 1－7），揭示了工业化过程中工业部门结构演变的一般趋势。2007 年，中部地区霍夫曼系数为 0.38，小于全国的平均值，反映了中部地区工业发展的结构状况。中部地区传统基础工业比重大，新兴工业发展缓慢。中部六省多数省的主导行业分布在原料工业、燃料动力工业和农产品加工等领域，这与中部六省的自然资源结构基本相符。

**表 1－7　霍夫曼工业化四阶段指标**

| 工业化阶段 | 霍夫曼系数＝消费资料工业净产值/资本品工业净产值 |
|---|---|
| 第一阶段 | 霍夫曼系数＝5（±1） |
| 第二阶段 | 霍夫曼系数＝2.5（±05） |
| 第三阶段 | 霍夫曼系数＝1（±0.5） |
| 第四阶段 | 霍夫曼系数＜＝1 |

资料来源：陆大道等。1997 中国区域发展报告。北京：商务印书馆。

**表 1－8　2007 年中部各省的轻、重工业结构**

| | 轻工业总产值 | | 重工业总产值 | | 霍夫曼系数 |
|---|---|---|---|---|---|
| | 绝对值（亿元） | 比重（%） | 绝对值（亿元） | 比重（%） | |
| 全国 | 119 640 | 29.53 | 285 537 | 70.47 | 0.428 |
| 中部地区 | 4 925.15 | 28.18 | 12 549.90 | 71.82 | 0.38 |
| 山西 | 312.34 | 0.13 | 2 058.67 | 86.83 | 0.06 |
| 安徽 | 682.7 | 28.87 | 1 682.1 | 71.13 | 0.41 |
| 江西 | 591 | 32.43 | 1 231.24 | 67.57 | 0.48 |
| 河南 | 1 643.84 | 30.23 | 3 794.22 | 69.77 | 0.43 |
| 湖北 | 832.39 | 29.49 | 1 990.58 | 70.51 | 0.42 |
| 湖南 | 862.88 | 32.49 | 1 793.09 | 67.51 | 0.48 |

资料来源：《中国统计年鉴（2008 年）》。

## 四、城市圈（群）的经济增长较快

在中部六省的城市圈（群）中，武汉城市圈、长株潭城市群、中原城市群和皖江城市带的经济实力较其他要强，也正式入围中央关于中部崛起的10号文件，进入国家的宏观发展战略视野。

武汉城市圈以武汉为中心，加上周边的黄石、鄂州、黄冈、孝感、咸宁、仙桃、天门和潜江8市，是湖北省人口、产业最为密集的地区。土地面积约5.81万平方公里，占湖北省土地总面积的31.3%；人口2 990万，占全省的52.5%。2007年武汉城市圈经济总量达5 556.7亿元，占湖北全省的60.2%，人均GDP达到18 639元，财政一般预算收入为306.9亿元，占全省的52.0%。社会消费零售总额达2 556.7亿元，占全省比重63.5%，全社会固定资产投资总额达2 814.5亿元，占全省比重62.0%。进出口总额达到63.3亿美元，占全省比重77.4%。2007年武汉城市圈的产业结构比例为11.5∶44.6∶43.9，二、三产业发展较为均衡。

长株潭城市群位于湖南省东北部，包括长沙、株洲、湘潭三市。面积2.8万平方公里，2007年人口1 298万，经济总量3 468.3亿元，分别占湖南全省的13.2%、20.4%、37.7%，是湖南省经济发展的核心增长极，人均GDP达到26 824元，财政一般预算收入为236.4亿元，占全省的39.0%。社会消费零售总额达1 437.8亿元，占全省比重42.8%，全社会固定资产投资总额达1 998.1亿元，占全省比重46.5%。进出口总额达到63.8亿美元，比上年同期增长30.3%，其中出口42亿美元，增长21%，进口21.8亿美元，增长53.1%。2007年长株潭城市群的产业结构比例为9.2∶46.9∶43.9，类似于武汉城市圈二、三产业发展较为均衡。

中原城市群经济发展也较快，中原城市群以郑州为中心，一个半小时通勤为半径，包括郑州、洛阳、平顶山、许昌、漯河、开封、焦作、新乡和济源共9个地级城市，土地面积约5.87万平方公里，占河南省土地总面积的35.2%；人口3 955万，占全省的42.3%。2007年生产总值为8 610.5亿元，地方财政收入为544.30亿元，生产总值和地方财政收入分别占全省的57.0%和63.1%，人均GDP为21 778元。全社会固定资产投资为4 567.28亿元，比去年增长37.9%，社会消费品零售总额为2 628.71亿元，增长18.6%，出口64.18亿美元，增长26.7%。产业结构比例为9.3∶58.3∶32.4，第三产业发展明显落后于第二产业，与其他两群（圈）

有较大差别。

皖江城市带包括安徽省沿江两岸的8个城市，分别是滁州市、巢湖市、安庆市、马鞍山市、芜湖市、铜陵市、池州市和宣城市。面积56 419平方公里，占安徽省的40.3%。人口2 120.3万，占全省的32.5%。2006年生产总值达2 655亿元，比上年增长14.5%，人均GDP为12 441元。地方财政一般预算收入为158.6亿元，比上年增长32.1%。城镇固定资产投资总额为1 425.4亿元，同比上年增长34%。农民人均纯收入为3 761元。

## 五、对外开放程度相对较低，外资利用规模较小

2006年，中部地区进出口总额为743.33亿美元，相比2006年增长了36.04%，涨幅高于全国平均水平，其中江西省较2006年增长达到53%，对外贸易成果丰硕。除湖北省外，中部其他五省的进口额增长率均高于出口额增长率。但中部地区作为全国的四大重要区域之一来说，在2007年进出口总额只占全国的3.42%，出口总额只占全国的3.6%，表明中部地区与其他地区，尤其是东部地区相比，对外开放水平还有较大差距，对外开放程度较低。

由于中部地区区位原因，加上投资环境、对外开放政策等方面因素，中部利用外资规模较小、质量较低。主要表现为外商投资项目规模小、投资产业结构不合理、外资来源渠道窄等方面。2007年，中部六省利用外资总额为181.95亿美元，同期全国利用外资总额为748亿美元，虽然从增长率上看，中部地区2006年的增长率达到39.48%，而全国的增长率为1.74%，中部地区对外开放的趋势应该是不错的，但是从绝对值上看，与中部地区经济总量所占全国21.03%的比重看，则仍然是相对低的。中部各省利用外资数量分别为：山西22.6亿美元，安徽30亿美元，江西31亿美元，河南30.62亿美元，湖北35.02亿美元，湖南32.71亿美元，全国为748亿美元。2007年，外贸依存度山西为14.22%，安徽为15.18%，江西为12.13%，河南为5.95%，湖北为11.37%，湖南为7.42%，全国为61.7%，中部地区与全国平均水平相比差距很大。而且，中部六省的外商投资主要集中在资源开发业、一般性制造业和房地产业，而投向农业、基础设施和国有企业的数量不多，投向高新技术产业的更少。

表 1－9　　全国及中部各省 2007 年进出口贸易情况　　单位：亿美元

| | 进出口总额 | 增长率（%） | 出口总额 | 增长率（%） | 进口总额 | 增长率（%） |
|---|---|---|---|---|---|---|
| 全国 | 21 738 | 23.5 | 12 180 | 25.7 | 9 558 | 20.8 |
| 山西 | 115.7 | 74.6 | 65.3 | 57.8 | 50.4 | 102.5 |
| 安徽 | 159.3 | 30.1 | 88.2 | 29 | 71.1 | 31.3 |
| 江西 | 94.8 | 53 | 54.6 | 45.5 | 40.2 | 64.7 |
| 河南 | 128.05 | 30.7 | 83.91 | 26.5 | 44.13 | 39.6 |
| 湖北 | 148.58 | 26.6 | 81.74 | 30.5 | 66.84 | 22 |
| 湖南 | 96.9 | 31.8 | 65.23 | 28.1 | 31.67 | 40.2 |
| 中部地区 | 743.33 | 36.04 | 438.98 | 17.75 | 304.34 | 39.22 |
| 中部占全国比（%） | 3.42 | | 3.6 | | 3.18 | |

表 1－10　　全国及中部各省 2006～2007 年实际利用外资情况　　单位：亿美元

| 地区 | 2006 年 | 2007 年 | 增长率（%） |
|---|---|---|---|
| 山西 | 13.24 | 22.6 | 70.694864 |
| 安徽 | 13.94 | 30 | 115.208034 |
| 江西 | 28.07 | 31 | 10.4381902 |
| 河南 | 18.45 | 30.62 | 65.9620596 |
| 湖北 | 30.82 | 35.02 | 13.6275146 |
| 湖南 | 25.93 | 32.71 | 26.1473197 |
| 中部地区 | 130.45 | 181.95 | 39.4787275 |
| 全国 | 735.23 | 748 | 1.73687146 |

资料来源：《中国统计年鉴（2007 年、2008 年）》。

## 第二节　中部地区经济运行水平及发展能力分析

### 一、中部地区经济总体运行水平分析

区域经济运行水平指标体系包括经济规模指标、经济结构指标、经济速度指标和经济效益指标四个部分，研究区域经济运行水平可以从总体上把握区域经济运行情况。图 1－2 是中部地区及各省的经济运行水平指数变化情况，从图上可以看出中部地区及各省的经济运行水平指数变化都呈现波动态势，表明中部地区及各省经济运行的不稳定性。通过计算它们五年的经济运行水平指数的平均值，可以得到整个中部的经济运行指数，山西为 35.86、安徽为 18.98、江西为 27.87、河南为 45.25、湖北为 60.06、

湖南为49.93，由大到小依次是湖北、湖南、河南、山西、江西和安徽；反映其变化幅度的变异系数由高到低依次是安徽、江西、河南、湖南、山西和湖北，说明其经济运行稳定程度依次升高。

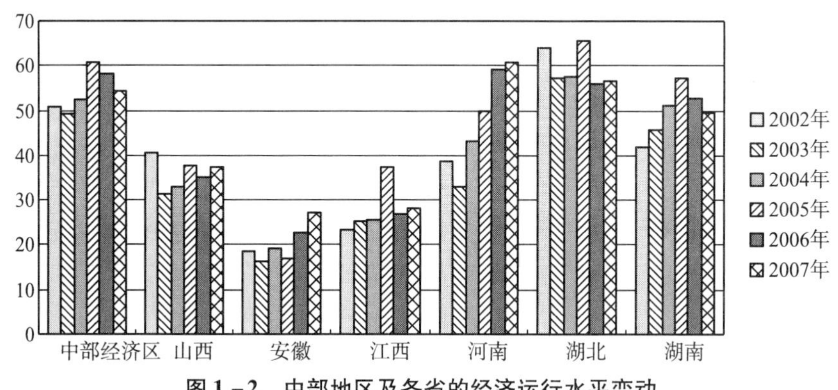


**图1－2　中部地区及各省的经济运行水平变动**

### 1. 中部地区经济规模变动分析

规模可以从总量上反映区域经济运行情况，本报告的经济规模指标集包括GDP、人均GDP、社会消费品零售总额、工业总产值、农业总产值等五个指标，分别反映区域经济的工业、农业、商业及总量的运行情况。其研究基期和末期的具体数值展示在表1－16中，可以看出，第一，从GDP看，河南省最大，其次是湖北、湖南，而山西和江西最小；第二，从人均GDP看，湖北、河南的人均GDP最大，而安徽、江西的人均GDP最小；第三，从商业发展看，河南人口多，社会零售总额最大，山西社会零售总额最小；第四，从工业总产值看，湖北的工业产值最大，其次为河南，而江西和山西最小；第五，从农业总产值看，河南农业总产值最大，其次是湖北，最小的是山西。所以从总量看，除了人均GDP指标外，河南在经济总量上都有优势。按照不同的权重进行合成，就得到中部地区及各省的经济规模指数分布情况，其变动见图1－3。从图可以看出，中部及各省的经济规模指数由于内部位次的变动，它们在考察期间也非稳定的增长，按照它们五年的平均值依次从大到小排列是湖北、河南、湖南、山西、江西和安徽，它们五年的变异系数从大到小依次为山西、河南、湖北、湖南、安徽和江西。

表 1－11　　　　中部地区经济规模评价指标

| | GDP（亿元） | | 人均 GDP（元） | | 社会零售总额（亿元） | | 工业总产值（亿元） | | 农业总产值（亿元） | |
|---|---|---|---|---|---|---|---|---|---|---|
| | 2003 年 | 2007 年 | 2003 年 | 2007 年 | 2003 年 | 2007 年 | 2003 年 | 2007 年 | 2003 年 | 2007 年 |
| 中部地区 | 25 870 | 52 040 | 7 445 | 14 722 | 9 584 | 17 984 | 10 230 | 22 508 | 4 432 | 7 599 |
| 山西 | 2 855 | 5 733 | 7 402 | 16 945 | 729 | 1 914 | 1 193 | 3 142 | 215 | 270 |
| 安徽 | 3 923 | 7 364 | 6 455 | 12 045 | 1 331 | 2 404 | 1 446 | 2 752 | 733 | 1 200 |
| 江西 | 2 807 | 5 500 | 6 678 | 12 633 | 923 | 1 683 | 849 | 2 278 | 560 | 906 |
| 河南 | 6 868 | 15 012 | 7 570 | 16 012 | 2 426 | 4 598 | 3 034 | 7 508 | 1 240 | 2 218 |
| 湖北 | 4 757 | 9 231 | 9 011 | 16 206 | 2 359 | 4 029 | 2 255 | 3 452 | 798 | 1 378 |
| 湖南 | 4 660 | 9 200 | 7 554 | 14 492 | 1 816 | 3 356 | 1 453 | 3 376 | 886 | 1 627 |

资料来源：《中国统计年鉴（2004 年、2008 年）》和全国及各省的社会经济统计公报（2007 年）。

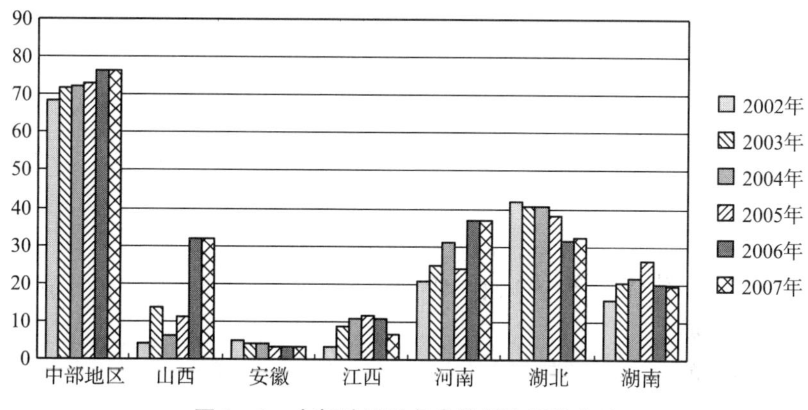


图 1－3　中部地区及各省的经济规模变动

## 2. 中部地区经济结构变动分析

一般来说，经济结构变动对区域经济发展的影响更为明显，它可以导致经济效益和经济速度的变动（见图 1－4）。反映经济结构的指标一般包括三次产业增加值比重和就业人口比重两个方面，表 1－12 反映的是中部地区三次产业增加值变动情况。从表 1－12 可以看出中部地区三次产业结构构成为“二、三、一”，但各个年份变动较大，2003 年和 2002 年相比，中部地区第一产业比重有所下降，但 2004 年又有所上升，2005 年、2006 年逐步下降，而 2002～2004 年间第二产业比重一直处于上升，2005 年出现了下降，这种产业结构的演变一方面反映出统计口径变化的情况，另一方面更深刻地表现出中部各省在调整产业结构的效果。与三次产业经济结构相比，三次产业就业结构在考察年份则表现为“一、三、二”的构成，就业结构明显落后于产值结构，这一方面反映中部地区经济结构调整压力依然很大，城镇化任务艰巨；另一方面也说明了中部地区工业化水平相对较低。为了从总体上对中部地区各省经济结构变动及效益做一个综合评价，本报告选取第三产业占 GDP 比重、产业结构相似系数、霍夫曼系数、工业化率四个指标来体现中部地区及各省经济结构的变动，其内涵包括区域三次产业变动、工业化程度，以及工业内部的轻重工业比例的变动等。表 1－13 反映的经济结构的四个指标的具体数值，首先，从前两个指标可以看出，中部地区的经济结构在考察期间变动幅度不是很大，同时区域产业结构雷同现象依然严重，所以必须注意它们的产业异构化问题；其次，从后两个指标可以发现中部地区及各省的工业化程度不高，工业本身的发展层次也很低，具有很大的发展空间。

**表 1－12　　中部地区三次产业产值结构变化**　　单位：%

| | | 2003 年 | 2004 年 | 2005 年 | 2006 年 | 2007 年 |
|---|---|---|---|---|---|---|
| 中部地区 | 第一产业比重 | 16.5 | 17.3 | 16.1 | 14.6 | 14.6 |
| | 第二产业比重 | 47.0 | 48.1 | 46.73 | 49.7 | 49.7 |
| | 第三产业比重 | 36.63 | 34.68 | 36.67 | 35.7 | 35.7 |
| 山西 | 第一产业比重 | 8.80 | 8.3 | 6.3 | 5.8 | 5.5 |
| | 第二产业比重 | 56.6 | 59.5 | 56.00 | 57.8 | 59.6 |
| | 第三产业比重 | 34.7 | 32.2 | 37.7 | 36.4 | 34.9 |
| 安徽 | 第一产业比重 | 18.9 | 19.4 | 17.9 | 16.7 | 16.5 |
| | 第二产业比重 | 44.8 | 45.1 | 41.60 | 43.1 | 44.7 |
| | 第三产业比重 | 36.7 | 35.5 | 37.5 | 40.2 | 38.8 |
| 江西 | 第一产业比重 | 19.8 | 20.4 | 19.0 | 16.8 | 16.6 |
| | 第二产业比重 | 43.4 | 45.6 | 47.20 | 49.7 | 51.7 |
| | 第三产业比重 | 36.8 | 34.0 | 33.8 | 33.5 | 31.7 |
| 河南 | 第一产业比重 | 17.6 | 18.7 | 17.5 | 16.4 | 15.7 |
| | 第二产业比重 | 50.5 | 51.2 | 52.60 | 53.8 | 55.0 |
| | 第三产业比重 | 32.0 | 30.1 | 29.9 | 29.8 | 29.3 |
| 湖北 | 第一产业比重 | 14.8 | 16.1 | 16.5 | 15 | 15.5 |
| | 第二产业比重 | 47.8 | 47.4 | 42.80 | 44.4 | 44.8 |
| | 第三产业比重 | 37.4 | 36.4 | 40.7 | 40.6 | 39.7 |
| 湖南 | 第一产业比重 | 19.1 | 20.6 | 19.4 | 16.8 | 17.6 |
| | 第二产业比重 | 38.7 | 39.5 | 40.20 | 49.7 | 42.7 |
| | 第三产业比重 | 42.2 | 39.9 | 40.4 | 33.5 | 39.7 |

资料来源：《中国统计年鉴（2004～2008 年）》和全国及各省社会经济统计公报。

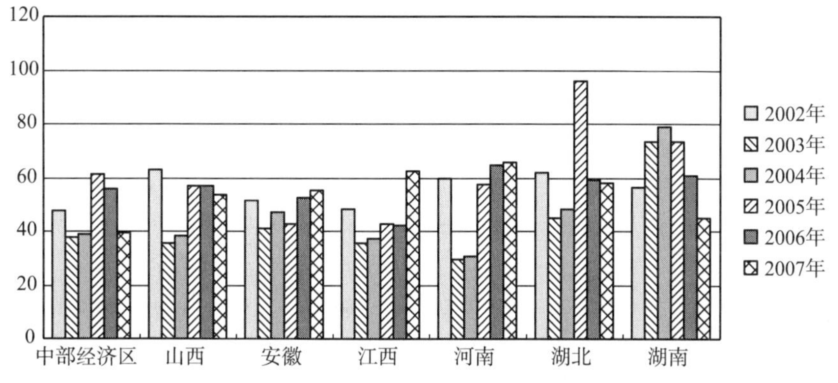


图 1－4　中部地区及各省的经济结构变动

表 1－13　　中部地区及各省经济结构指标

| | 第三产业占GDP比重（%） | | | 产业结构相似系数 | | | 霍夫曼系数 | | | 工业化率（%） | | |
|---|---|---|---|---|---|---|---|---|---|---|---|---|
| | 2003年 | 2007年 | 变化率（%） | 2003年 | 2007年 | 变化率（%） | 2003年 | 2007年 | 变化率（%） | 2003年 | 2007年 | 变化率（%） |
| 中部地区 | 36.63 | 35.68 | －2.59 | 0.99 | 1.00 | 0.01 | 0.44 | 0.38 | －13.31 | 40.8 | 43.0 | 5.31 |
| 山西 | 34.7 | 34.9 | 0.58 | 0.99 | 0.99 | 0.00 | 0.09 | 0.06 | －33.33 | 54.8 | 54.8 | 0.00 |
| 安徽 | 36.7 | 38.8 | 5.72 | 0.99 | 0.99 | 0.00 | 0.50 | 0.41 | －18.00 | 36.9 | 37.4 | 1.36 |
| 江西 | 36.8 | 31.7 | －13.86 | 0.99 | 0.98 | －0.01 | 0.49 | 0.48 | －2.04 | 30.2 | 41.4 | 37.09 |
| 河南 | 32 | 29.3 | －8.44 | 0.99 | 0.98 | －0.01 | 0.41 | 0.43 | 4.88 | 44.2 | 50.0 | 13.12 |
| 湖北 | 37.4 | 39.7 | 6.15 | 0.99 | 0.99 | 0.00 | 0.46 | 0.42 | －8.70 | 47.4 | 37.4 | －21.10 |
| 湖南 | 42.2 | 39.7 | －5.92 | 0.99 | 1.00 | 0.01 | 0.68 | 0.48 | －29.41 | 31.2 | 36.7 | 17.63 |

资料来源：《中国统计年鉴（2004 年、2008 年）》和全国及各省的社会经济统计公报（2007 年）。

### 3. 中部地区经济增长速度变动分析

保持一定的经济增长速度是区域经济发展所必需的，本报告在经济规模指标体系的基础上，分别选取 GDP 年均增长率、工业总产值年均增长率、社会消费品年平均增长率和地方财政收入年均增长率四个指标来反映区域经济增长速度变化。表 1－14 反映的是经济增长速度的四个指标在基期和末期的具体数值。首先，从 GDP 年均增长速度的变化率看，处于领先的有山西、江西和河南，它们的增长率都在 50% 以上；其次，从工业总产值年均增长率看，处于领先的是湖北、安徽，这两个省份的工业总产

表 1－14　　中部地区及各省经济增长速度指标

| | GDP 年均增长率 | | | 工业总产值年均增长率 | | | 社会消费品年均增长率 | | | 地方财政收入年均增长率 | | |
|---|---|---|---|---|---|---|---|---|---|---|---|---|
| | 2003 年 | 2007 年 | 变化率 | 2003 年 | 2007 年 | 变化率（%） | 2003 年 | 2007 年 | 变化率（%） | 2003 年 | 2007 年 | 变化率（%） |
| 中部地区 | 10.98 | 14.15 | 28.83 | 16.17 | 20.97 | 29.69 | 11.20 | 18.32 | 63.54 | 8.68 | 25.9 | 195.53 |
| 山西 | 13.9 | 14.4 | 3.60 | 24.20 | 19.10 | －21.07 | 13.70 | 18.60 | 35.77 | 13.61 | 38.2 | 180.68 |
| 安徽 | 9.2 | 13.9 | 51.09 | 12.20 | 21.70 | 77.87 | 9.80 | 18.40 | 87.76 | 4.18 | 24.3 | 481.34 |
| 江西 | 13.0 | 13 | 0.00 | 18.40 | 21.60 | 17.39 | 11.60 | 17.90 | 54.31 | 6.49 | 21.7 | 234.36 |
| 河南 | 10.8 | 14.6 | 35.19 | 17.10 | 19.60 | 14.62 | 10.80 | 18.50 | 71.30 | 10.82 | 26.32 | 143.25 |
| 湖北 | 9.4 | 14.5 | 54.26 | 12.50 | 23.60 | 88.80 | 10.80 | 18.10 | 67.59 | 4.96 | 25.6 | 416.13 |
| 湖南 | 9.6 | 14.5 | 51.04 | 12.60 | 20.20 | 60.32 | 10.50 | 18.40 | 75.24 | 12.53 | 19.3 | 54.03 |

资料来源：《中国统计年鉴（2004～2008 年）》。

值增长率都超过了 130%；第三，从社会消费品年均增长率看，处于领先的是安徽和江西，二者的增长率超过了 70%；第四，从地方财政收入年均增长率看，增长最快的有安徽、湖北、江西和山西，它们的增长率达到了 180% 以上。为了进一步对中部地区及各省的经济增长速度在总体上进行把握，利用加权合成方法，就得到中部地区及各省的经济结构指数分布情况，其变动见图 1－5。从图中可以看出，中部及各省的经济增长速度在考察期间变动非常频繁，按照它们五年的平均值依次从大到小排列是山西、江西、河南、湖南、安徽和湖北，它们五年的变异系数从大到小依次为湖北、湖南、安徽、山西、河南和江西，反映其经济增长速度相对变动情况。

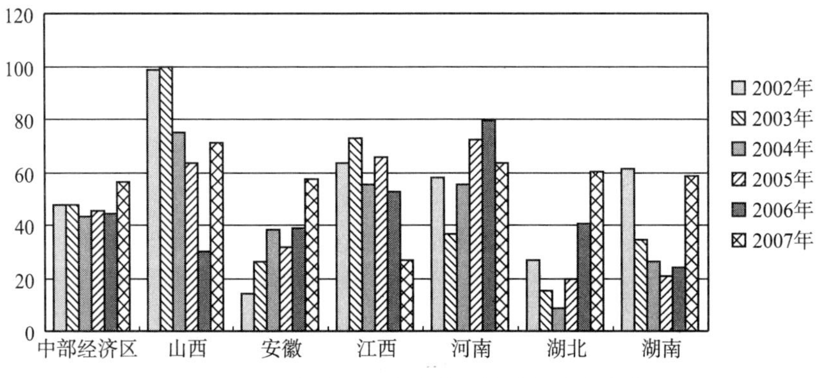


图 1－5　中部地区及各省的经济增长速度变动

### 4. 中部地区经济效益变动分析

为简单起见，也为了指标口径的一致性，本报告中只选取了工业全员劳动生产率和第三产业劳动生产率两个指标来反映。图 1－6 反映的是中部地区及各省的工业全员劳动生产率在考察期间的变动情况，从该图可见安徽、江西、河南和湖南四省的工业全员劳动生产率是逐渐上升的，而山西的工业全员劳动生产率则变化不大，湖北有升有降。图 1－7 反映的是中部地区及各省的第三产业劳动生产率在考察期间的变动情况，从图可见除江西的第三产业劳动生产率变动起伏比较大外，其余各省都趋向稳步上升。同样，为了进一步探究中部地区及各省的经济效益综合变化情况，利用这些数据进行加权合成，就得到中部地区及各省的经济效益指数分布情况，其变动见图 1－8。从该图可以看出，中部及各省的经济效益在考察期间变动幅度不是很大，按照它们五年的平均值依次从大到小排列是湖北、湖南、河南、山西、江西和安徽，它们五年的变异系数从大到小依次为安徽、江西、山西、河南、湖南和湖北，反映其经济效益相对变动情况。

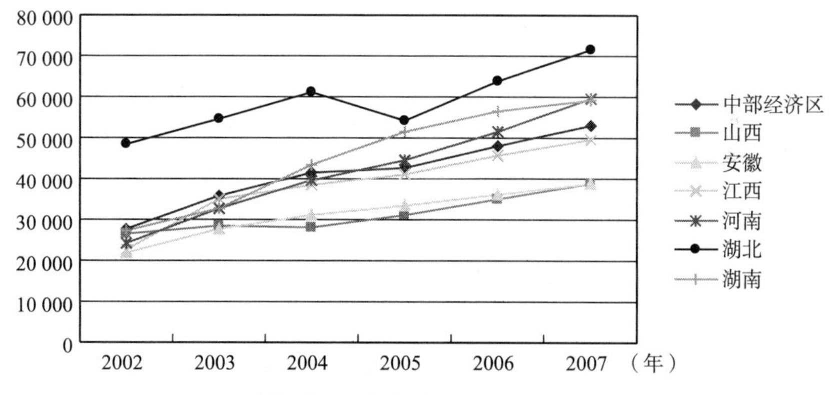


**图 1－6　中部地区及各省的工业全员劳动生产率变动**

资料来源：《中国统计年鉴（2003～2007 年）》和全国及各省的社会经济统计公报（2003～2007 年）。

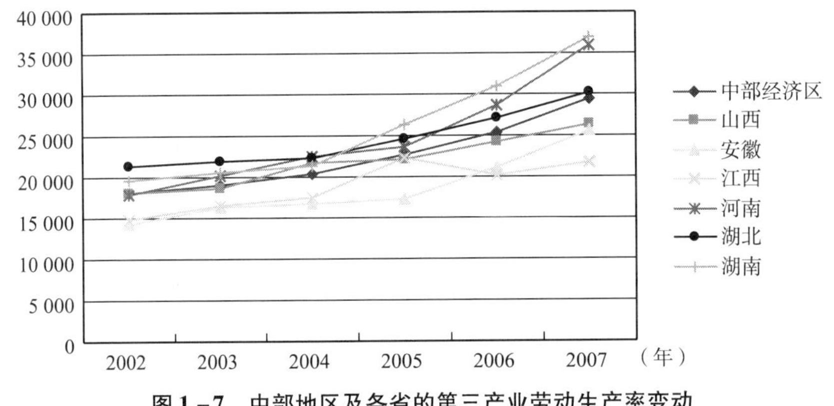


**图 1－7　中部地区及各省的第三产业劳动生产率变动**

资料来源：《中国统计年鉴（2003～2007 年）》和全国及各省的社会经济统计公报（2003～2007 年）。

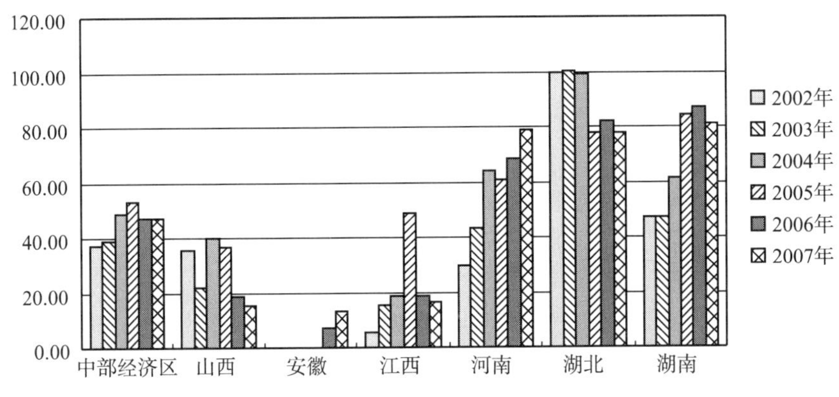


**图 1－8　中部地区及各省的经济效益指数变动**

## 二、中部地区经济推动能力评价

本报告所称谓的经济推动能力主要指区域经济发展的潜在能力、累积能力等，按照宏观经济学理论，我们选取全社会固定资产投资额、城乡居民储蓄存款余额、地方财政收入、外贸依存度四个指标来对中部地区及各省的经济推动能力进行评价。表 1－15 反映的是经济推动能力的四个指标在基期和末期的具体数值，从总体情况看，中部地区及各省的四个指标的数值基本比基期都有提高，只是在各个指标之间或各个省份之间增长的幅度相差显著。首先，从全社会固定资产投资额看，增长幅度最大的省份是河南、安徽和江西，其增长率都在 200% 以上；其次，从城乡居民储蓄存款余额对比看，增长幅度最大的两个省份是山西和安徽；第三，从地方财政收入对比看，增长幅度最大的是山西和河南；第四，从外贸依存度对比看，安徽和江西上升幅度最大。表明这些省份各自在经济潜力上的优势。为了进一步比较中部地区及各省的经济推动能力，利用加权合成方法，就得到中部地区及各省的经济推动能力指数分布情况，其变动见图1－9。从图可以看出，中部及各省的经济推动能力变动在考察期间比较稳定，按照它们五年的平均值依次从大到小排列是湖北（16.72）、河南（14.54）、安徽（13.28）、湖南（13.17）、山西（8.85）和江西（4.76），它们五年的变异系数从大到小排列依次为江西、湖南、山西、安徽、湖北和河南，反映其经济增长速度相对变动情况。

**表1－15　中部地区及各省经济推动能力指标**

| | 全社会固定资产投资额（亿元） | | | 城乡居民储蓄存款余额（亿元） | | | 地方财政收入（亿元） | | | 外贸依存度（%） | | |
|---|---|---|---|---|---|---|---|---|---|---|---|---|
| | 2003年 | 2007年 | 变化率（%） | 2003年 | 2007年 | 变化率（%） | 2003年 | 2007年 | 变化率（%） | 2003年 | 2007年 | 变化率（%） |
| 中部地区 | 9 726 | 27 847 | 186.32 | 18 527 | 31 895 | 72.15 | 1 442 | 3 591 | 149.03 | 8.37 | 11.90 | 42.23 |
| 山西 | 1 116 | 2 862 | 156.45 | 2 782 | 5 422 | 94.90 | 186 | 598 | 221.51 | 10.4 | 15.3 | 47.12 |
| 安徽 | 1 478 | 5 088 | 244.25 | 2 476 | 4 547 | 83.64 | 221 | 544 | 146.15 | 12.4 | 16.4 | 32.26 |
| 江西 | 1 380 | 3 302 | 139.28 | 2 016 | 3361 | 66.72 | 168 | 390 | 132.14 | 7.4 | 13.1 | 77.03 |
| 河南 | 2 311 | 8 010 | 246.60 | 4 919 | 7 812 | 58.81 | 338 | 862 | 155.03 | 5.5 | 6.4 | 16.36 |
| 湖北 | 1 884 | 4 330 | 129.83 | 3 297 | 5 431 | 64.73 | 260 | 590 | 126.92 | 7.8 | 12.2 | 56.41 |
| 湖南 | 1 557 | 4 155 | 166.86 | 3 037 | 5 322 | 75.24 | 269 | 607 | 125.65 | 6.7 | 8.0 | 19.40 |

资料来源：《中国统计年鉴（2004年、2008年）》和全国及各省的社会经济统计公报（2002年、2006年）。

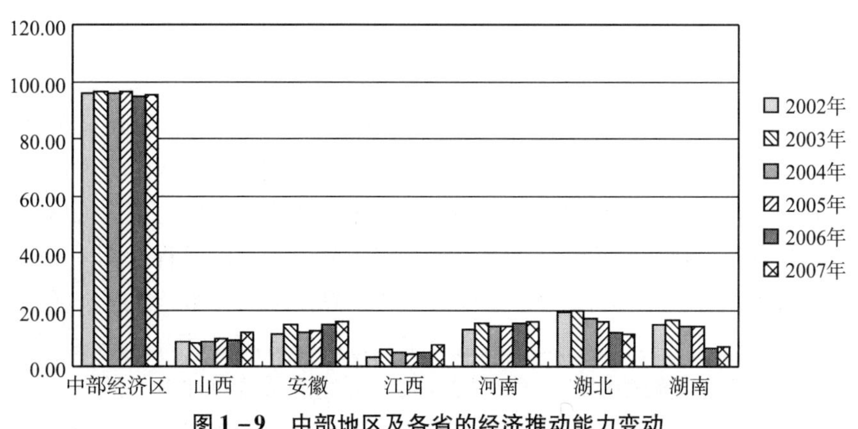


**图1－9　中部地区及各省的经济推动能力变动**

## 第三节　中部地区经济发展综合评价的结果分析

区域经济发展指标体系采用一系列有代表性的指标来衡量、监测社会经济、资源环境的发展状况，研究 PREDST 系统各要素的相互关系和发展趋势。根据上述步骤和算法测算得到整个中部地区的经济发展情况：

一、从整个经济发展度看，整个中部地区经济发展度不是呈现均衡上升的，而是先上升，即由 2002 年的 49.36 增加到 2003 年的 50.58，然后下降到 2004 年的 49.55，到 2005 年又进一步上升到 52.81，至 2006 年的 53.75。所以从系统运行的角度看中部经济发展，无论其质量还是数量都有一个反复的趋优过程。总体而言，整个中部地区的经济发展度波动幅度不大，五年的变异系数只有 0.03（图 1－10）。

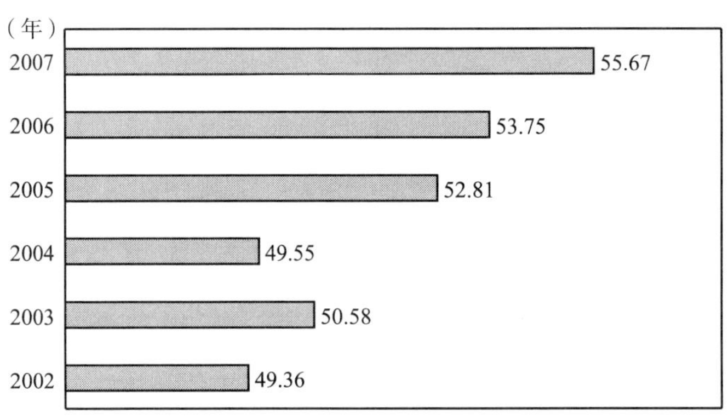


**图 1－10　中部地区经济发展度变化情况（2002～2007 年）**

二、从准则层看，中部地区经济发展水平呈现不均匀的增长态势，即由 2002 年的 46.29 增长到 2005 年的 53.05，2006 年又有所下降至 51.54。总体而言，增加幅度较大，波动较强烈，说明中国中部地区经济发展水平不平稳，有待进一步加强。与经济发展水平变化有所不同，中部地区经济发展能力变化则呈先下降后上升。而后又下降再上升的过程（图 1－11），即由 2002 年的 57.68 上升到 2004 年的 62.07，2005 年跌至为 58.00，至 2006 年又上升到 62.89。反映出整个中部地区经济发展潜力后进性，以及保障能力建设还较薄弱的特点，所以是中部经济须着重注意的地方。与经济发展水平的波动态势以及经济发展能力建设的下降趋势又不一样，中部地区经济发展协调度在五年期间变化相对平稳，由 2002 年的 47.16 持续下降到 2004 年的 45.25，到 2005 年又复归至 47.13，2006 年达到 50.28。这说明尽管中部地区有些年份社会、环境系统协调程度尚不十分理想，但从主流来看，中部地区 PREDST 系统的各个自系统及各要素之间还是比较协调的，状况还是朝着好的方向发展的，即社会经济、资源、环境系统的协调度是逐步提高的。

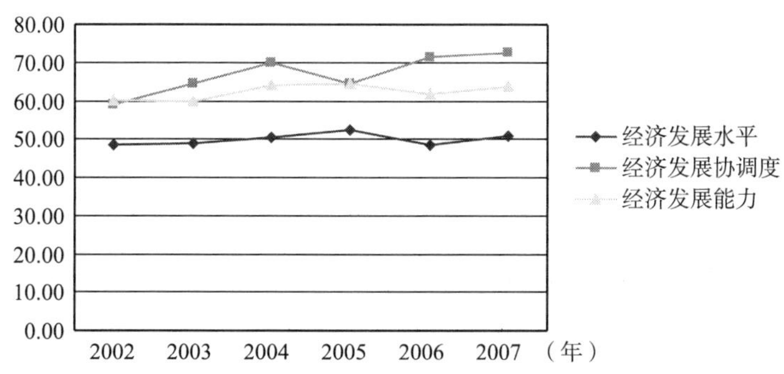


**图 1－11　中部地区经济发展水平、经济发展能力以及协调度变化情况（2002～2007 年）**

三、从领域层看，中部地区的经济运行水平、社会发展水平、资源支持水平、环境支持水平、经济发展能力、资源支撑能力、人口经济协调度、经济环境协调度、社会经济协调度等在考察期都是上升的（图 1－12），表

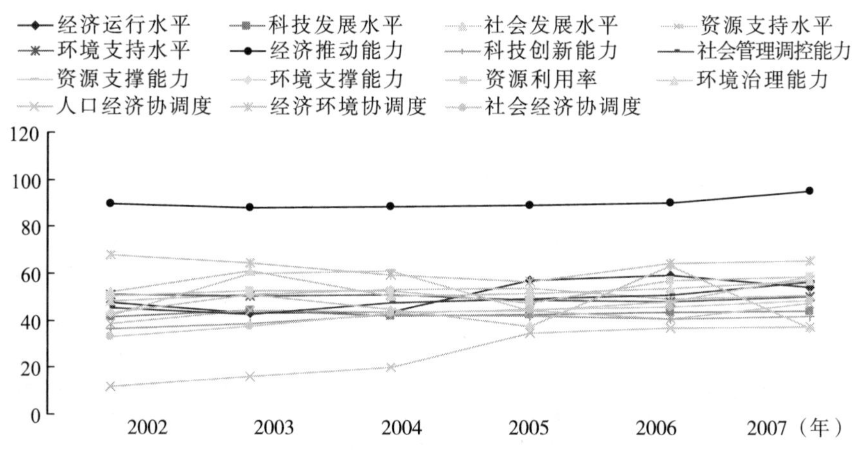


**图 1－12　中部地区经济发展领域层指标数值变化情况（2002～2007 年）**

明中部地区经济运行、社会保障、经济推动能力、社会环境建设以及人口、社会、经济与环境的协调程度都呈现良好发展势头。而环境支持水平、环境支撑能力、资源利用效率等在考察期间则变化较大，科技发展水平、科技创新能力变动幅度不大，这反映了中部地区经济发展依然处于资源利用和开发的不集约阶段，经济进一步发展瓶颈开始显现，必须加强经济发展后劲的培养。

四、从指标层次来看，经济规模、经济结构、科技产出、人口发展、基础设施建设、社会稳定以及保障、科技教育能力、社会管理调控能力、资源承载力、环境承载力等分指标，在考察期间是增加的（表1－16），表明中部地区在经济总量、结构、效益、科技产出，以及社会环境建设方面都在增强，出现这种局面的主要原因是近五年中部地区对基础设施的高投入，“十五”期间整个中部地区投资52 591.2多亿元进行基础设施建设，改善了中部地区流通滞后的局面；同时，中部地区还着力于产业结构调整与升级，使结构趋向优化；另一方面，中部地区还通过精简机构，提高了政府工作效率和管理调控能力，同时加大了社会保障制度改革力度。在考察年份，数值呈现下降的指标有经济速度、经济效益、科技投入、生活质量、资源条件、环境质量、科技创新能力等指标。

**表1－16　　　中部地区经济发展评价结果（2002～2007年）**

| | 2002年 | 2003年 | 2004年 | 2005年 | 2006年 | 2007年 |
|---|---|---|---|---|---|---|
| 经济发展度 | 49.36 | 50.58 | 49.55 | 52.81 | 53.75 | 55.67 |
| 经济发展水平 | 46.29 | 47.23 | 45.43 | 53.05 | 51.54 | 50.98 |
| 经济运行水平 | 47.53 | 42.99 | 43.97 | 57.31 | 59.46 | 54.46 |
| 经济规模 | 68.41 | 49.44 | 51.89 | 74.94 | 76.23 | 76.39 |
| 经济结构 | 36.45 | 36.20 | 31.80 | 44.24 | 60.26 | 39.28 |
| 经济速度 | 47.78 | 47.57 | 43.22 | 45.68 | 44.27 | 56.49 |
| 经济效益 | 37.49 | 38.76 | 48.95 | 53.30 | 46.95 | 47.02 |
| 科技发展水平 | 41.29 | 44.22 | 42.00 | 42.85 | 43.72 | 44.35 |
| 科技投入 | 38.61 | 43.59 | 42.04 | 39.15 | 37.46 | 36.54 |
| 科技产出 | 43.97 | 44.85 | 41.95 | 46.55 | 48.76 | 49.68 |
| 社会发展水平 | 48.13 | 50.94 | 53.81 | 53.84 | 49.38 | 51.18 |
| 人口与人力资源 | 68.50 | 68.09 | 67.88 | 70.17 | 72.4 | 70.38 |
| 福利与生活质量 | 42.61 | 38.23 | 34.31 | 59.19 | 53.44 | 39.91 |
| 基础设施建设 | 56.01 | 56.87 | 57.44 | 64.78 | 66.69 | 58.86 |
| 社会稳定及保障 | 28.95 | 28.94 | 48.40 | 35.71 | 36.32 | 43.96 |
| 资源支持水平 | 38.51 | 44.26 | 43.55 | 44.17 | 40.83 | 47.57 |
| 资源条件 | 38.51 | 44.26 | 43.55 | 44.17 | 40.83 | 39.89 |
| 环境支持水平 | 50.99 | 50.73 | 50.95 | 48.75 | 48.05 | 50.70 |
| 环境质量 | 50.99 | 50.73 | 50.95 | 48.75 | 48.05 | 49.35 |

续表

| | 2002 年 | 2003 年 | 2004 年 | 2005 年 | 2006 年 | 2007 年 |
|---|---|---|---|---|---|---|
| 经济发展能力 | 57.68 | 61.46 | 62.07 | 58.00 | 62.89 | 63.54 |
| 经济推动能力 | 89.56 | 88.22 | 88.40 | 89.35 | 90.39 | 95.50 |
| 经济能力 | 89.56 | 88.22 | 88.40 | 89.35 | 90.39 | 92.46 |
| 科技创新能力 | 36.55 | 38.52 | 42.57 | 41.88 | 41.21 | 42.1 |
| 知识创新能力 | 31.45 | 37.98 | 45.04 | 46.10 | 47.18 | 48.9 |
| 技术创新能力 | 41.66 | 39.07 | 40.11 | 37.66 | 35.36 | 37.52 |
| 社会调控能力 | 45.64 | 42.563 | 47.79 | 49.3 | 51.01 | 56.63 |
| 政府管理效率 | 38.61 | 31.11 | 41.08 | 44.07 | 47.51 | 49.63 |
| 社会调控能力 | 52.31 | 43.95 | 37.83 | 40.22 | 39.69 | 42.57 |
| 环境管理能力 | 56.61 | 51.15 | 55.75 | 53.77 | 57.36 | 57.1 |
| 资源支撑能力 | 42.28 | 60.28 | 61.14 | 44.53 | 48.19 | 58.64 |
| 资源承载力 | 42.28 | 60.28 | 61.14 | 44.53 | 48.19 | 52.48 |
| 环境支撑能力 | 43.31 | 50.82 | 44.92 | 37.49 | 63.15 | 36.98 |
| 环境承载力 | 43.31 | 50.82 | 44.92 | 37.49 | 63.15 | 40.98 |
| 经济发展协调度 | 47.16 | 46.38 | 45.25 | 47.13 | 50.28 | 55.34 |
| 资源利用率 | 50.24 | 52.50 | 52.87 | 47.81 | 57.26 | 58.68 |
| 环境治理能力 | 52.23 | 61.25 | 50.19 | 51.80 | 54.07 | 57.1 |
| 人口经济协调度 | 11.90 | 16.41 | 20.46 | 34.81 | 36.73 | 37.52 |
| 经济环境协调度 | 67.82 | 64.21 | 59.25 | 56.36 | 64.60 | 65.38 |
| 社会经济协调度 | 33.09 | 37.55 | 43.45 | 44.88 | 46.23 | 48.57 |

资料来源：使用软件包括 SPSS12.0、MATLAB7.0、EXCELL2003 等。

按照同样递进和合成的方法、步骤，可以分别得到中部各省的经济发展综合评价的结果：

1. 从目标层看，中部六省的经济发展度在五年间发展的态势不尽相同，图 1－13 展现了各个省的变化情形。它们在五年间经济发展度的平均值按照由高到低排列的次序依次为湖北、湖南、安徽、河南、山西和江西，它们的经济发展度平均值分别为 56.18、53.71、45.35、42.68、

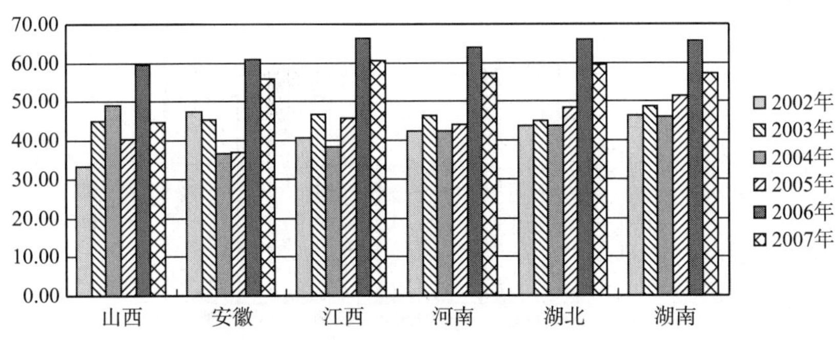


**图 1－13 中部各省经济发展度对比**

数据来源：根据中部六省统计年鉴整理而得。

40.87 和 40.36；它们经济发展度变化幅度较大的是河南、山西和江西省，其他三省变化幅度相对较小，也比较接近。

2. 从准则层看，中部五省的经济发展水平、经济发展能力和经济发展协调度变化情形各不相同，图1－14反映的是六个省份的经济发展水平在近五年的变化情形。从该图可以看出河南、山西两省的经济发展水平是逐步上升的；而江西、湖北和湖南的经济发展水平变化则处于不稳定状态。通过计算六个省份五年间的经济发展水平变动平均值和变异系数，可以发现六省经济发展水平平均值由高到低排列依次为湖南、湖北、江西、山西、河南和安徽，变异系数由大到小排列依次为湖南、湖北、河南、江西、山西和安徽，反映这些省份经济发展水平的波动情况。图1－15反映的是六个省份的经济发展能力在近五年的变化情形，从该图可以看出江西省的经济发展水平是逐步上升的，安徽省的经济发展能力是逐步下降的；而山西、河南、湖北和湖南的经济发展能力变化则处于不稳定状态。通过计算六个省份五年间的经济发展能力变动平均值和变异系数，可以发现其经济发展能力平均值由高到低的顺序依次为湖北、安徽、河南、山西、江西和湖南，变异系数由大到小排列依次为安徽、江西、河南、山西、湖南和湖北，反映这些省份经济发展能力的波动情况。图1－16反映的是六个省份的经济发展协调度在近五年的变化情形，从该图可以看出中部六省的经济发展协调度变化都处于波动状态。通过计算六个省份五年间的经济发展协调度变动平均值和变异系数，可以发现其经济发展协调度平均值由高到低排列依次为湖北、河南、山西、安徽、湖南和江西，变异系数由大到小的省份依次为江西、湖南、安徽、山西、河南和湖北，反映这些省份经济发展协调程度的波动情况。

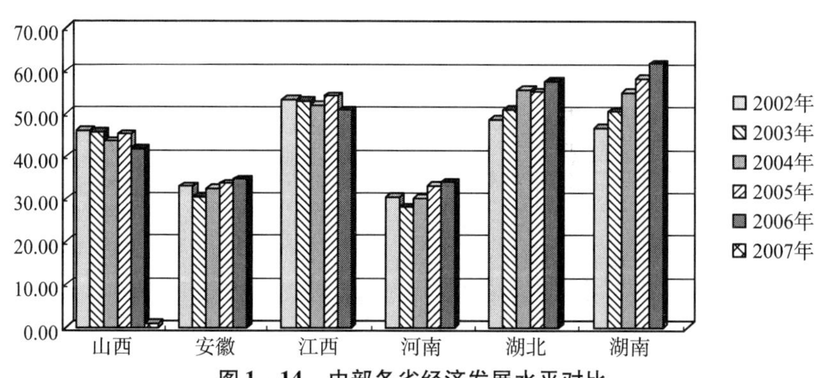


**图1－14　中部各省经济发展水平对比**

数据来源：根据中部六省统计年鉴整理而得。

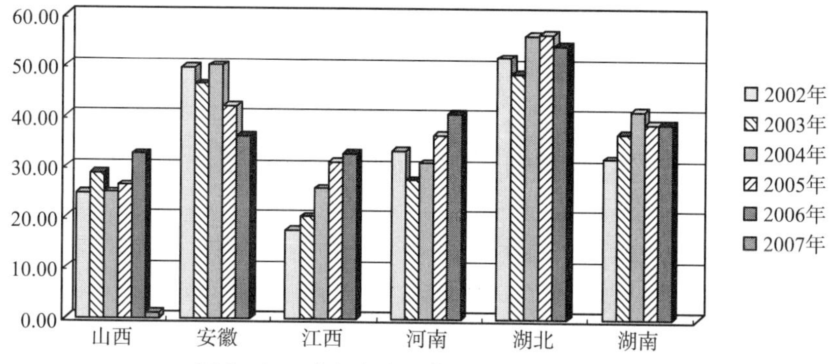


**图 1－15　中部各省经济发展能力指数对比**

数据来源：根据中部六省统计年鉴整理而得。

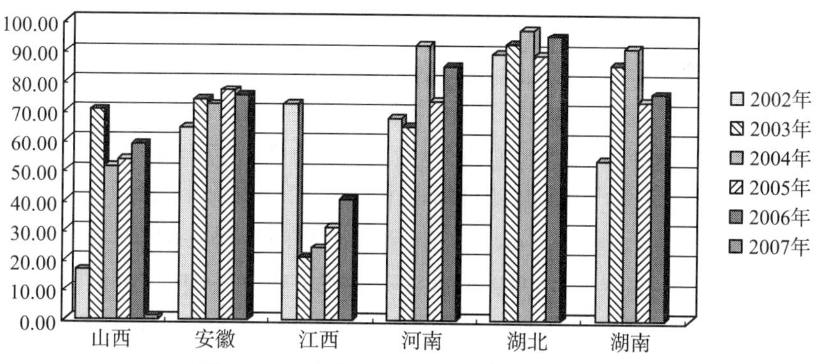


**图 1－16　中部各省经济发展协调度对比**

数据来源：根据中部六省统计年鉴整理而得。

# 第二章　中部地区资源与环境综合评价*

## 第一节　中部地区资源与环境概述

中部属环太平洋成矿带内的重要成矿地区，矿产资源种类齐全，储量丰富，引人瞩目。山西的煤炭资源储量占全国储量的1/3；江西已发现地下矿产140多种，铜、银、金、钽、铷、铯、钪、硫铁矿、粉石英等含量居全国第一位，有的储量占全国总储量的80%以上，铜、钨、铀、钽、稀土、金、银被誉为“七朵金花”；安徽省矿产资源种类繁多，储量丰富，分布集中，已发现有用矿种138种，探明储量的有70种，其中煤、铁、铜、硫、磷、明矾石、水泥石灰岩等矿产储量居全国前10位；河南省矿产资源也比较丰富，已发现矿产资源154种，探明储量的81种，其中有色金属钼、铝储量分别居全国第一、二位；湖北矿产具有种类多、规模大的特点，相对集中，已发现矿产136种，占全国的81%，已探明储量的矿产有87种，占全国的58%，其中磷矿石、硅灰石等矿产储量居全国首位。湖南矿产资源比较丰富，矿业比较发达，特别是有色金属、非金属矿产在全国占十分重要的地位，钨、铋、海泡石粘土、陶粒页岩、普通萤石、隐晶质石墨、玻璃用白云岩、石榴子石、铌、钽、轻稀土矿等11个矿种的保有储量居全国前列。从东、中、西部已探明矿产资源的开发利用情况看，中部地区矿产资源优势最大，开发利用潜力也很大，对传统工业的持续发展和支柱产业系列的形成，起到重要的支撑作用；东部地区部分矿种有一定的资源优势，但是，矿产开发利用程度较高；西部地区具有较大的资源潜在优势，但地质工作程度相对较低。也就是说，中部地区拥有重要或稀有矿产资源的丰度远优于东部，密度也高于西部，且资源配套程度较高，具有广阔的开发前景。而且中部已形成三大基地，即：以山

---

* 撰稿人：姜晓璐，杨新梅，刘耀彬，南昌大学中国中部经济发展研究中心。

西、河南、安徽为三角的煤炭基地；以江西、湖北、湖南为三角的有色金属基地；以湖北、湖南为中心的磷化矿基地。中部地区的煤炭、有色金属和部分非金属矿资源为发展能源、原材料工业奠定了基础，也为发展高加工度工业打下了基础。

中部地区农业发展的资源禀赋相对丰富。资源禀赋是经济发展的基础因素，对产业结构的形成与变化有重要的影响。中部六省地处亚热带和温热带，气候温和，日照充足，雨量充沛，拥有宜农平原、宜林山地、宜牧草场和宜渔湖泊等多种农业自然生态系统。2007 年，中部六省耕地面积 2 898. 67 万公顷，占全国的 22. 29%；林地面积 4 541. 78 万公顷，占全国的 15. 94%，其中江西森林覆盖率达到了 55. 86%。中部六省的动植物资源种类繁多，动物资源最多的湖北达 700 余种，植物资源最多的江西达 4 000 余种。

水资源丰富是中部地区一大优势。在全国十大流域中，中部拥有第一大流域长江，面积 180. 82 万平方公里，年径流量 9 513 亿 $m^3$，涉及湖北、湖南、江西、安徽、河南等 19 省市；第二大流域黄河，面积 75. 24 万平方公里，年径流量 222 亿 $m^3$，涉及湖北、河南、安徽等 5 省；第六大流域海河，面积 26. 36 万平方公里，年径流量 228 亿 $m^3$，涉及山西、河南等 8 省市。在全国五大淡水湖中，中部拥有第一大淡水湖鄱阳湖，面积 3 913 平方公里，蓄水量 300 亿 $m^3$；第二大淡水湖洞庭湖，面积 2 740 平方公里，蓄水量 187 亿 $m^3$；第四大淡水湖巢湖，面积 776 平方公里，蓄水量 36 亿 $m^3$。2007 年，中部水资源总量 4 835. 7 亿立方米，占全国的 19. 15%。除山西较贫乏外（占全国的 0. 41%），中部其他省的水资源相对富余。

此外，中部地区旅游资源丰富且独特（见表 1 – 17）。在全国 119 个重点风景名胜区中，中部拥有 27 个，其中：庐山、黄山等风景名胜区被列入《世界遗产名录》。在全国 751 处重点文物保护单位中，中部拥有 187 处，其中，江南三大名楼（岳阳楼、黄鹤楼、滕王阁）、洛阳龙门石窟等闻名中外。在全国 84 处革命遗址及革命纪念建筑物中，中部六省拥有 22 处，其中，井冈山、瑞金、韶山等革命遗址闻名全国。在全国 99 座历史文化名城中，中部六省拥有 20 座，其中，景德镇、开封、岳阳等历史文化名城享誉中外。在全国 45 个森林及动植物类自然保护区中，中部六省有 9 处，湖北的神农架、江西的鄱阳湖、山西的庞泉沟、河南的伏牛山、湖南的八公山和安徽的扬子鳄自然保护区独具特色。中部独特的旅游资源为在经济发展较高级阶段发展旅游产业提供了优良条件。

表 1-17　　　　中部地区部分省份的旅游资源情况

| 地区 | 世界遗产 | 国家级风景名胜 | 国家历史文化名城 | 国家级自然保护区 | 国家级示范森林公园 |
|---|---|---|---|---|---|
| 安徽 | 2 | 5 | 4 | 4 | 1 |
| 江西 | 1 | 6 | 3 | 2 | 1 |
| 河南 | 1 | 5 | 7 | 5 | 1 |
| 湖北 | 2 | 6 | 5 | 5 | 0 |
| 湖南 | 1 | 4 | 3 | 6 | 2 |
| 山西 | 2 | 6 | 2 | 3 | 0 |
| 合计 | 9 | 32 | 22 | 25 | 5 |
| 占全国比重 | 31% | 26.70% | 24.10% | 10.02% | 25.00% |

资料来源：《中国旅游年鉴（2004 年）》，http：//travel.tom.com/china/view01.html。

2007 年，中部地区的经济密度为 506.72 万元/平方公里，相当于全国单位国土面积经济产出的 2 倍，但万元 GDP 电力消耗以及万元 GDP、万元 GDP 固体废物产生量却高于全国，而且中部地区诸省的废水排放达标率基本上与全国水平持平，而固体废物综合利用率指标与全国相比显得相对落后（见表 1-18）。

表 1-18　　　　中部地区与全国及其他经济区的污染排放情况

| 地区 | 经济密度（万元/平方公里） | 万元 GDP 电力消耗（千瓦时/万元） | 万元 GDP 废水排放量（吨/万元） | 万元 GDP 废气排放量（万立方米/万元） | 万元 GDP 固体废物产生量（吨/万元） | 废水排放达标率（%） | 固体废物综合利用率（%） |
|---|---|---|---|---|---|---|---|
| 全国 | 259.9 | 1 310.9 | 9.9 | 1.6 | 0.7 | 91.7 | 62.8 |
| 中部地区 | 506.7 | 26 872.9 | 9.8 | 1.5 | 0.9 | 92.8 | 60.5 |
| 山西 | 365.9 | 235 256.9 | 7.2 | 3.7 | 2.4 | 88.2 | 49.1 |
| 安徽 | 525.5 | 1 044.4 | 10.0 | 1.8 | 0.8 | 94.8 | 82.3 |
| 江西 | 329.6 | 929.2 | 13.0 | 1.1 | 1.4 | 93.9 | 36.4 |
| 河南 | 906.9 | 1 204.3 | 8.9 | 1.3 | 0.6 | 94.0 | 68.3 |
| 湖北 | 496.6 | 1 071.7 | 9.9 | 1.1 | 0.5 | 93.6 | 77.3 |
| 湖南 | 434.2 | 968.0 | 10.9 | 1.0 | 0.5 | 89.8 | 75.2 |

资料来源：《中国统计年鉴（2008 年）》。

## 第二节　中部地区自然资源支撑分析

### 一、支撑条件

联合国环境规划署将自然资源定义为：在一定的时间、地点条件下，能够产生经济价值、以提高人类当前和未来福利的自然环境因素和条件。

按照 PREDST 系统分析的思路，对人类最为密切的资源包括水、土地、矿产、大气、生物等。由于区域经济发展评价的目的是为了比较区域经济优势、劣势、潜力和障碍，所以从区域影响的角度并考虑到资料序列性和可获得性，我们只选取人均水资源拥有量、人均耕地面积、人均林地面积三个指标分别表示水资源、土地资源和森林资源的富裕程度。图 1－17 反映的是中部地区及各省的人均水资源拥有量在考察期间的变化情况，可见中部各省的人均水资源拥有量的变动情形在 2005～2007 年间存在很大差别。江西省、湖南省人均水资源拥有量从 2005 年开始回升，2006 到达峰值后又出现下降趋势，而湖北省人均水资源拥有量呈现不断下降的趋势，在 2006 年出现最低值后又逐渐上升。安徽、山西和河南的变化则比较平稳。图 1－18 反映的是中部地区及各省的人均耕地面积在考察期间的变化情况，可见中部各省的人均耕地面积的变动基本都是呈现略微下降的趋势，其中江西在 2005 年到达最低值，此后江西省的人均耕地面积缓步提高；从图中还可以看出各省的人均耕地保有量情况，其中山西的人均耕地面积保有面积最大，达到了 0.12 公顷，最少的是湖南，其人均耕地保有量不足 0.06 公顷。图 1－19 反映的是中部地区及各省的人均林地面积在考察期间的变化情况，中部地区各省的人均林地面积的变动基本都是呈现先下降后略微上升的趋势，其中江西省的人均林地面积最高，接近 0.25 公顷。

为了进一步反映中部地区及各省的资源基本条件，根据上面的层次加权合成方法，就得到中部地区及各省的资源条件指数分布情况，其变动见图 1－20。从图可以看出，中部及各省的资源条件指数在考察期间变动差异较大，山西、河南和湖南三省均呈现先升后降的趋势，而湖北省则是先降后升，安徽和江西两省呈现逐渐下降的趋势。按照六省五年间资源条件指数的平均值从大到小排列依次是山西（64.24）、江西（61.69）、湖南

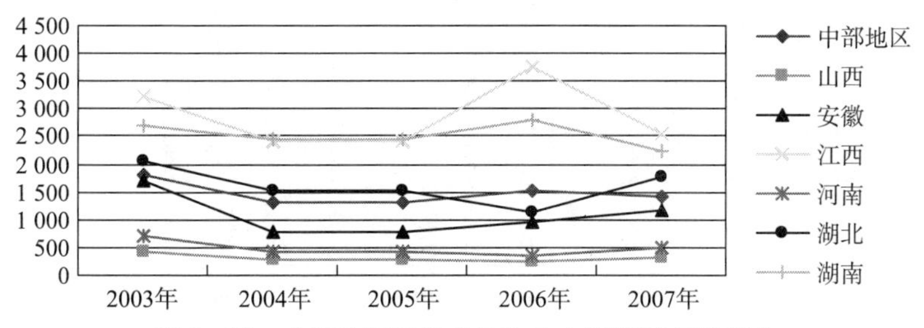


**图 1－17　中部地区及各省的人均水资源拥有量变动**

资料来源：各省统计年鉴（2004～2008 年）。

(44.48)、湖北（38.85)、安徽（28.68）和河南（15.22)，它们五年的变异系数依次为湖南（0.154)、湖北（0.14)、安徽（0.125)、河南(0.087)、江西（0.071）和山西（0.05)，由此可以看出中部地区的资源禀赋条件及考察期间各省资源变动情况。

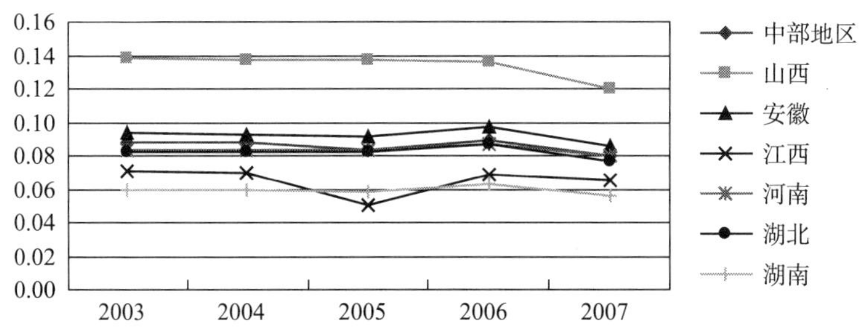


**图1－18　中部地区及各省的人均耕地面积变动**

资料来源：各省统计年鉴（2004～2008年）。

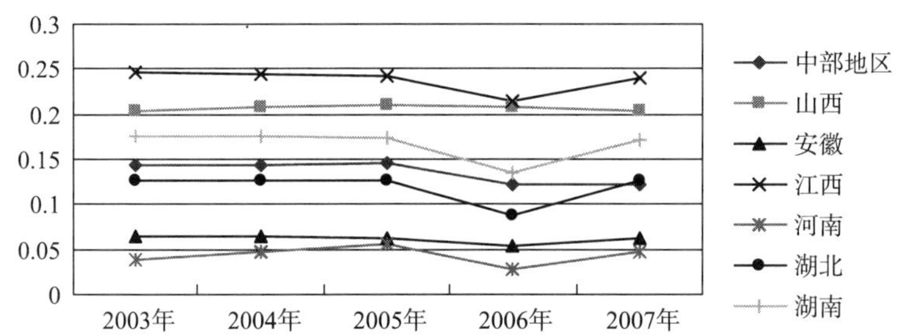


**图1－19　中部地区及各省的人均林地面积变动**

资料来源：各省统计年鉴（2004～2008年）。

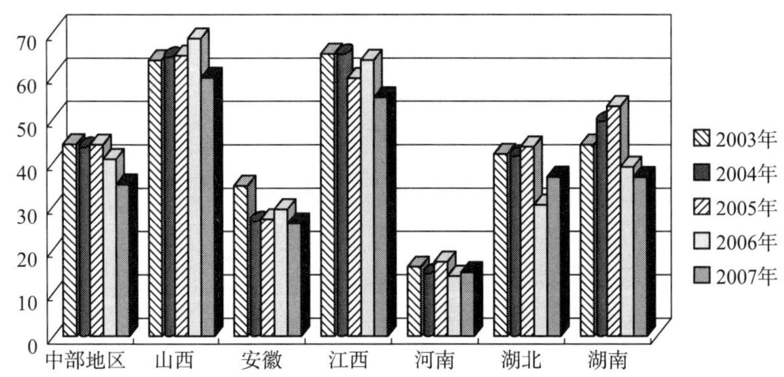


**图1－20　中部地区及各省的资源条件指数变动比较**

资料来源：各省统计年鉴（2004～2008年）。

## 二、支撑能力

资源支撑能力是指支撑区域经济发展的自然资源承载力，由于自然资源种类较多，并且随着技术发展，不同资源的利用方向和程度是不同的，这里为了评价的方便，只选取土地资源承载力指数和水资源承载力指数两个指标来考察。图 1－21 反映的是中部地区及各省的土地资源承载力指数在考察期间的变化情况，可见中部各省的土地资源承载力指数的变动情形区别不大，除了江西省土地资源承载力指数在 2005 年呈现明显的下降趋势外，其余五省的土地资源承载力指数则变化不大，基本稳定。湖南的土地资源承载力指数最大（平均值为 0.89），其次为江西（0.67），以后依次为湖北（0.64）、河南（0.63）、安徽（0.57）和山西（0.38），可见中部各省土地资源承载能力差别比较显著。图 1－22 反映的是中部地区及各省的水资源承载力指数在考察期间的变化情况，从中可看出，中部各省的水资源承载力指数的变动同样区别不大。图中展现中部地区各省的水资源承载力指数在 2003～2007 年间的波动情形，除安徽省水资源承载力指数在 2003 年后呈现下降趋势外，其余四省的水资源承载力指数都呈现先上升，后趋于稳定。

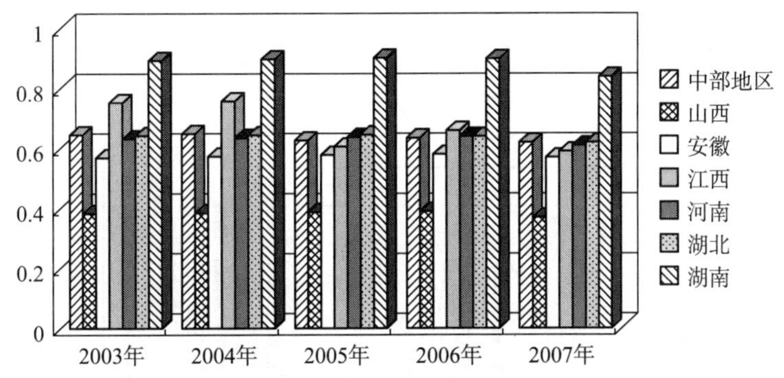


**图 1－21　中部地区及各省的土地资源承载力指数变动**

资料来源：各省统计年鉴（2004～2008 年）。

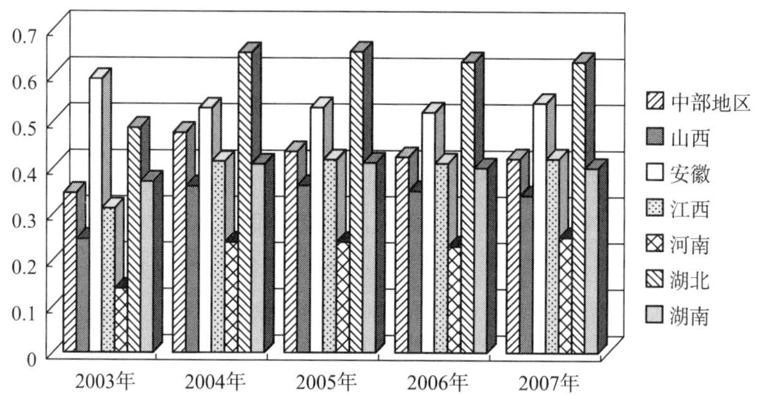


**图1－22　中部地区及各省的水资源承载力指数变动**

资料来源：各省统计年鉴（2004～2008年）。

同理，可以进一步得到中部地区及各省的资源支撑能力综合指数的分布情况，其变动见图1－23。通过计算它们五年间资源支撑能力综合指数的平均值，由大到小排列的省份依次是湖南（72.51）、湖北（72.17）、安徽（58.31）、江西（51.42）、河南（27.44）和山西（16.18），它们五年的变异系数由大到小依次为山西（0.37）、河南（0.26）、江西（0.109）、安徽（0.105）、湖南（0.076）和湖北（0.063）。可以看出，中部及各省的资源支撑能力综合指数在考察期间变动相对稳定，除了山西和河南外，其他各省资源支撑能力相对较高，六省均出现波动态势。

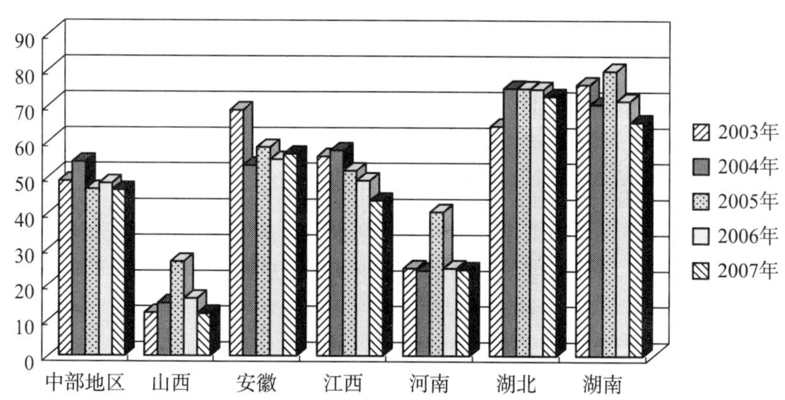


**图1－23　中部地区及各省的资源支撑能力变动**

资料来源：各省统计年鉴（2004～2008年）。

# 第三节　中部地区环境支撑分析

## 一、环境建设水平与治理

### 1. 中部地区环境支持水平分析

一个地区环境质量的好坏与很多因素有关，如区域环境的本底条件、人类活动影响以及区域自净能力大小等。从系统要素分解的角度看，区域环境要素主要包括大气、水、土地、生物及其匹配情况。因此，本报告在区域环境支持水平指标体系结构构建中充分考虑到系统的整体性和资料可获得的前提下，选取了废水排放密度、废气排放密度、固体废物产生密度、单位耕地面积化肥使用量、森林覆盖率五个指标来描述，分别从水、大气、土地和生物等角度来评价。表1－19反映的是中部地区及各省环境支持水平的五个指标在基期和末期的具体数值，从总体情况看，中部地区及各省的环境污染压力增大和环境条件改善同时并存。首先，从废水排放密度指标看，除了湖北和湖南两省，中部地区其他四省的废水排放密度都有不同程度的上升，表明这些地区废水排放对环境所产生的压力是加大的，尤其是在工业化进程下的河南省废水排放密度数值较大；其次，从废气排放密度指标看，不仅各省的废气排放密度呈现加大趋势，而且增长幅度很大，如安徽省增长率达到146%以上，湖南和江西两省，它们的增长率都在90%以上；第三，从固体废物产生密度指标看，产生密度最大的省份是山西、河南和江西三省，增长幅度最大省份则是河南、安徽和湖南三省，增长率都在65%以上；第四，从单位耕地面积化肥使用量指标看，河南、湖北和湖南省的单位耕地面积化肥使用量较大，而山西、江西和河南的单位耕地面积化肥使用量增长幅度则较大；第五，从森林覆盖率指标看，森林覆盖率处于前列的省份是江西、湖南和湖北，而森林覆盖率增长较快的省份是河南、山西和安徽。

**表1－19　　中部地区环境支持水平评价指标**

| | 废水排放密度（t/km²） | | 废气排放密度（m³/km²） | | 固体废物产生密度（t/km²） | | 单位耕地面积化肥使用量（t/km²） | | 森林覆盖率（%） | |
|---|---|---|---|---|---|---|---|---|---|---|
| | 2003年 | 2007年 | 2003年 | 2007年 | 2003年 | 2007年 | 2003年 | 2007年 | 2003年 | 2007年 |
| 中部地区 | 4 668.3 | 4 981.1 | 4 355 946 | 7 983 106 | 285.2 | 444.5 | 0.46 | 0.56 | 27.57 | 29.46 |

续表

| | 废水排放密度（t/km²） | | 废气排放密度（m³/km²） | | 固体废物产生密度（t/km²） | | 单位耕地面积化肥使用量（t/km²） | | 森林覆盖率（%） | |
|---|---|---|---|---|---|---|---|---|---|---|
| | 2003 年 | 2007 年 | 2003 年 | 2007 年 | 2003 年 | 2007 年 | 2003 年 | 2007 年 | 2003 年 | 2007 年 |
| 山西 | 1 973.6 | 2 625.2 | 8 199 169 | 13 674 303 | 590.4 | 881.8 | 0.20 | 0.25 | 11.72 | 13.29 |
| 安徽 | 4 533.4 | 5 249.1 | 3 841 543 | 9 458 360 | 251.3 | 425.3 | 0.47 | 0.53 | 22.95 | 24.03 |
| 江西 | 3 004.0 | 4 278.9 | 1 918 583 | 3 656 900 | 370.4 | 466.0 | 0.37 | 0.47 | 53.37 | 55.86 |
| 河南 | 6 900.3 | 8 115.5 | 7 244 346 | 11 411 139 | 269.9 | 534.7 | 0.58 | 0.72 | 12.52 | 16.19 |
| 湖北 | 5 191.2 | 4 895.4 | 3 608 087 | 5 580 182 | 167.4 | 251.9 | 0.55 | 0.64 | 25.98 | 26.77 |
| 湖南 | 5 859.3 | 4 725.4 | 2 172 712 | 4 135 750 | 130.0 | 215.2 | 0.48 | 0.58 | 38.90 | 40.63 |

资料来源：各省统计年鉴（2004～2008 年）。

同理，为了进一步分析中部地区及各省的环境支持水平变动情况，我们可以利用加权合成方法，得到中部地区及各省的环境支持水平指数分布情况，其变动见图 1－24。按照它们环境支持水平指标五年的平均值由高到低依次排列是江西（76.92）、湖南（66.29）、安徽（49.60）、湖北（48.05）、山西（39.13）和河南（18.97），它们五年的变异系数依次为山西（0.326）、湖南（0.183）、湖北（0.172）、安徽（0.150）、江西（0.081）和河南（0.079）。可以看出，山西和河南两省的环境支持水平指数相对较低，除河南省在考察期间变动相对稳定，其他五省均呈现不同趋势的变化。其中安徽和湖南两省出现“倒 U”型，而山西、江西和湖北三省则呈现“U”型，即先下降后上升。

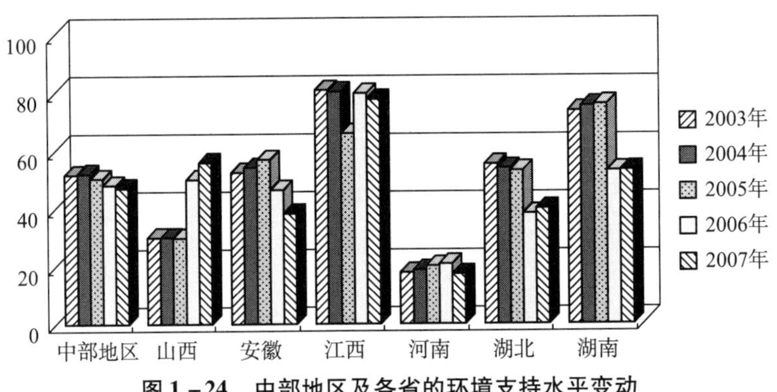


**图 1－24　中部地区及各省的环境支持水平变动**

### 2. 中部地区环境治理能力分析

本文中环境治理能力影响因素主要包含有两个方面，一是环境治理的资金投入；二是环境治理的效果，所以可以选取环保投入占 GDP 比重、万元 GDP 废水排放量、万元 GDP 废气放量、万元 GDP 固体废物产生等四个指标来表示。这四个指标在基期、末期以及其变化率都列在表 1－20 中，从表可以看出以下一些结论。首先，中部地区及各省都加大了环境保护治理的投入，但投入量和投入量的增长幅度差别很大，湖北、山西和河南的治理投入占 GDP 比重增长幅度很大，2007 年在中部六省中处于领先地位，而投入增长幅度变化率处于前三位的是江西、河南和湖北；其次，中部地区及各省对环境治理的效果基本都已经显现，其中废水和固体废物的治理效果明显，计算得到考察期间的变化率都出现负值并且变化率较大也就说明了这个问题。

**表 1－20　　中部地区及各省环境治理能力指标**

| | 环保投入占 GDP 比重（%） | | | 万元 GDP 废水排放（t/万元） | | | 万元 GDP 废气排放量（万 $m^3$/万元） | | | 万元 GDP 固体废物产生（t/万元） | | |
|---|---|---|---|---|---|---|---|---|---|---|---|---|
| | 2003 年 | 2007 年 | 变化率（%） | 2003 年 | 2007 年 | 变化率（%） | 2003 年 | 2007 年 | 变化率（%） | 2003 年 | 2007 年 | 变化率（%） |
| 中部地区 | 0.14 | 0.56 | 311.98 | 18.20 | 9.83 | －45.98 | 1.70 | 1.51 | －10.81 | 1.11 | 0.88 | －20.72 |
| 山西 | 0.26 | 0.76 | 191.72 | 12.59 | 7.18 | －43.01 | 5.23 | 3.74 | －28.54 | 3.77 | 2.41 | －36.07 |
| 安徽 | 0.15 | 0.34 | 132.86 | 15.99 | 9.99 | －37.54 | 1.36 | 1.80 | 32.82 | 0.89 | 0.81 | －8.99 |
| 江西 | 0.03 | 0.24 | 654.79 | 17.71 | 12.98 | －26.70 | 1.13 | 1.11 | －1.92 | 2.19 | 1.41 | －35.62 |
| 河南 | 0.13 | 0.76 | 463.89 | 16.21 | 8.95 | －44.78 | 1.70 | 1.26 | －26.04 | 0.63 | 0.59 | －6.35 |
| 湖北 | 0.17 | 0.96 | 451.66 | 17.86 | 9.86 | －44.81 | 1.24 | 1.12 | －9.49 | 0.58 | 0.51 | －12.07 |
| 湖南 | 0.07 | 0.32 | 336.59 | 26.76 | 10.88 | －59.34 | 0.99 | 0.95 | －4.02 | 0.59 | 0.50 | －15.25 |

资料来源：各省统计年鉴（2004～2008 年）。

与上面分析的思路一样，我们通过递阶加权得到中部地区及各省的环境治理能力变动情况，其环境治理能力指数分布情况见图 1－25。从图可以看出，中部及各省的环境治理能力指数在考察期间变动都比较显著，尤其是安徽、湖南和湖北，通过计算它们五年环境治理能力指数的平均值，按照其指数由高到低的顺序排列依次是河南（63.98）、湖北（63.38）、湖南（62.90）、安徽（56.97）、江西（46.50）和山西（42.51），它们五年的变异系数依次为湖北（0.306）、河南（0.197）、安徽（0.158）、江西（0.147）、山西（0.132）和湖南（0.059），反映其环境治理能力的变动情况。

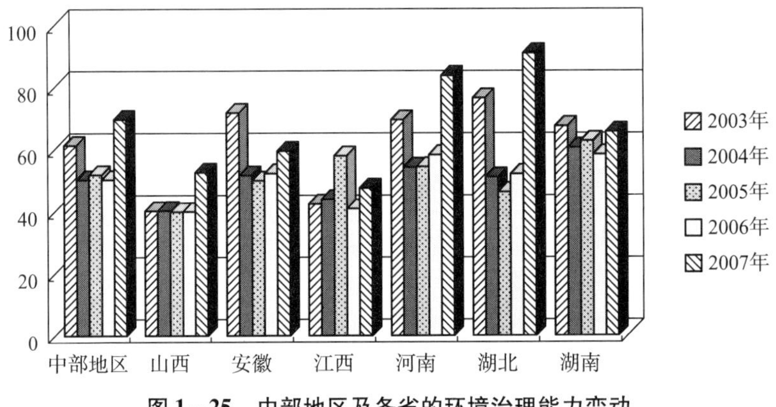


**图 1－25　中部地区及各省的环境治理能力变动**

## 二、支撑能力分析

本文选用废水排放达标率、固体废物综合利用率和自然保护区面积比例来表述中部地区环境建设对经济发展的支撑能力，它们在考察基期、末期以及其变化率情况见表 1－21。从表中可以看出以下一些结论：第一，从废水排放达标率指标看，中部地区及各省的废水排放达标率除安徽省略微下降外，其他各省都有提高，但各省处理水平及提高程度存在差别。2007 年废水排放达标率较大的省份是安徽、河南、江西和湖北，它们都在 90% 以上，但提高速率有差别，江西最快，达到 13.03%，其次为湖南和湖北，这两省的废水排放达标率在考察期内的提高速率也达到了 11% 以上；第二，从固体废物综合利用率指标看，2007 年固体废物综合利用率水平最高的省份为安徽、湖北和湖南，它们的固体废物综合利用率数值都在 75% 以上，但从考察期的增长速率来看，江西、山西和湖南的增长速率较高，都在 18% 以上；第三，从自然保护区面积比例指标看，2007 年自然保护区面积比例数值从高到低依次排列是山西、江西、湖北、湖南、河南和安徽，从它们增长幅度大小比较看，河南和江西的增长幅度较大，都在 28% 以上。

**表 1－21　　中部地区环境支撑能力评价指标**

| | 废水排放达标率（%） | | | 固体废物综合利用率（%） | | | 自然保护区面积比例（%） | | |
|---|---|---|---|---|---|---|---|---|---|
| | 2003 年 | 2007 年 | 变化率（%） | 2003 年 | 2007 年 | 变化率（%） | 2003 年 | 2007 年 | 变化率（%） |
| 中部地区 | 86.34 | 92.76 | 7.44 | 51.25 | 60.50 | 18.05 | 4.58 | 5.42 | 18.20 |

续表

| | 废水排放达标率（%） | | | 固体废物综合利用率（%） | | | 自然保护区面积比例（%） | | |
|---|---|---|---|---|---|---|---|---|---|
| | 2003 年 | 2007 年 | 变化率（%） | 2003 年 | 2007 年 | 变化率（%） | 2003 年 | 2007 年 | 变化率（%） |
| 山西 | 87.10 | 88.23 | 1.30 | 39.99 | 49.09 | 22.76 | 6.80 | 7.29 | 7.21 |
| 安徽 | 95.88 | 94.77 | -1.16 | 79.50 | 82.35 | 3.85 | 4.10 | 4.09 | -0.24 |
| 江西 | 83.06 | 93.89 | 13.03 | 22.13 | 36.40 | 64.50 | 4.60 | 5.92 | 28.70 |
| 河南 | 91.47 | 94.03 | 2.80 | 69.73 | 68.33 | -2.01 | 3.00 | 4.61 | 53.67 |
| 湖北 | 83.78 | 93.64 | 11.77 | 73.17 | 77.30 | 5.65 | 4.50 | 5.34 | 18.67 |
| 湖南 | 79.86 | 89.83 | 12.49 | 63.54 | 75.18 | 18.30 | 4.50 | 5.24 | 16.44 |

资料来源：各省统计年鉴（2004～2008 年）。

同样，我们也可以通过递阶加权得到中部地区及各省的环境支撑能力变动情况，其环境支撑能力指数分布情况见图 1-26。通过计算它们五年环境支撑能力指数的平均值，按照由高到低的顺序排列依次是安徽（80.65）、河南（66.66）、湖北（59.15）、湖南（51.17）、山西（48.23）和江西（34.93），它们五年的变异系数依次为江西（0.437）、湖南（0.359）、湖北（0.282）、山西（0.239）、河南（0.073）和安徽（0.072）。可以看出，江西省的环境支撑能力较低，但一直处于上升趋势。在考察期间山西省的环境支撑能力呈先下降后上升的 U 型特征，且变动幅度较大，湖北、湖南省在 2006 年环境支撑能力迅速提高后有所下降，而安徽、河南两省的变动幅度不大，并且变化趋势也不稳定。

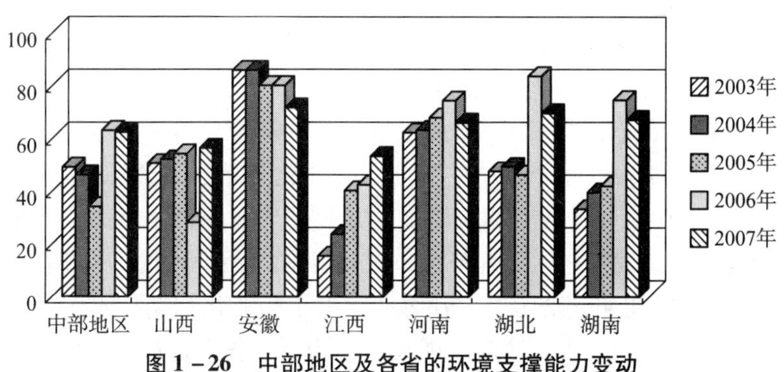


**图 1-26　中部地区及各省的环境支撑能力变动**

## 三、经济环境协调性分析

实践证明，环境既是经济发展的条件，又是经济发展的结果。环境问题是经济活动发展到一定阶段的必然产物。环境问题一方面是由不适合的经济活动引起的，另一方面环境问题的完全解决，又需要经济发展到一定的水平之后才能实现（因为保护和改善环境需要配置一定的资源，即需要一定的经济实力）。也就是说，经济发展与环境之间存在着密切的内在关系。

如果单纯从经济学的角度来考察经济发展与环境的关系，那么环境对于经济发展的影响会导致社会总产出的变化。如图 1－27 所示，总供给 $S_0$ 与总需求 $D_0$ 在通常情况下相交于一点 X，从而得出生产总值 $G_0$ 和物价水平 $P_0$，而在考虑环境成本是由生产企业自身负担的情况下，由于价格会升高总供给将减少，相应的总供给曲线将上升，与总需求曲线相交点 A，这时的生产总值和物价水准各自以 $G'_0$ 和 $P'_0$ 表示，这样就得出生产总值减少的结论。

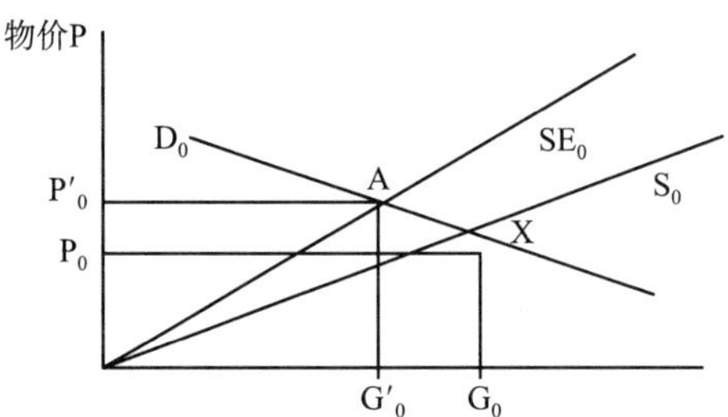


**图 1－27　经济增长与环境变化的经济关系曲线**

一般来说，随着经济的发展，经济与环境关系存在着如下几个发展阶段（图 1－28）。第一阶段，经济起飞之前，经济发展水平低下，主要产业是传统耕作农业，“三废”排放量极小，并低于自然环境容量，环境质量良好；第二阶段，随着经济的起飞，工业化开始导致资源利用量剧增，“三废”的产生量和排放量相应增加，并超过环境的自净能力，环境污染开始出现，经济发展进入了对环境不太友好的“污染时代”（图中 A′C′阶段）。这一阶段初期，是污染上升时期。由于工业化初期技术水平低，企业规模以外延扩张为主，物耗、能耗急剧增长，各类自然资源增长弹性系数都超过 1，经济的发展意味着资源的消耗和“三废”排放量的迅速增加，环境随之迅速恶化。之后，随着经济日渐成熟，工业技术水平的不断提高，增长方式逐步由外延扩大再生产转向以内涵扩大再生产的方式进行，物耗、能耗的增长逐步减缓，自然消耗增长弹性系数逐步减到 1 以下，“三废”产生量相对减少；另一方面，经过严重污染时期的人们，其环保意识增强，环境保护的社会压力增大，再加上经济实力的增强，有能力加大对环境保护自然的投入。因此，随经济发展逐步走向成熟，环境污染将从加速污染转向减速污染，并在某一点上得到污染绝对下降点（图 1－28 中 C′）。环境质量开始向改善的方向发展，这一点我们称为经济发展中的环境污染转折点。其后，在环保投入力度不断加大和技术进步的条件下，“三废”排放量不断地绝对减少。当环境质量恢复到起飞前的水平，或下降到自然环境容量以内时，环境污染时代结束，经济发展与环境的关系步入崭新的第三阶段。所以，经济发展与环境质量之间是一种动态的过程。

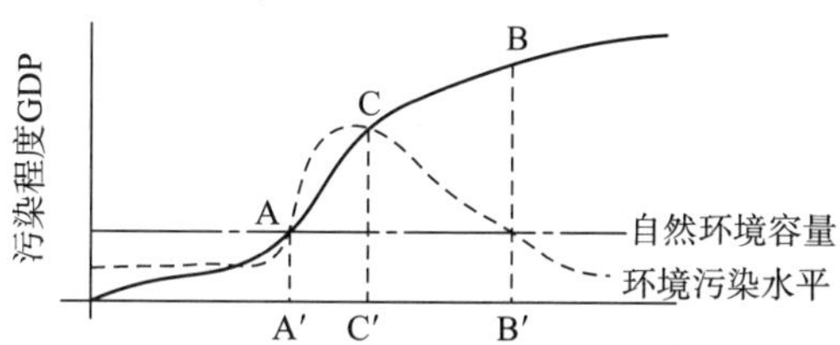


**图 1－28　经济增长与环境变化的经济关系曲线**

为了表述经济与环境的这种动态的协调程度，我们构造了经济环境协调系数，即通过“三废”的增长率与 GDP 增长率比值来表示，其目的就是为了测度中部地区及各省处于工业化进程中的经济增长与环境保护的协调关系。通过计算得到中部地区及各省的经济环境协调系数变动情况，其数值分布情况见图 1－29。通过计算它们五年经济环境协调系数的平均值，按照其指数由高到低的顺序排列依次是安徽（94.78）、河南（75.24）、湖北（72.82）、湖南（71.95）、山西（49.56）和江西（36.97），它们五年的变异系数由大到小依次为山西（0.506）、江西（0.429）、湖南（0.233）、河南（0.195）、湖北（0.156）和安徽（0.116）。从图可以看出，除安徽省外，中部及各省的经济环境协调系数在考察期间都很不稳定，尤其是山西、江西、湖南，变异系数都很大。

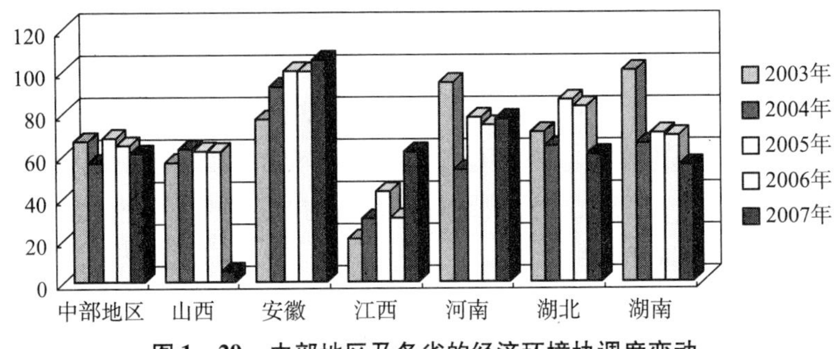


图1－29　中部地区及各省的经济环境协调度变动

## 第四节　中部地区资源与环境综合评价的结果分析

一、在考察期间，中部各省的资源禀赋条件由优到劣排列依次是山西、江西、湖南、湖北、安徽和河南，但各省资源变动情况不同，山西、河南和湖南三省均呈现先升后降的趋势，而湖北省则是先降后升，安徽和江西两省呈现逐渐下降的趋势。

二、中部及各省的资源支撑能力综合指数在考察期间变动相对稳定，除了山西和河南外，其他各省资源支撑能力相对较高，六省均出现波动态势。

三、从总体情况看，中部地区及各省的环境污染压力增大和环境条件改善同时并存。山西和河南两省的环境支持水平指数相对较低，除河南省在考察期间变动相对稳定，其他五省均呈现不同趋势的变化。

四、中部地区环境治理能力明显提高。首先，中部地区及各省都加大了环境保护治理的投入；其次，中部地区及各省对环境治理的效果基本都已经显现，其中废水和固体废物的治理效果更加突出。

五、中部各省的环境支持能力变动幅度、变化趋势各异。

六、除安徽省外，中部及各省的经济环境协调系数在考察期间都很不稳定，尤其以山西、江西、湖南省明显。中部各省经济增长与环境保护的协调关系由优到劣依次为安徽、河南、湖北、湖南、山西和江西。

### 参考文献

1. 中国中部经济发展报告编委会：2007 中国中部经济发展报告［M］. 北京：经济科学出版社，2006.

2. 刘耀彬：中国城市经济增长与环境质量变化关系的实证研究［J］. 商业研究，2007，（10）：111－114.

3. 吴学平：《中部地区经济与环境协调度分析》［J］. 科技广场，2006，（12）46－50.

# 第三章　中部地区人力资源与科技创新综合评价*

## 第一节　中部地区人力资源开发水平分析

### 一、中部地区人口发展状况比较

从人口数量增长速度纵向比来看，近年来，中部地区与全国一样，总人口数量增长速度减缓，人口自然增长率变化呈波动下降趋势，仅安徽、湖北、湖南三省人口自然增长率有一定程度上升，但是上涨幅度很小，不过三省的人口总量大体上有下降趋势，安徽、湖北两省比较明显。然而从人口数量增长速度横向比来看，中部地区人口发展状况不容乐观，自然增长率要高于全国平均水平，人口压力大。2003 年中部地区人口平均自然增长为 5.53‰，要好于全国水平，仅山西省、江西省的人口自然增长高于全国；2007 年中部地区人口自然增长率较 2001 年相比有所下降，可却高于全国平均水平，并且中部六省有四个省份的人口自然增长率高于全国水平。此外，从中部地区在全国总人口所占份额比例来看，尽管中部地区总人口占全国总人口份额比重是不断降低的，但降幅较小，基本都不到 1 个百分点，中部地区人口基数还是较大。

---

* 撰稿人：罗序斌，南昌大学理学院管理科学与工程系，南昌大学中国中部发展研究中心；周绍森，南昌大学中国中部经济发展研究中心。

表 1-22　　中部地区总人口和自然增长率变化情况　　单位：万人，‰

| | 2003年 | | 2004年 | | 2005年 | | 2006年 | | 2007年 | |
|---|---|---|---|---|---|---|---|---|---|---|
| | 总量 | 自然增长率 | 总量 | 自然增长率 | 总量 | 自然增长率 | 总量 | 自然增长率 | 总量 | 自然增长率 |
| 全国 | 129 227 | 6.01 | 129 988 | 5.87 | 130 756 | 5.89 | 131 448 | 5.28 | 132 129 | 5.17 |
| 中部 | 36 310.0 | 5.53 | 36 511 | 5.45 | 35 992.5 | 5.58 | 35 251 | 5.58 | 35 743.7 | 5.49 |
| 山西 | 3 314.3 | 6.22 | 3 335 | 6.25 | 3 351.2 | 6.02 | 3 375 | 5.75 | 3 392.6 | 5.33 |
| 安徽 | 6 410.0 | 5.95 | 6 461 | 6.12 | 6 120 | 6.20 | 6 110 | 6.3 | 6 118 | 6.35 |
| 江西 | 4 254.2 | 8.09 | 4 284 | 7.62 | 4 311.2 | 7.83 | 4 339 | 7.79 | 4 368.4 | 7.87 |
| 河南 | 9 667.0 | 5.64 | 9 717 | 5.20 | 9 380 | 5.25 | 9 392 | 5.32 | 9 360 | 4.94 |
| 湖北 | 6 001.7 | 2.32 | 6 016 | 2.40 | 5 710 | 3.05 | 5 693 | 3.13 | 5 699 | 3.23 |
| 湖南 | 6 662.8 | 4.95 | 6 698 | 5.09 | 6 732.1 | 5.15 | 6 342 | 5.19 | 6 805.7 | 5.25 |

资料来源：《中国统计年鉴》（2003～2008年）及各省统计年鉴（2003～2008年）。

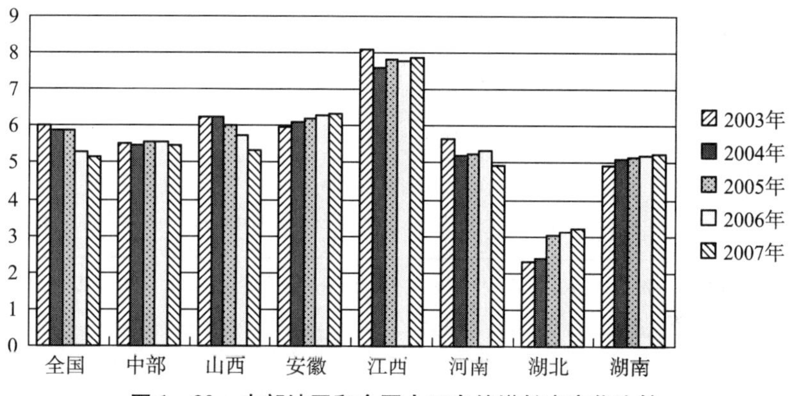


**图 1-30　中部地区和全国人口自然增长率变化比较**

资料来源：《中国统计年鉴》（2003～2008年）及各省统计年鉴（2003～2008年）。

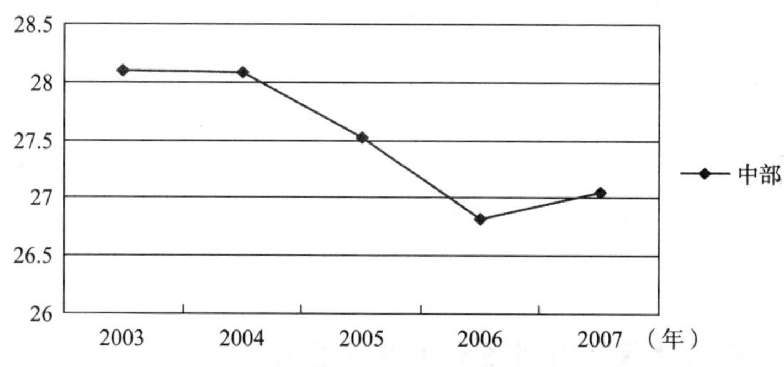


**图 1-31　中部地区人口占全国份额的变化趋势**

资料来源：《中国统计年鉴》（2003～2008年）及各省统计年鉴（2003～2008年）。

人口城市化指标是通过从人口从业结构和经济属性来考察人口变动情况。与全国相比，中部地区各省人口城市化水平普遍低于全国水平，2007年中部地区城市化平均水平为39.33%，较全国平均水平低5.57个百分点，这表明中部地区城镇化率低，农村人口比重大。但从城市化率增长速度对比看，2003～2007年中部地区城市化年提高幅度除湖北外其余各省均高于全国平均水平，以2003年为基期，2007年整个中部地区城市化水平增长率为17.33%，比全国平均14.83%高2.5个百分点，其中安徽、江西、河南、湖南城市化水平增幅均达到23个百分点以上，这又表明整个中部地区正处于城市化大幅提高的阶段，中部各省都正在向城镇化建设大步迈进，人口结构转型势在必行。

**表1－23　　中部地区人口城市化水平变化情况**

| | 2003年 | 2004年 | 2005年 | 2006年 | 2007年 |
|---|---|---|---|---|---|
| 全国 | 40.53 | 41.80 | 42.99 | 43.9 | 44.9 |
| 中部 | 33.66 | 36.10 | 37.71 | 38.96 | 39.33 |
| 山西 | 38.81 | 39.63 | 42.11 | 43.01 | 44.03 |
| 安徽 | 32.00 | 33.50 | 35.16 | 37.1 | 38.7 |
| 江西 | 34.02 | 35.58 | 37.10 | 38.68 | 39.68 |
| 河南 | 27.20 | 28.90 | 30.65 | 32.47 | 34.3 |
| 湖北 | 42.90 | 43.70 | 44.26 | 43.8 | 44.3 |
| 湖南 | 33.50 | 35.50 | 37.00 | 38.71 | 40.45 |

资料来源：《中国统计年鉴》（2004～2008年）及各省统计年鉴（2003～2008年）。

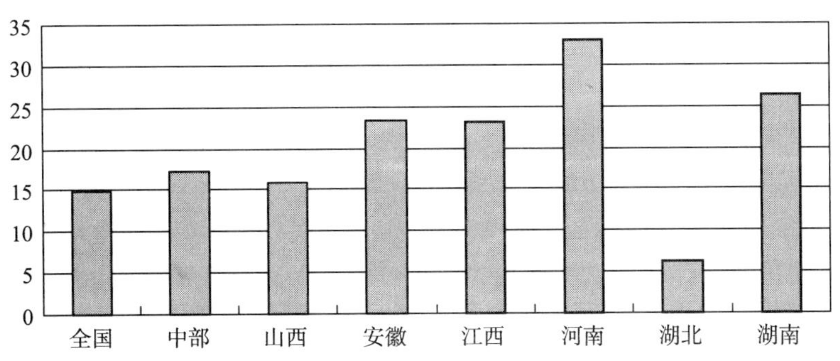


**图1－32　中部地区城市化率增长幅度比较**

资料来源：《中国统计年鉴》（2004～2008年）及各省统计年鉴（2003～2008年）。

## 二、中部地区人力资源开发状况比较

所谓人力资源，是指某种范围内的人口总体所具有的劳动能力的总和，它又被称为“劳动力资源”或“劳动资源”。在通常情况下，人力资源是宏观意义上的概念，即以国家及大的地区为单位，进行划分和计量的。人力资源数量是与劳动力资源密切相关的。劳动力资源是指一个国家或地区，在一定时点或时期内，拥有的具有劳动能力的劳动适龄人口。在我国，劳动力资源一般是指年龄在 15 ~ 64 岁的具有劳动能力的人口。劳动力资源与人力资源数量及其利用率是从数量的角度考查人口资源开发状况的。劳动力资源与人力资源在数量上是正比关系，即劳动力资源丰富，可利用的人力资源也就丰富。从业人员与劳动力资源的比例，即劳动力资源利用率，也直接反映了人力资源的利用率。

2003 ~ 2007 年，全国劳动力资源占总人口的比重呈波动性上升。2003 年全国劳动力资源为 70. 68% ，到 2004 年则降至 58% ，2005 ~ 2006 年有所反弹，2007 年攀升至 80. 6% 。而中部地区的劳动力资源情况基本符合这一趋势。就中部各省劳动力资源近年来变动情况来说，山西省劳动力资源占劳动力比重较低，2003 年为 69. 98% ，低于全国及中部地区平均水平，也低于湖北、湖南两省的水平，比其他省份仅有相当微弱的优势；2007 年，山西劳动力资源占人口比重为 72. 76% ，尽管较 2003 年上涨了 2. 8 个百分点，但普遍低于全国及中部其他省份的水平。

**表 1 – 24　　　中部地区人力资源总量**　　　单位：万人、%

| | 2003 年 | | 2004 年 | | 2005 年 | | 2006 年 | | 2007 年 | |
|---|---|---|---|---|---|---|---|---|---|---|
| | 总量 | 占总人口比 | 总量 | 占总人口比 | 总量 | 占总人口比 | 总量 | 占总人口比 | 总量 | 占总人口比 |
| 全国 | 91 335 | 70. 68 | 75 200 | 57. 85 | 75 825. 0 | 57. 99 | 95 234. 1 | 72. 45 | 106 467 | 80. 6 |
| 中部 | 25 523 | 70. 31 | 18 743 | 51. 34 | 20 413. 8 | 55. 60 | 25 239. 7 | 71. 60 | 26 894. 5 | 75. 24 |
| 山西 | 2 318. 6 | 69. 96 | 1 474. 6 | 44. 22 | 1 475. 1 | 43. 96 | 2 412. 5 | 71. 48 | 2 468. 5 | 72. 76 |
| 安徽 | 4 465. 7 | 69. 67 | 3 453. 2 | 53. 45 | 3 669. 6 | 56. 32 | 4 507. 0 | 68. 36 | 4 597. 8 | 75. 15 |
| 江西 | 2 967. 4 | 69. 75 | 2 039. 8 | 47. 61 | 2 276. 7 | 52. 81 | 3 210. 4 | 73. 99 | 3 290. 6 | 75. 33 |
| 河南 | 6 712. 8 | 69. 44 | 5 587. 4 | 57. 50 | 5 653. 5 | 57. 88 | 6 679. 6 | 71. 12 | 7 111 | 75. 97 |
| 湖北 | 4 277. 2 | 71. 27 | 2 588. 6 | 43. 03 | 3 537. 0 | 58. 65 | 4 169. 0 | 73. 23 | 4 186. 2 | 73. 46 |
| 湖南 | 4 781. 1 | 71. 76 | 3 599. 6 | 53. 74 | 3 801. 8 | 56. 47 | 4 530. 7 | 71. 44 | 5 240. 4 | 77. 00 |

资料来源：《中国统计年鉴》（2003 ~ 2007 年）以及各省社会经济统计公报（2002 ~ 2006 年）。

注：本表部分数据近似指 15 ~ 64 岁人口数。

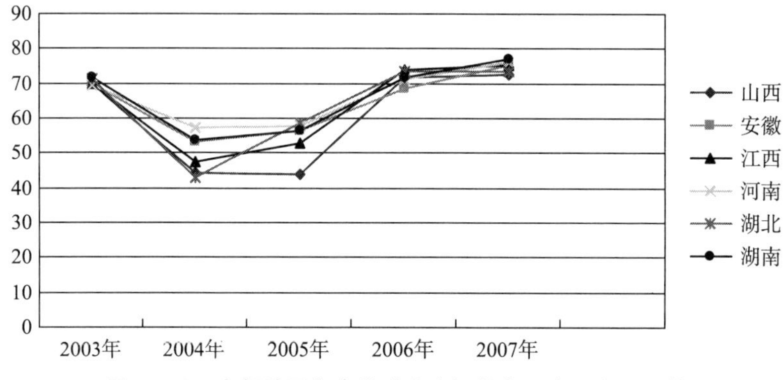


**图1-33　中部地区各省劳动力资源数占总人口比重比较**

2004年，中部地区劳动力资源利用率为76.14%，只有河南的劳动力资源利用率高于全国0.98个百分点，其他五省都低于全国平均水平。而2007年劳动力资源利用率达到了79.52%，比全国平均水平高出7.2个百分点，而湖北省的劳动资源利用率（85.61%）位居中部六省之首，其中山西为79.39%，安徽83.04%，河南81.18%，湖南74.11%，均高于全国水平，仅江西省比全国水平低0.3个百分点。这深刻揭示了近年来中部地区的人力资源开发取得了显著的成就，劳动力资源利用有了很大的提高。

## 三、中部地区产业人力资源开发状况比较

除了在人力资源总体数量上对中部地区人力资源进行描述外，还可以从人力资源在产业结构分布上深入比较中部地区人力资源开发情况，这一般可以从产业从业人员的教育特征来描述。自19世纪20年代以来，表明时代特征的一个显著特点是劳动者受教育水平的大大提高。劳动者知识资本的积累为经济进一步增长创造了条件，使得技术创新和普遍应用成为可能，从而推动经济持续增长。

经过我们研究，整个中部地区产业人力资源分布主要呈现以下两个特征：一是劳动力三次产业分布存在很大差距，人力资源结构性矛盾突出。相对于产值结构来说，中部地区第一产业就业比重过高，第二、第三产业就业比重偏低，大量农村劳动力滞留第一产业，造成农业生产率低下，导致大量过剩农业劳动力的存在和很大比例的隐形失业，使得中部地区就业结构调整难度大；二是产业就业人员人力资本存量质量低，不能充分满足产业结构调整过程中对高素质人才的需求。2005年，中部地区第一、第

二、第三产业从业人员中受教育程度为文盲和小学的比重与全国平均水平相差不大，初中则略好于全国，比全国平均水平分别高 2.28（第一产业）、3.28（第二产业）、4.14（第三产业）个百分点，中部地区九年义务教育工作成就显著。但是中部地区第一、第二、第三产业高中以上受教育程度的从业人员均低于全国平均水平。中部地区第一产业受教育程度高中、大专以上的从业人员比例为 4.31%、0.19%，分别比全国平均水平低 0.37、0.04 个百分点；第二产业受教育程度高中、大专以上的从业人员比例为 17.94%、5.66%，分别比全国平均水平低 7.43、1.24 个百分点；第三产业受教育程度高中、大专以上的从业人员比例为 24.86%、20.38%，分别比全国平均水平低 0.83、3.45 个百分点，说明中部地区从业人员素质低，特别是高学历高素质的人才严重不足，严重制约了中部地区经济社会又好又快发展。而高中及以上文化程度的农村劳动力主要是从事第三产业，随着文化程度的提高，农村劳动力将由第一产业逐步向第二、第三产业转移。因此，大力提升人力资本，构筑中部地区人才高地，对推动中部地区产业结构优化升级、促进中部崛起作用重大。

**表 1－25　2005 年全国及中部地区各产业从业人员受教育程度比例**　单位：%

| | 产业 | 合计 | 文盲 | 小学 | 初中 | 高中 | 大专以上 |
|---|---|---|---|---|---|---|---|
| 全国 | 第一产业 | 100 | 12.10 | 40.18 | 42.81 | 4.68 | 0.23 |
| | 第二产业 | 100 | 1.73 | 17.35 | 54.65 | 19.37 | 6.90 |
| | 第三产业 | 100 | 1.38 | 10.38 | 38.72 | 25.69 | 23.83 |
| 中部地区 | 第一产业 | 100 | 11.79 | 38.62 | 45.09 | 4.31 | 0.19 |
| | 第二产业 | 100 | 1.69 | 16.78 | 57.93 | 17.94 | 5.66 |
| | 第三产业 | 100 | 1.41 | 10.49 | 42.86 | 24.86 | 20.38 |

资料来源：2005 年全国 1% 人口抽样调查资料。

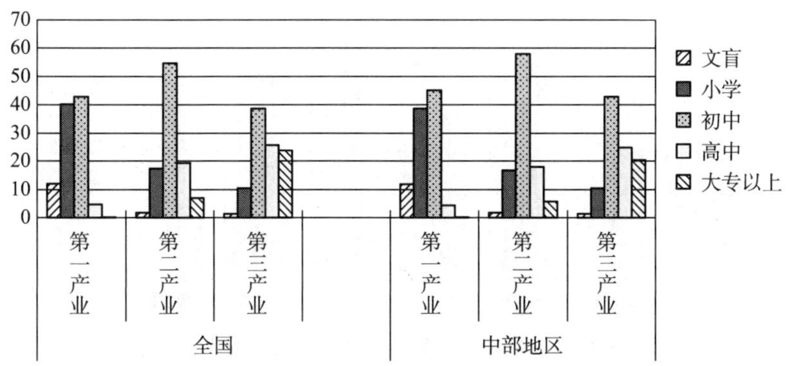


**图 1－34　全国及中部地区各产业就业人员受教育程度比较**

具体到中部地区各个省份，尽管人力资源分布状况大体上跟中部地区整体发展形势一致，但各省内部之间差异显著。

### 1. 中部六省第一产业人力资源分布状况比较

从产业从业人数数量结构来看，2001 年以来，随着产业结构的调整，中部各省第一产业从业人数占从业人数的比重和全国一样均呈下降趋势，产业从业人员逐步向第二产业、第三产业转移，但第一产业从业人员比例依然较重，普遍高于全国平均水平。2001 年第一产从业人员比例低于全国水平的省份有山西、江西、湖北三省，占中部六省的 50%；而到 2007 年仅有湖北的产业调整跟上了全国的步伐，甚至河南、湖南两省的从业人员比全国高出将近 10 个百分点。这一方面说明中部各省产业调整力度不够，第一产业比重较大，同时另一方面也意味着中部农业比重大，充分发挥自身优势，重点抓农业现代化可能是中部真正崛起的一个突破口。

**表 1－26　　主要年份中部六省第一产业从业人数比较表**　　单位：万人、%

| | 2001 年 | | 2004 年 | | 2006 年 | | 2007 年 | |
|---|---|---|---|---|---|---|---|---|
| | 总量 | 比例 | 总量 | 比例 | 总量 | 比例 | 总量 | 比例 |
| 全国 | 36 516 | 50.0 | 35 269 | 46.9 | 32 561 | 42.6 | 31 444 | 40.8 |
| 山西 | 662.4 | 47.3 | 645.1 | 43.7 | 639.7 | 41.0 | 638.9 | 41.2 |
| 安徽 | 1 992.0 | 57.5 | 1 833.1 | 50.8 | 1 741 | 46.5 | 1 651.4 | 45.9 |
| 江西 | 949.6 | 46.2 | 907.7 | 41.0 | 907.4 | 39.1 | 914.3 | 41.6 |
| 河南 | 3 478 | 63.0 | 3 246 | 58.1 | 3 050 | 53.3 | 2 920.3 | 50.6 |
| 湖北 | 1 639.0 | 48.0 | 1 672.9 | 47.7 | 1 694.7 | 47.6 | 1 071.0 | 38.8 |
| 湖南 | 2 078.36 | 57.6 | 1 885.1 | 50.3 | 1 790.46 | 46.6 | 1 900.5 | 50.7 |

资料来源：2005 年全国 1% 抽样调查资料。

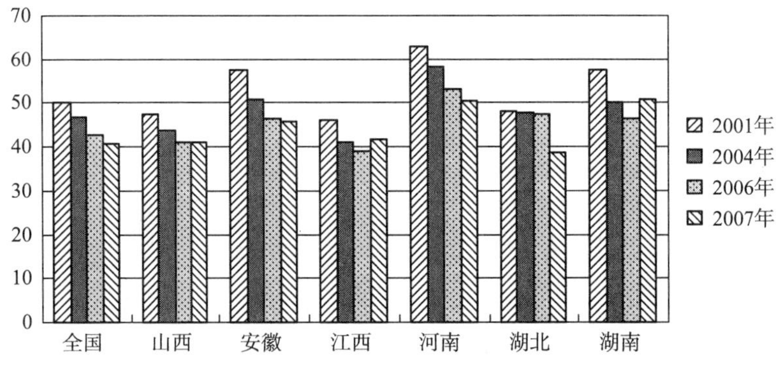


**图 1－35　主要年份中部六省第一产业从业人数比较**

资料来源：根据中部六省统计年鉴整理而得。

从产业从业人数质量结构来看，总体上中部各省低层次人力资本供过于求，高层次人力资本供不应求，初中及初中后教育比较滞后，与全国平均水平存在差距。2005 年第一产业从业人数山西、江西、河南、湖南四个省份文盲占有率都低于全国平均水平，湖北为 12.8%，略高于全国，但安徽第一产业从业人数文盲占有率为 22.6%，比全国水平高 10.5 个百分点；从业人数小学占有率山西、江西、湖南、湖北高于全国平均水平，安徽、河南则分别低 2.1、8.3 个百分点；从业人数初中占有率仅有河南高于全国平均水平，其余省份则低于全国；从业人员高中占有率中部地区仅有湖北、湖南两省略高于全国，其他地区则都低于全国平均水平，其中安徽最低，比全国少 1.9 个百分点；而受教育程度为大专以上的人数占从业人数的比重除安徽稍低外基本上与全国差不多。中部各省中等教育落后不利于农业技术的推广，阻碍了农业现代化发展的进程。

**表 1-27　2005 年份中部六省第一产业从业人数受教育程度比较表**　单位：%

| | 合计 | 文盲 | 小学 | 初中 | 高中 | 大专以上 |
|---|---|---|---|---|---|---|
| 全国 | 100 | 12.1 | 40.2 | 42.8 | 4.7 | 0.2 |
| 山西 | 100 | 11.8 | 43.1 | 40.4 | 4.6 | 0.1 |
| 安徽 | 100 | 22.6 | 38.1 | 36.3 | 2.8 | 0.2 |
| 江西 | 100 | 9.3 | 49.5 | 37.0 | 4.0 | 0.2 |
| 河南 | 100 | 10.1 | 31.9 | 53.7 | 4.1 | 0.2 |
| 湖北 | 100 | 12.8 | 41.6 | 40.5 | 4.9 | 0.2 |
| 湖南 | 100 | 7.3 | 42.4 | 45.1 | 5.0 | 0.2 |

资料来源：2005 年全国 1% 抽样调查资料。

### 2. 中部六省第二产业人力资源分布状况比较

从产业从业人数数量结构来看，2001～2006 年间，中部各省第二产业从业人数基本呈现不断增长的趋势，工业化水平不断提高。但中部各省在发展工业化过程中具有两个鲜明的特征：一是中部各省工业化水平发展不均衡，有的省份工业化进程要快，有的则相对较慢。例如，2001 年江西、山西第二产业从业人数比例较高，产业发展走在工业化的前列。二是 2007 年中部各省第二产业人数从业人员比重均低于全国平均水平。这种现象既表明中部地区各省工业化进程缓慢，又可表明中部各省摈弃为了尽快崛起可能出现了不顾自身优势盲目“跟风”的行为，逐渐回归到中部自身优势的认识中来，立足各省自身基础。

表 1 - 28　　中部六省人均 GDP 偏差率　　单位：万人、%

| | 2001 年 | | 2004 年 | | 2006 年 | | 2007 年 | |
|---|---|---|---|---|---|---|---|---|
| | 总量 | 比例 | 总量 | 比例 | 总量 | 比例 | 总量 | 比例 |
| 全国 | 16 284 | 22.3 | 16 920 | 22.5 | 19 225 | 25.2 | 20 629 | 26.8 |
| 山西 | 346.3 | 24.8 | 375 | 25.4 | 415.7 | 26.6 | 414.1 | 26.7 |
| 安徽 | 598.1 | 17.3 | 734.1 | 20.4 | 835.7 | 22.3 | 925.6 | 25.7 |
| 江西 | 482.6 | 23.5 | 598.4 | 27.0 | 639.5 | 27.6 | 578.4 | 26.3 |
| 河南 | 997 | 18.1 | 1 142 | 20.4 | 1 351 | 23.6 | 1 487.0 | 25.8 |
| 湖北 | 706.8 | 20.7 | 720.3 | 20.5 | 732.4 | 20.5 | 619.8 | 22.4 |
| 湖南 | 748.9 | 20.8 | 804.9 | 21.5 | 829.9 | 21.6 | 734.2 | 19.6 |

资料来源：《中国统计年鉴》（2002～2007）。

从产业从业人数质量结构来看，2001 年以来，中部地区第二产业从业人数接受初等教育及中等教育的比例（除个别省份某类教育程度）与全国相比存在一定差距外，基本上相差不大，但是对于接受过高等教育的从业人数比例而言，中部六省均普遍低于全国水平。从业人员素质偏低这反映了中部地区教育发展的不均衡不协调，初等教育和中等教育发展良好，取得了较好的成果，然而高等教育发展则明显不足，成为短板，严重制约了大力开发人力资本、推进科技创新，实现中部地区经济社会跨越式发展的进程。

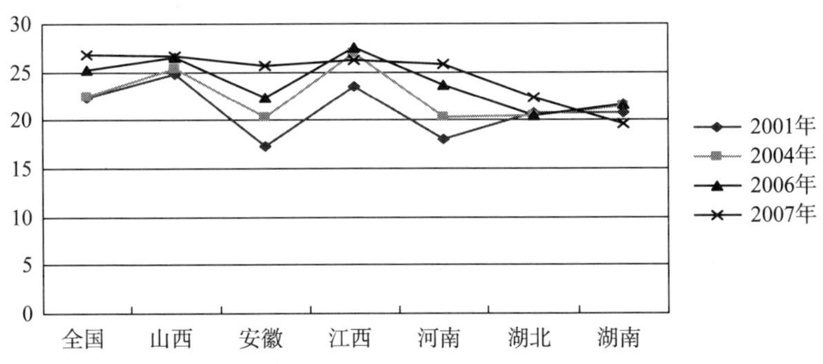


**图 1 - 36　主要年份中部六省第二产业从业人数比较**

表 1 - 29　2005 年份中部六省第二产业从业人数受教育程度比较表　单位：%

| | 合计 | 文盲 | 小学 | 初中 | 高中 | 大专以上 |
|---|---|---|---|---|---|---|
| 全国 | 100 | 1.7 | 17.4 | 54.7 | 19.4 | 6.8 |
| 山西 | 100 | 1.4 | 17.3 | 52.8 | 22.5 | 6.0 |
| 安徽 | 100 | 3.8 | 20.0 | 56.3 | 14.4 | 5.5 |

续表

| | 合计 | 文盲 | 小学 | 初中 | 高中 | 大专以上 |
|---|---|---|---|---|---|---|
| 江西 | 100 | 1.4 | 23.3 | 51.3 | 18.2 | 5.8 |
| 河南 | 100 | 1.4 | 13.0 | 64.7 | 16.0 | 4.9 |
| 湖北 | 100 | 1.8 | 18.3 | 52.8 | 20.9 | 6.2 |
| 湖南 | 100 | 1.0 | 17.7 | 55.7 | 20.1 | 5.5 |

资料来源：2005 年全国 1% 抽样调查资料。

### 3. 中部六省第三产业人力资源分布状况比较

从产业就业人数数量结构来看，2001 年以来，中部地区各省第三产业从业人数占从业人数的比重跟第二产业情况一样不断提高，与全国水平不相上下（除河南水平较低之外），其中 2007 年湖北省的服务业从业人员比重比全国平均水平高 6.2 个百分点，也普遍高于中部其他省份。第三产业就业人口的比重加大，说明我国及中部地区产业结构逐步升级换代。

**表 1－30　主要年份中部六省第三产业从业人数比较表**　单位：万人、%

| | 2001 年 | | 2004 年 | | 2006 年 | | 2007 年 | |
|---|---|---|---|---|---|---|---|---|
| | 总量 | 比例 | 总量 | 比例 | 总量 | 比例 | 总量 | 比例 |
| 全国 | 20 228 | 27.7 | 23 011 | 30.6 | 24 614 | 32.2 | 24 917 | 32.4 |
| 山西 | 390.5 | 27.9 | 454.5 | 30.9 | 505.8 | 32.4 | 497.1 | 32.1 |
| 安徽 | 872.9 | 25.2 | 1 038 | 28.8 | 1 164.4 | 31.2 | 1 020.6 | 28.4 |
| 江西 | 622.6 | 30.3 | 707.9 | 32.0 | 774.2 | 33.3 | 702.9 | 32.0 |
| 河南 | 1 042 | 18.9 | 1 200 | 21.5 | 1 318 | 23.1 | 1 365.5 | 23.7 |
| 湖北 | 1 068.7 | 31.3 | 1 113.8 | 31.8 | 1 136.9 | 31.9 | 1 072.3 | 38.8 |
| 湖南 | 780.7 | 21.6 | 1 057.1 | 28.2 | 1 221.8 | 31.8 | 1 114.6 | 29.7 |

资料来源：《中国统计年鉴》（2002～2007）。

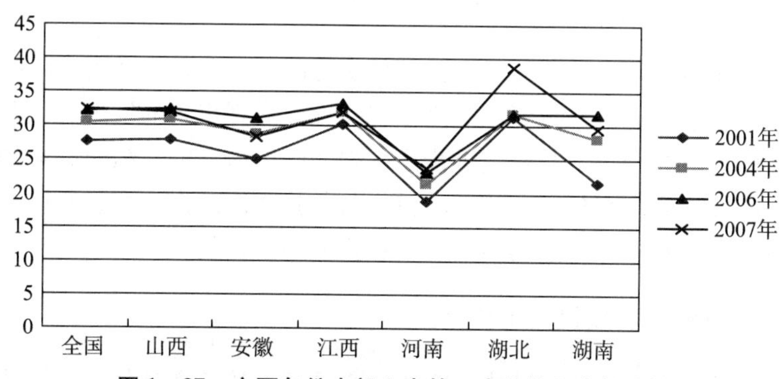


**图 1－37　主要年份中部六省第二产业从业人数比较**

资料来源：根据中部六省统计年鉴整理而得。

从产业从业人数质量结构来看，中部地区第三产业从业人员受教育程度的最大差距依然是高等教育的差距。2005 年，全国第三产业从业人员大专以上的比重达到了 23.8%，中部地区都低于全国这个水平，甚至连中部地区教育发展最好的湖北省也相差 2.2 个百分点。中部地区教育发展的不足，特别是高等教育发展的不足是中部地区经济结构难以快速调整的重要原因，是经济社会实现又好又快发展的瓶颈所在。国家或地区的竞争实质上就是人才的竞争，尤其是高素质人才的竞争，然而人才的培养关键在于教育，在于高等教育的蓬勃发展，因此，中部地区的崛起必须通过多种形式加快发展高等教育，努力培养具有创新精神和创业能力的高层次人才。

**表 1－31　2005 年份中部六省第三产业从业人数受教育程度比较表**　单位：%

| | 合计 | 文盲 | 小学 | 初中 | 高中 | 大专以上 |
|---|---|---|---|---|---|---|
| 全国 | 100 | 1.4 | 10.4 | 38.7 | 25.7 | 23.8 |
| 山西 | 100 | 1.5 | 11.5 | 36.5 | 31.4 | 19.0 |
| 安徽 | 100 | 3.4 | 12.9 | 43.0 | 20.5 | 20.3 |
| 江西 | 100 | 1.2 | 14.6 | 38.1 | 25.2 | 20.9 |
| 河南 | 100 | 1.2 | 8.4 | 49.3 | 22.9 | 18.3 |
| 湖北 | 100 | 1.5 | 11.1 | 37.8 | 28.0 | 21.6 |
| 湖南 | 100 | 0.8 | 11.0 | 40.9 | 27.6 | 19.7 |

资料来源：2005 年全国 1% 抽样调查资料。

## 第二节　中部地区科技发展水平及创新能力分析

### 一、中部地区科技发展水平分析

科技发展总体水平实质是科技创新实力的反映，是指在现有科技发展环境和条件下，通过科技资源的投入和活动而显现出来的发现、发明和创造，并转化成社会经济与科技进步产生现实的、潜在的贡献与影响的综合力量。科技发展水平包括科技活动投入与科技产出两个方面，所以本报告中的科技发展水平评价的实质是对科技投入与产出的一种衡量。

#### 1. 中部地区科技投入比较分析

科技活动投入是开展科技创新活动必不可少的基本条件，是影响经济和高技术产业活动的基本因素。科技与科技活动投入的大小、投入结构及利用的合理程度是一个地区经济发展的关键因素，同时也影响到经济发展和社会进步。科技活动投入作为衡量国家或地区科技进步与发达程度的重要指标，是进行科技研究与开发的先决条件。一般而言，科技活动投入可分为三个部分：一是进行科研活动所投入的人力资源，主要指科技活动人员，尤其是科学家和工程师；二是开展科技活动所投入的经费，主要是科技活动经费，特别是R&D经费；三是进行研究所使用的科研仪器等必需设备投入。从可比较性和指标连续性出发，本报告选取了万人拥有科技活动人员数、科技活动人员中科学家和工程师数比例、R&D经费占GDP的比重、地方财政科技拨款占地方财政支出比例四个指标来反映中部地区科技活动投入情况。

从中部地区科技活动的投入情况可以看出：第一，从万人拥有科技活动人员数七年平均值看，湖北省最大，其次是山西、湖南、河南，江西和安徽最小，而从该指标变化幅度比较看，河南和湖南增长幅度最大，其次为江西，山西增长最低，万人拥有科技活动人员数仅增长了15.11%；第二，从科技活动人员中科学家和工程师数比例七年平均值比较看，湖北、湖南的科技活动人员中科学家和工程师比例最高，山西、江西的最低，而从该指标的变动幅度看，中部六省的科技活动人员中科学家和工程师比例除湖南有小幅度增长之外，其他五省均呈负增长，表明中部地区科学家和工程师流失严重；第三，从R&D经费占GDP的比重七年平均值比较看，湖北投入R&D经费比重最高，安徽与山西次之，R&D经费比重投入最小的是河南、湖南和江西，而从该指标的变化幅度看，中部六省都要相当大程度的提高，其中江西增长幅度最高，其次是山西和湖南，最低的是湖北；第四，从地方财政科技拨款占地方财政支出比例比较看，2001年湖北、湖南较大，其余依次为河南、山西、安徽和江西，2007年地方财政拨款占地方财政支出比例最高的是湖南山西，其次是湖北、河南和安徽，江西最低。而从该指标变化幅度看，山西、安徽和江西增长幅度最大，湖南次之，其余为河南和湖北。

**表1-32　　中部地区及各省科技投入指标**

| | 万人拥有科技活动人员数（人） | | | 科技活动中科学家和工程师数比例（%） | | | R&D占GDP的比重（%） | | | 地方财政科技拨款占地方财政支出比例（%） | | |
|---|---|---|---|---|---|---|---|---|---|---|---|---|
| | 2001年 | 2007年 | 变化率（%） | 2001年 | 2007年 | 变化率（%） | 2001年 | 2007年 | 变化倍数 | 2001年 | 2007年 | 变化倍数 |
| 中部 | 18.08 | 22.3 | 23.34 | 64.95 | 60.9 | -0.06 | 0.18 | 0.88 | 3.9 | 0.69 | 1.36 | 0.97 |
| 山西 | 22.5 | 25.9 | 15.11 | 65.46 | 53.5 | -0.18 | 0.17 | 0.86 | 4.1 | 0.65 | 1.50 | 1.31 |

续表

| | 万人拥有科技活动人员数（人） | | | 科技活动中科学家和工程师数比例（%） | | | R&D 占 GDP 的比重（%） | | | 地方财政科技拨款占地方财政支出比例（%） | | |
|---|---|---|---|---|---|---|---|---|---|---|---|---|
| | 2001年 | 2007年 | 变化率（%） | 2001年 | 2007年 | 变化率（%） | 2001年 | 2007年 | 变化倍数 | 2001年 | 2007年 | 变化倍数 |
| 安徽 | 14.2 | 18.3 | 28.87 | 64.52 | 62.3 | -0.03 | 0.21 | 0.97 | 3.6 | 0.52 | 1.28 | 1.46 |
| 江西 | 12.6 | 16.6 | 31.75 | 56.84 | 53.7 | -0.05 | 0.1 | 0.89 | 7.9 | 0.43 | 0.97 | 1.26 |
| 河南 | 14.2 | 20.5 | 44.37 | 62.42 | 59.7 | -0.04 | 0.14 | 0.67 | 3.8 | 0.76 | 1.35 | 0.77 |
| 湖北 | 30.2 | 34.62 | 14.65 | 75.2 | 64.9 | -0.14 | 0.3 | 1.21 | 3.0 | 0.95 | 1.47 | 0.55 |
| 湖南 | 14.8 | 19.95 | 34.80 | 65.24 | 68.19 | 0.05 | 0.16 | 0.80 | 4.0 | 0.82 | 1.51 | 0.84 |

资料来源：《中国科技统计年鉴》(2002)、各省的统计年鉴（2008）及各省的经济统计公报(2008)。

在国家或地区科技创新体系中，高校的科技创新已成为科技发展进步的生力军。高校不仅是培养高层次创新人才的主要基地，也是基础研究，高技术前沿探索和应用研究的重要力量，以及技术创新的重要源泉。尽管近年来中部地区对科技人力物力投入在不断的加大，可是中部地区高校科技投入仍然处于相对落后的状况，科技发展水平还比较低，同中部各省经济社会发展的要求相比还有一定的差距。例如，在 2007 年，东部地区高校研究与发展人员中科学家和工程师数占全国总数的比例为 46%；西部地区占 21.03%，而中部地区仅占全国总数的 17.09%，远远低于东部地区所占比例，也低于西部地区所占比例，高校科学家和工程师流失比较严重。2007 年，中部六省高校研究与发展经费总投资共为 36.98 亿元，占全国总投资比例比东部地区低 42.57 个百分点，比西部地区少 2.63 个百分点，与东北地区基本持平，发展潜力严重不足，制约了中部地区发展的潜力。

**表 1-33　　分地区高等学校研究与发展经费情况**

| 地区 | 合计（千元） | 占全国比例（%） | 基础研究（千元） | 应用研究（千元） | 实验发展（千元） |
|---|---|---|---|---|---|
| 东部地区 | 14 220 426 | 54.83 | 3 852 842 | 7 746 402 | 2 621 182 |
| 中部地区 | 3 698 095 | 14.26 | 914 217 | 2 013 222 | 770 656 |
| 东北地区 | 3 637 082 | 14.02 | 733 375 | 2 225 081 | 678 626 |
| 西部地区 | 4 380 251 | 16.89 | 838 699 | 2 160 690 | 1 380 862 |

资料来源：教育部科学技术司《2007 年高等学校科技资料汇编》。

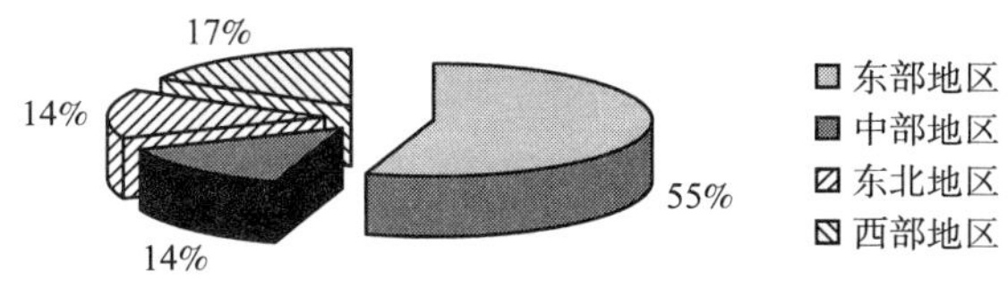


**图 1-38　分地区高校研究与发展经费比较**

## 2. 中部地区科技产出比较分析

科技活动产出是科技活动效果和科技成果转化的体现，包括直接产出和科技产业化收益情况。为便于对比和统计，本报告只选取了人均技术成果成交额、新产品产值占工业总产值比重、新产品销售收入占全部产品销售收入的比例三个指标来体现其直接产出，反映了技术市场和企业科技活动的产出情况。

从中部地区人均技术成果成交额占全国比例来看，近些年来中部地区人均技术成果成交数量不断增长，成交金额不断增加，但是与全国平均水平相比差距巨大，而且差距还呈逐渐扩大的趋势。2003 年全国平均技术成果成交额是 83.94 元，为中部地区 38.16 的 2.20 倍；2007 年全国水平达到了 168.51 元，为中部地区的 2.72 倍。这深刻揭示出中部地区跟全国其他地区相比科技产出不足，技术成果转化率低。而从中部各个省的技术成果成交额五年平均值来看，中部各省科技产出也具有显著的不均衡特征，其中湖北和湖南遥遥领先，处于最前列，其次是河南和安徽，山西和江西则最小。

**表 1-34　　中部地区人均技术成果成交额比较**

| | 2003 年 | 2004 年 | 2005 年 | 2006 年 | 2007 年 |
|---|---|---|---|---|---|
| 全国 | 83.94 | 102.65 | 118.65 | 138.32 | 168.51 |
| 中部 | 38.16 | 42.48 | 48.61 | 50.63 | 62.02 |
| 山西 | 9.73 | 17.98 | 14.32 | 17.54 | 24.37 |
| 安徽 | 13.72 | 14.03 | 23.29 | 30.27 | 43.24 |
| 江西 | 19.59 | 21.86 | 25.80 | 21.46 | 22.78 |
| 河南 | 19.93 | 20.91 | 28.12 | 25.26 | 27.98 |
| 湖北 | 68.74 | 76.75 | 87.88 | 78.07 | 91.62 |
| 湖南 | 55.43 | 60.96 | 62.00 | 71.79 | 67.71 |

资料来源：《中国科技统计年鉴》（2004～2008）。

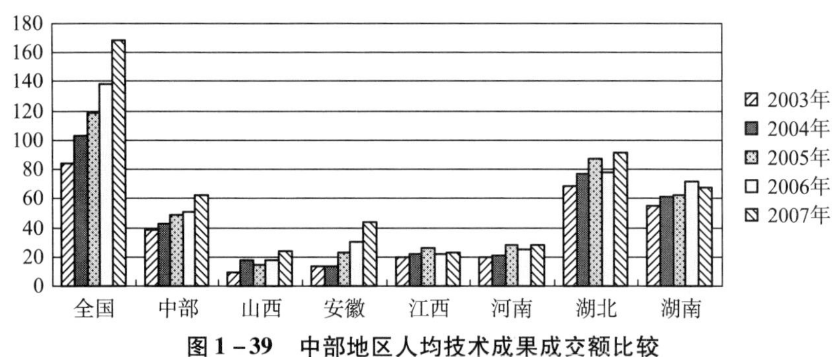


**图1-39　中部地区人均技术成果成交额比较**

从新产品产值占工业总产值比重七年平均值比较看，湖北、山西和安徽比重相对较大，高于中部平均水平，其次是湖南，而江西和河南指标数值中部六省最低。但从该指标的变动情况来看，各省分布情况与平均值相比则不同，增长最快的是山西、河南和安徽三省，湖北和湖南次之，然而江西则不尽如人意，七年间仅增长了0.58倍，远低于中部的平均增幅。此外，从新产品销售收入占全部产品销售收入比重七年平均值来看，湖北、山西数值相对较大，江西、河南数值相对较小，而从该指标的变化幅度看，中部六省都有一定程度的增长，其中增长幅度最大的是山西，其次为安徽和河南，其余依次为湖北、江西和湖南。

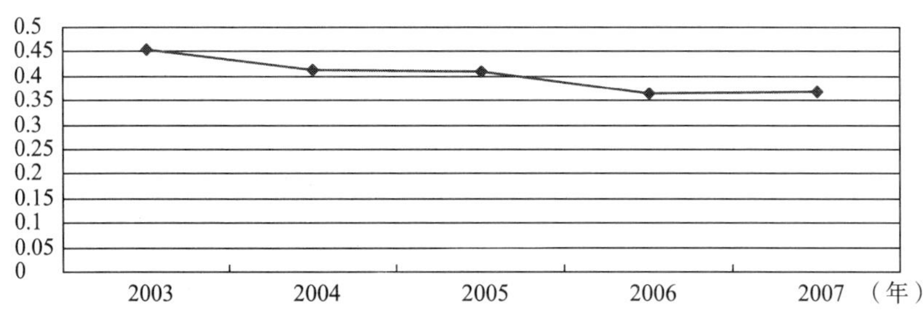


**图1-40　中部地区人均技术成果成交额占全国比例变化趋势**

**表1-35　　中部地区高新技术产品基本情况比较**

| | 新产品产值占工业总产值比重（%） | | | 新产品销售收入占全部产品销售收入比重（%） | | |
|---|---|---|---|---|---|---|
| | 2001年 | 2007年 | 增长（倍） | 2001年 | 2007年 | 增长（倍） |
| 中部 | 9.30 | 20.58 | 1.21 | 8.43 | 21.44 | 1.54 |
| 山西 | 6.24 | 30.46 | 3.88 | 5.21 | 33.02 | 5.34 |
| 安徽 | 8.24 | 26.15 | 2.17 | 7.68 | 26.12 | 2.40 |

续表

| | 新产品产值占工业总产值比重（%） | | | 新产品销售收入占全部产品销售收入比重（%） | | |
|---|---|---|---|---|---|---|
| | 2001年 | 2007年 | 增长（倍） | 2001年 | 2007年 | 增长（倍） |
| 江西 | 11.1 | 17.63 | 0.59 | 9.52 | 17.30 | 0.82 |
| 河南 | 6.12 | 19.65 | 2.21 | 6.42 | 20.01 | 2.13 |
| 湖北 | 12.9 | 22.92 | 0.78 | 11.21 | 27.70 | 1.47 |
| 湖南 | 11.21 | 19.08 | 0.70 | 10.56 | 18.29 | 0.73 |

资料来源：《中国科技统计年鉴》（2004~2008）。

## 二、中部地区科技创新能力分析

科技创新能力是一个地区将知识转化为新产品、新工艺、新服务的能力。区域科技创新能力体系为一个区域内有特色的、与地区资源相关联的、推进创新的制度网络，其目的是推动区域内新技术或新知识的产生、流动、更新和转化。当前，区域科技创新能力建设在区域经济持续发展中的作用日益凸显，它已经成为地区经济获取竞争优势的决定性因素，所以必须不断增强区域科技创新能力，从根本上提高其经济竞争力，促进区域发展。对于发展中和欠发达地区而言，这个意义更为明显，只有通过大力建设区域科技创新能力，才能实现发展中地区的跨越式发展。这是因为，虽然说相对落后地区可以学习和借鉴国内发达地区的经验，尤其是后发国家或地区实现经济超赶的成果经验，通过引进先进技术和管理方法，选择更好的发展途径和发展政策，并利用其相对低廉的资源和劳动力生产出质优价廉的商品和劳务，形成一定的后发优势。尤其是在科技迅猛发展的今天，科技在促进经济发展中的作用日益彰显，只有具有自己的技术优势才能够在经济竞争中取得主导地位。

区域科技创新能力是国家科技创新能力在区域范围的延伸，是国家创新体系的重要组成部分，因而它和国家创新体系一样，也是一个由政府、高校和科研机构、企业以及中介服务结构组成的开放系统。在构建区域科技创新能力指标体系过程，应该包含以上四个部门的评价指标。可以用科技创新能力综合度来体现区域科技创新能力大小，借鉴中国科技发展战略研究小组相关成果，又可以分为：知识创造能力、知识获取能力、企业的技术创新能力、企业创新的环境和创新的经济绩效五个方面，从其包含内容看，因为区域科技创新除了和大的社会经济环境有关外，更重要的还体现在知识创新能力和技术创新能力两个方面，所以本报告只选择知识创新能力和技术创新能力两个最重要的方面来构建区域科技创新能力评价指标体系，其目的在于对中部地区诸省科技创新能力大小进行对比分析。

### 1. 中部地区知识创新能力比较分析

知识经济的核心是创新，尤其是知识的创新，所以知识创新能力是科技创新能力的核心和源泉，是大多数原始创新的思想源泉。知识创新能力不仅体现在知识创造上（科技投入，大学和研究所等的作用），即不断提出新知识的能力，还体现在知识流动上（知识和技术的有效转移），即各创新单位之间的流动能力，所以可以依据这两个方面来反映知识创新能力。一般而言，知识创新能力可以以知识活动者的科技活动，如人员、专利、论文及科研课题来表现。从可比较性和指标连续性出发，本报告选取了万名科技活动人员科技论文数、每万人口发明专利批准数和 R&D 科技活动人员人均课题数三个指标来反映中部地区知识创造和知识传播创新情况。

从万名科技活动人员科技论文绝对数值比较来看，湖北、安徽和湖南与中部其他省份相比，数量相对较大，这可能是三个省份的国家重点高校和科研院所较多的缘故，山西、河南和江西的科技论文数量则相对较低。而从万名科技活动人员科技论文数增长情况对比来看，江西在中部六省中尽管科技论文数量不是最多的省份，但却是增长速度最快的省份，2001～2007 年间增长了 4.9 倍，其次增速较快的是湖北和河南，其余依次为湖南、安徽，山西增速最低，2001～2007 年间仅增长了 0.67 倍。从每万人口发明专利批准数七年平均值比较看，湖北、湖南人均发明专利批准数相对较多，江西和安徽相对较小，而从每万人口发明专利批准数变动幅度比较来看，湖北、安徽和河南增幅较大，山西、江西增幅相对较小。从 R&D 科技活动人员人均课题数近年变动情况来看，山西和湖北增长幅度最大，除江西出现负增长外，其他省份都有相当程度的增长。此外，从最能代表知识创新能力的高校发明专利来看，2007 年中部六省高校发明专利申请受理量为 2 193 件，仅占全国发明专利申请量的 12.14%。中部六省高校发明专利申请授权量为 794 件，占全国发明专利申请授权量的 11.93%，东部地区为 4 547 件，占全国发明专利申请授权量的 68.38%。这表明中部地区高校知识创新能力不足，对区域经济社会发展服务支撑力度不够，高校科研成果产业转化为商品取得规模效益的比例不高，如表 1－36 所示。

表 1－36　　　　中部地区及各省知识创新能力指标

| | 万名科技活动人员科技论文数（篇） | | | 每万人口专利申请国内授权数（件） | | | R&D 科技活动人员人均课题数（项） | | |
|---|---|---|---|---|---|---|---|---|---|
| | 2001 年 | 2007 年 | 增长（倍） | 2001 年 | 2007 年 | 增长（倍） | 2001 年 | 2007 年 | 增长（倍） |
| 中部 | 98.65 | 315.01 | 2.19 | 0.38 | 0.94 | 1.47 | 0.18 | 0.21 | 0.17 |
| 山西 | 65.42 | 109.45 | 0.67 | 0.32 | 0.59 | 0.84 | 0.20 | 0.26 | 0.3 |
| 安徽 | 216.8 | 477.97 | 1.20 | 0.20 | 0.56 | 1.8 | 0.13 | 0.20 | 0.54 |
| 江西 | 20.42 | 120.53 | 4.90 | 0.24 | 0.47 | 0.95 | 0.21 | 0.20 | -0.05 |
| 河南 | 28.42 | 102.05 | 2.59 | 0.27 | 0.75 | 1.78 | 0.12 | 0.13 | 0.08 |
| 湖北 | 142.86 | 566.12 | 2.96 | 0.37 | 1.16 | 2.14 | 0.14 | 0.18 | 0.29 |
| 湖南 | 152.42 | 456.76 | 2.00 | 0.36 | 0.84 | 1.33 | 0.20 | 0.21 | 0.05 |

资料来源：《中国科技统计年鉴》（2001～2008 年）。

### 2. 中部地区技术创新能力比较分析

区域的创新能力主要通过创新活动体现出来，而企业是创新活动的主体，企业创新是一个非常复杂的过程，这主要在体现在技术创新能力提高和扩散上。技术创新能力主要体现在以下四个方面：第一，企业发明创造能力，通过该环节可以将知识创新转化为新商品生产能力，第二，企业技术创新的基础设施，即技术创新的平台；第三，企业技术创新的环境，即企业能够保持创新的外界环境和企业文化，第四，企业技术创新产出，即企业技术创新的绩效。由此可以从这四个方面展开，对区域技术创新能力的指标进行设计，如同我们前面的考虑原则以及资料获取的限制，本报告主要选取了企业科技活动人员占从业人员比重、企业开发新产品经费占科技活动经费支出比重、企业 R&D 经费支出占产品销售收入比重指标来反映中部地区科技活动投入情况。

从企业科技活动人员占从业人员比重七年平均数值比较看，湖南和江西平均数值最高，位列中部省份之首，其次为湖北，其余依次为安徽、河南和山西，而从该指标增长幅度比较看，除江西出现了负增长之外，中部各省都有不同程度的增长，其中山西省增长幅度最高，在 2001～2007 年间企业科技活动人员占从业人员比重增长了 40%。从企业开发新产品经费占科技活动经费支出比重七年平均值比较看，湖北所占比例最高，比中部平均水平高出将近 10 个百分点，江西和湖南两省紧随其后，山西所占比例最低，比中部六省平均水平少 12.35 个百分点，而从企业开发新产品经费占科技活动经费支出比重变动幅度比较看，变动幅度相对较大的是安徽和河南，其余依次为江西、湖南、湖北、山西。从企业 R&D 经费支出占产品销售收入比重平均值比较来看，江西、湖南、湖北和安徽都比较大，山西和河南比较小，而从企业 R&D 经费支出占产品销售收入比重变动幅度比较看，增长幅度相对较大的是河南和湖南，其余依次为山西和江西，最后是安徽和湖北。

**表 1－37　　中部地区及各省知识创新能力指标**

| | 企业科技活动人员占从业人员比重（%） | | 企业开发新产品经费占科技活动经费支出比重（%） | | 企业 R&D 经费支出占产品销售收入比重（%） | |
|---|---|---|---|---|---|---|
| | 2001 年 | 2007 年 | 2001 年 | 2007 年 | 2001 年 | 2007 年 |
| 中部 | 5.12 | 5.7 | 28.39 | 50.10 | 0.54 | 0.7 |
| 山西 | 3.5 | 4.9 | 21.46 | 32.33 | 0.41 | 0.6 |
| 安徽 | 4.4 | 6.3 | 25.69 | 47.03 | 0.61 | 0.8 |
| 江西 | 6.5 | 5.9 | 30.31 | 54.14 | 0.78 | 1.1 |
| 河南 | 4.2 | 5.1 | 26.34 | 49.29 | 0.4 | 0.6 |
| 湖北 | 5.8 | 6.5 | 36.24 | 61.93 | 0.64 | 0.8 |
| 湖南 | 6.3 | 7.5 | 30.42 | 52.93 | 0.54 | 1.0 |

资料来源：《中国科技统计年鉴》（2002～2008）。

## 参考文献

1. 周绍森等：中部崛起与人力资源开发［M］. 北京：北京出版社，2005.

2. 周绍森等：中部崛起与科技创新［M］. 北京：经济科学出版社，2006.

3. 中国中部经济发展报告编委会：中国中部经济发展报告 2007［M］. 北京：经济科学出版社，2008.

# 第二部分

# 中部地区经济发展专题研究报告

# 第一章　中部经济与区域协调发展

## 第一节　中部经济发展态势分析及前景展望*

### 一、中部地区经济发展速度分析

经济发展速度是一定时期内社会物质生产和劳务发展变化的速率。衡量经济发展速度的标准一般都是些数量指标，诸如工农业生产总值、社会总产值、国民生产总值、国内生产总值、国民收入等的增长值、增长率或人均增长值。其中 GDP 增长率和人均 GDP 是最为常用的指标。GDP 增长率是用来度量经济实力和市场规模变动的指标，反映了一个国家或地区财富的增加程度；而人均 GDP 是用来度量经济发展平均水平的指标，反映了一个国家或地区人们的富裕程度。

#### 1. GDP 总量变动比较

从 GDP 总量变动情况来看，2007 年中部地区 GDP 增长率为 21.13%，比 2001 年增加了 12.34 个百分点，增长速度较快，但中部地区 2001 ~ 2007 年间 GDP 平均增长速度只有 14.92%，不仅比东部地区低 2.08 个百分点，而且也落后西部地区 1.47 个百分点。从 GDP 占全国比重来看，2001 年中部地区 GDP 占全国比重为 20.17%，之后逐年下降，2007 年下降到 18.9%；而东部、西部地区 GDP 占全国比重 2001 年分别为 52.79%、17.09%，之后逐年呈上升趋势，2007 年分别达到了 55.3%、17.4%。2001 年东部 GDP 占全国比重比中部高 32.6 个百分点，2007 年东部比中部则高出 36.4 个百分点，差距在不断拉大；而西部 2001 年比中

* 撰稿人：周绍森，南昌大学中国中部经济发展研究中心；罗序斌，南昌大学理学院管理科学与工程系，南昌大学中国中部经济发展研究中心。

部低 3.4 个百分点，到 2007 年仅比中部低 1.5 个百分点，差距则在不断缩小。这表明东部地区在我国经济增长中的主导作用依然显著，继续成为我国经济增长的领跑者，而西部地区已根本打破过去东快、西慢，中部居中的格局，后来居上，已成为我国第二大经济快速增长板块，中部地区经济发展仍较缓慢。

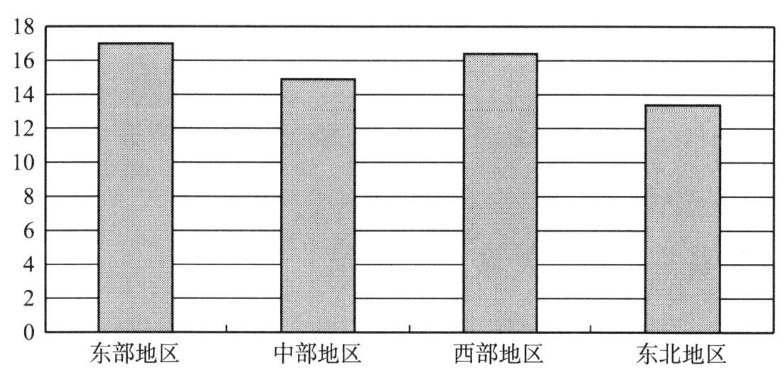


图 2－1　2001～2007 年各地区 GDP 平均增长速度

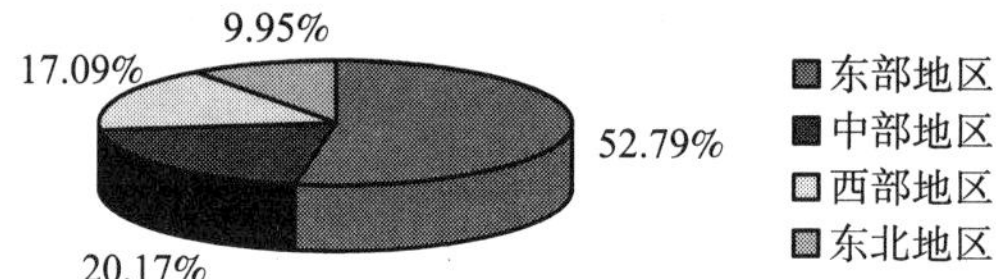


图 2－2　2001 年各地区 GDP 占全国比重

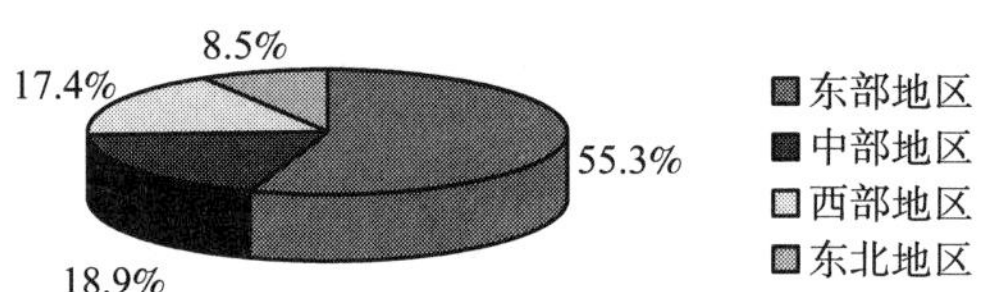


图 2－3　2007 年各地区 GDP 占全国比重

### 2. 人均 GDP 变动比较

新世纪以来，我国人均 GDP 的变化趋势表现为以下三个特征：一是全国人均 GDP 逐渐增加，表明经济发展水平不断提高，人们生活水平得到了不断改善；二是就全国四大经济板块来看，东部地区和东北地区的人均 GDP 高于全国平均水平，而中部地区和西部地区则远低于全国平均水平；三是东部地区人均 GDP 一直是中部地区的 2 倍以上，并有不断扩大的趋势，而西部与中部的人均GDP之比越来越接近于1，这说明中部地区与东部地区的地区贫富差距越来越大，而西部与中部地区的贫富差距则越来越小，甚至西部地区人们富裕程度有赶超中部的明显趋势。

**表2－1　　各地区人均GDP比较**　　单位：元

| 年份 | 全国 | 东部 | 中部 | 西部 | 东北 | 东部与中部之比 | 西部与中部之比 |
|---|---|---|---|---|---|---|---|
| 2001 | 7 625 | 12 889 | 5 996 | 5 007 | 9 935 | 2.15 | 0.84 |
| 2002 | 8 187 | 14 261 | 6 419 | 5 497 | 10 634 | 2.22 | 0.86 |
| 2003 | 9 084 | 16 501 | 7 257 | 6 217 | 12 075 | 2.27 | 0.86 |
| 2004 | 10 530 | 19 637 | 8 789 | 7 699 | 14 087 | 2.23 | 0.88 |
| 2005 | 14 040 | 23 768 | 10 608 | 9 338 | 15 982 | 2.24 | 0.88 |
| 2006 | 16 084 | 27 567 | 12 269 | 10 959 | 18 277 | 2.25 | 0.89 |
| 2007 | 18 934 | 32 283 | 14 754 | 13 212 | 21 573 | 2.19 | 0.90 |

资料来源：《中国统计年鉴》（2001～2008）。

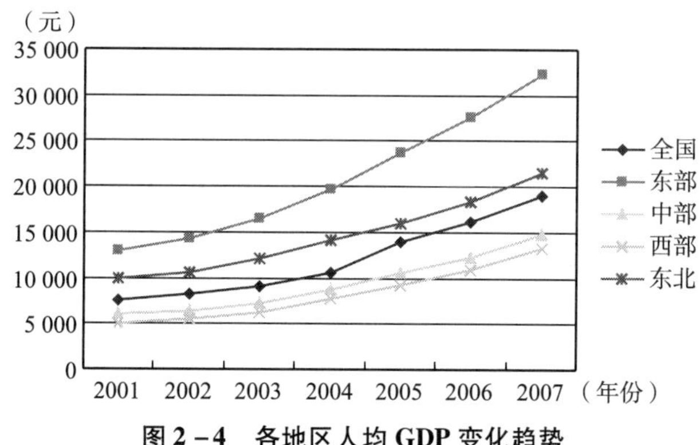


**图2－4　各地区人均GDP变化趋势**

## 二、中部地区经济发展质量分析

在对经济发展的问题研究中，人们对经济发展关注的焦点集中在GDP的统计量的变动——发展速度，却忽视了使经济发展的统计量富有实际意义的重要方面——发展质量。而对于什么是经济发展质量，如何评价经济发展质量，目前可谓众说纷纭，还尚未有统一的定义和评价指标体系。按照科学发展观的要求，我们认为经济发展质量是指一定时期内国家或地区国民经济发展的优劣程度，反映了经济发展的有效性，即经济发展能够满足人们各种需要的程度；经济发展的协调性，即经济内部以及经济与社会之间的协调状态；经济发展的可持续性，即资源、环境承载经济长期发展的能力。基于此，我们从生产率质量、经济结构、技术进步和人力资源开发四个方面构建指标评价体系，来对经济发展质量进行全面评价。

表 2-2　　经济发展质量指标评价体系

| 一级指标 | 二级指标 | 三级指标 |
|---|---|---|
| 经济发展质量 | 生产率质量* | 全员劳动生产率<br>投资产出效果系数<br>单位产出的废气<br>单位产出的废水 |
| | 经济结构 | 三产产值占 GDP 比重<br>外贸依存度<br>城镇化率 |
| | 技术进步 | 科技活动投入<br>人均技术市场成交额<br>全要素生产率（TFP） |
| | 人力资源开发 | 教育财政投入<br>每十万人口中拥有大学生数<br>三产从业人员受教育程度分布 |

注：* 生产率是用来表示产出与投入比率的术语。我们认为生产率既有数量要求，也有质量要求，生产率数量是生产率质量的前提和基础，生产率质量是给定条件下有限资源的效率配置。生产如果仅仅是以总量增长为衡量的指标，忽略了资源限制性的因素，生产本身的意义则可能是破坏性的。为此，对生产率的考察既要从生产情况本身进行考量，又要对生产的环境影响程度进行测量。

### 1. 生产率质量比较

从全员劳动生产率指标比较来看，2007 年，中部地区全员劳动生产率为 100 455 元，不仅远低于东部和东北地区，而且也比西部地区少 3 192 元；从投资产出效果系数指标比较来看，中部地区投资产出效果系数为 1.88，略高于全国平均水平、西部和东北地区，但却比东部地区差 0.47；而从单位产出的废气和废水指标比较来看，大多数省份是农业省的中部地区除好于老工业基地东北地区之外，两项指标值均普遍高于东部和西部地区，这揭示出中部地区工业经济活动生产率低下，投资效益不理想，工业生产污染重，排放高，环境破坏大。

表 2-3　2007 年各地区生产率质量指标比较

| | 全员劳动生产率（元/人·年） | 投资产出效果系数 | 单位产出的废气（立方米/元） | 单位产出的废水（吨/万元） |
|---|---|---|---|---|
| 全国 | 147 455 | 1.82 | 3.62 | 21.14 |
| 东部 | 141 544 | 2.35 | 2.35 | 14.44 |
| 中部 | 100 455 | 1.88 | 3.50 | 22.73 |
| 西部 | 103 647 | 1.69 | 3.45 | 16.20 |
| 东北 | 175 647 | 1.68 | 5.56 | 29.50 |

资料来源：《中国电子信息产业统计年鉴（软件篇）2007》、《中国统计年鉴 2008》。

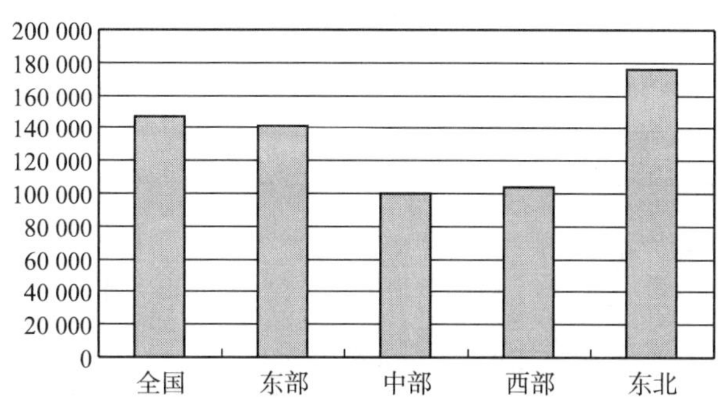


图 2-5　2007 年各地区全员劳动生产率比较

## 2. 经济结构状况比较

从三产产值占 GDP 比重来看，中部地区产业结构特征表现在：一是农业所占比重较大。2007 年中部地区第一产业的比重为 14.6%，比全国平均水平高 3.3 个百分点，而东部和东北地区的第一产业产值仅为 6.9% 和 12.1%；二是工业化进程发展缓慢。2007 年中部地区第二产业的比重为 49.5%，略高于全国平均水平，但与东部和东北地区相比还存在一定的调整空间；三是现代服务业发展严重滞后。2007 年中部地区第三产业产值比重为 35.9%，在全国四大经济区域中所占份额最低。

从外贸依存度来看，中部地区 2007 年进出口总额在国民生产总值中的比重只有 10.9%，比全国平均水平低 55.3 个百分点，比东北地区少 17.4 个百分点，而与东部地区相比差距更大，甚至也落后于西部地区 1.6 个百分点，表明中部地区的经济外向程度低，外贸进出口对经济增长的带动作用弱。此外，从城镇化率指标来看，中部地区城镇人口占总人口的 39.3%，比全国平均水平少 5.6 个百分点，仅比西部地区多 2.3 个百分点，而与东部和东北地区相比差距更大，中部地区城市化进程任重而道远。

表 2－4　　　　2007 年各地区经济结构指标比较

| | 产业比重（%） | | | 外贸依存度（%） | 城镇化率（%） |
|---|---|---|---|---|---|
| | 一产 | 二产 | 三产 | | |
| 全国 | 11.3 | 48.6 | 40.1 | 66.2 | 44.9 |
| 东部 | 6.9 | 51.5 | 41.6 | 96.5 | 55.0 |
| 中部 | 14.6 | 49.5 | 35.9 | 10.9 | 39.3 |
| 西部 | 16.0 | 46.3 | 37.7 | 12.5 | 37.0 |
| 东北 | 12.1 | 51.4 | 36.4 | 28.3 | 54.9 |

资料来源：根据《中国统计年鉴 2008》数据整理。

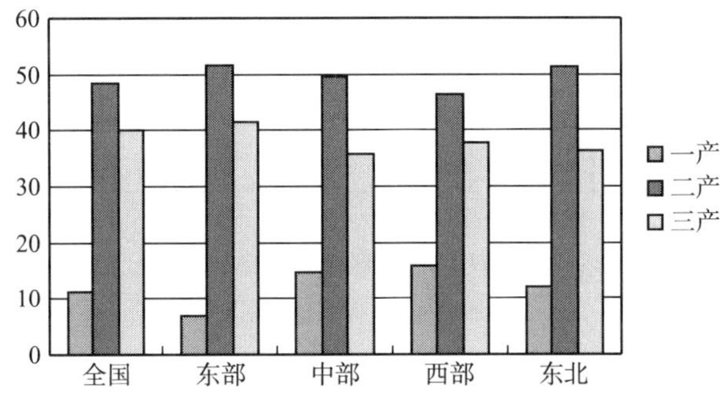


图 2－6　2007 年各地区三产占 GDP 比重

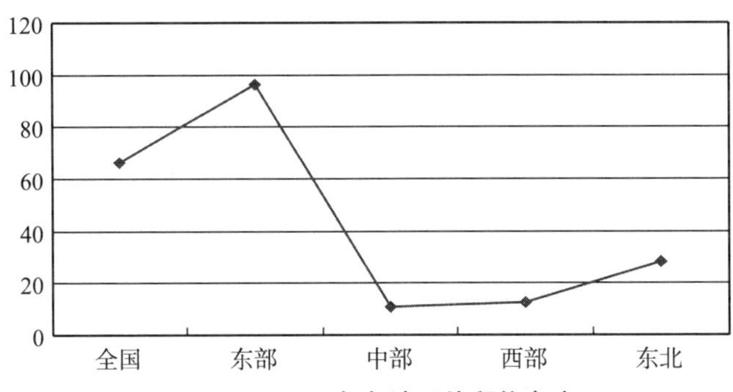


图 2－7　2007 年各地区外贸依存度

### 3. 技术进步水平比较

从科技投入情况来看，近年来中部地区对科技人力物力投入在不断的加大，可较之其他地区，仍相对落后，科技发展水平还比较低，同中部各省经济社会发展的要求相比还有一定的差距。2007 年，东部地区高校研究与发展人员中科学家和工程师数占全国总数的比例为 46%，西部地区 21.03%，而中部地区仅占全国总数的 17.09%，远远低于东部地区所占比例，也落后于西部地区所占比例，高校科学家和工程师流失比较严重。2007 年，中部六省高校研究与发展经费总投资共为 36.98 亿元，占全国总投资比例不仅比东部地区低 42.57 个百分点，而且也比西部地区少 2.63 个百分点，与东北地区基本持平。

**表 2－5　　分地区高等学校研究与发展经费情况**

| 地区 | 合计（千元） | 占全国比例（%） | 基础研究（千元） | 应用研究（千元） | 实验发展（千元） |
|---|---|---|---|---|---|
| 东部地区 | 14 220 426 | 54.83 | 3 852 842 | 7 746 402 | 2 621 182 |
| 中部地区 | 3 698 095 | 14.26 | 914 217 | 2 013 222 | 770 656 |
| 东北地区 | 3 637 082 | 14.02 | 733 375 | 2 225 081 | 678 626 |
| 西部地区 | 4 380 251 | 16.89 | 838 699 | 2 160 690 | 1 380 862 |

资料来源：教育部科学技术司《2007 年高等学校科技资料汇编》。

从人均技术市场成交额来看，近些年来中部地区人均技术成果成交金额不断增加，但与全国平均水平相比差距甚大，而且差距还呈逐渐扩大的趋势。2001 年全国平均技术成果成交额是 61.33 元，为中部地区 27.48 的 2.23 倍；2007 年全国平均达到了 168.51 元，为中部地区的 2.72 倍。而从成交额占全国比重来看，中部地区的人均技术市场交易额也有不断下降的趋势，这主要归因于东部和东北地区的技术成果转化速度直接拉升了全国的平均水平，同时也意味着中部地区的人均技术市场成交额绝对数和增长速度都大大低于东部和东北地区。

**表 2－6　　各地区人均技术市场成交额**　　单位：元

| 年份 | 全国 | 东部 | 中部 | 西部 | 东北 |
|---|---|---|---|---|---|
| 2001 | 61.33 | 119.06 | 27.48 | 26.88 | 56.89 |
| 2002 | 68.83 | 134.73 | 26.29 | 30.26 | 66.39 |
| 2003 | 83.94 | 164.53 | 38.16 | 39.68 | 77.24 |
| 2004 | 102.65 | 207.92 | 42.48 | 43.19 | 91.90 |
| 2005 | 118.65 | 245.88 | 48.61 | 38.62 | 105.05 |
| 2006 | 138.32 | 280.73 | 50.63 | 41.97 | 103.27 |
| 2007 | 168.51 | 342.68 | 62.02 | 44.59 | 134.02 |

资料来源：根据《中国统计年鉴》（2001～2008）数据整理。

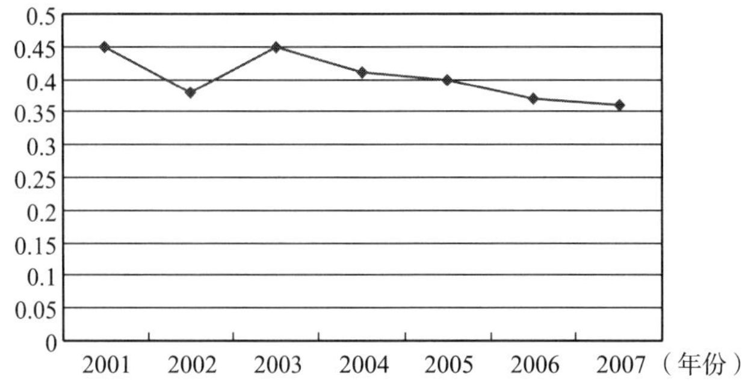


**图 2-8 中部地区人均技术市场成交额占全国水平份额**

从全要素生产率（TFP）来看，我们根据新增长理论数学模型，结合我国实际建立了符合国情的动态生产函数① $Y_{it}=A_{it}(K_{i(t-1)})^{\alpha_i}(I_{it})^{\beta_i}(L_{it})^{\gamma_i}(H_{it})^{\tau_{0_i}+\tau_{1_i}T}e^{\varepsilon_{t_i}}$，并对现代经济发展进行合理的描述，实证分析了中部地区各省的经济增长方式，结果表明：中部地区各省改革开放以来物质资本对经济发展的贡献均高于全国水平 34.95%（山西 45.28%、安徽 40.74%、江西 44.4%、河南 46.67%、湖北 46.7%、湖南 45.9%）；全要素生产率均低于全国水平 44.2%（山西 30.82%、安徽 27.97%、江西 25.19%、河南 19.81%、湖北 27.38%、湖南 27.20%）。中部地区经济发展依然是依靠物质资本投入为主，发展方式粗放。

#### 4. 人力资源开发水平比较②

从各地区教育财政投入来看，随着现代化建设和人民群众对教育发展的需求日益迫切，中部地区教育投入有所增加，但与其他地区相比，中部地区教育经费投入仍明显偏低。2006 年，中部六省教育经费总投入达到 1 880 亿元，比 2000 年增长约 1.5 倍，其中预算内教育经费 1 052 亿元，增长 1.8 倍，高于全国平均增长率，预算内教育拨款占总投入的比例也从 50.2% 提高到 56.0%。而从各级教育生均预算内事业费来看，2006 年，全国小学生均预算内事业费平均为 1 634 元，而中部地区平均为 1 266 元，仅相当于全国平均水平的 77%，其中湖北、江西和河南省三省均处于全国后 5 位之列；初中生均预算内事业费全国为 1 897 元，中部地区平均为 1 442 元，比全国平均水平低 400 多元；普通高中和所属普通高校生均预

①② 周绍森等：中部崛起与科技创新［M］. 北京：经济科学出版社，2006：68.

算内事业费平均分别为 1 548 元和 3 363 元，分别相当于全国平均水平的 69% 和 72%，其中江西和湖南省低于 3 000 元，这表明中部六省财政对各级教育的投入普遍性的严重不足，教育质量提升重任前途荆棘，不利于中部地区又好又快发展的步伐。

**表 2－7　　各地区区教育投入情况**

| | 总投入 | | 预算内教育拨款（亿元） | | 预算内占总投入的比例（%） | |
|---|---|---|---|---|---|---|
| | 2006 年（亿元） | 比 2000 年增长（倍） | 2006 年 | 比 2000 年增长（倍） | 2000 年 | 2006 年 |
| 全国 | 9 585 | 1.49 | 5 566 | 1.67 | 54.19 | 58.06 |
| 东部 | 4 835 | 1.49 | 2 668 | 1.59 | 53.07 | 55.18 |
| 中部 | 1 880 | 1.47 | 1 052 | 1.75 | 50.21 | 55.98 |
| 东北 | 816 | 1.30 | 498 | 1.53 | 55.50 | 60.99 |
| 西部 | 2 055 | 1.58 | 1 348 | 1.82 | 60.13 | 65.59 |

资料来源：根据《中国教育经费统计年鉴 2007》数据整理。

**表 2－8　　中部地区各级教育生均预算内事业费**　　单位：元

| | 普通小学 | 普通初中 | 普通高中 | 地方普通高校 |
|---|---|---|---|---|
| 全国 | 1 634 | 1 897 | 2 241 | 4 702 |
| 山西省 | 1 506 | 1 687 | 2 113 | 3 939 |
| 安徽省 | 1 264 | 1 205 | 1 395 | 3 485 |
| 江西省 | 1 164 | 1 321 | 1 432 | 2 219 |
| 河南省 | 949 | 1 195 | 1 304 | 4 488 |
| 湖北省 | 1 233 | 1 425 | 1 338 | 3 326 |
| 湖南省 | 1 480 | 1 822 | 1 704 | 2 722 |

资料来源：根据《中国教育经费统计年鉴 2007》数据整理。

从每十万人口中拥有大学生数来看①，2007 年，中部地区每十万人口中拥有大学生数为 1 906 人，而东部地区达到了 2 927 人，中部仅占东部的 65%；东北地区每十万人口中拥有大学生数也达到了 2 399 人，比中部地区多 493 人。而从三产从业人员受教育分布来看，2005 年，中部地区第一、第二、第三产业从业人员中文盲和小学的比重与全国平均水平相差不大，初中则略好于全国，比全国平均水平分别高 2.28（第一产业）、3.28（第二产业）、4.14（第三产业）个百分点；第一、第二、第三产业从业人员中高中的比重分别为 4.31%、17.94%、24.86%，比全国平均

① 《中国统计年鉴（2008 年）》。

水平分别低0.37、2.43、0.83个百分点；第一、第二、第三产业从业人员大专的比重分别为0.19%、5.66%、20.38%，比全国水平分别低0.04、1.24、3.45个百分点，这表明中部地区从业人员素质偏低，初中后教育严重滞后，特别是高学历高素质的人才短缺，不能满足产业结构调整过程中对人才的需求。

**表2-9　全国及中部地区各产业从业人员受教育程度比例**　单位：%

| | 产业 | 合计 | 文盲 | 小学 | 初中 | 高中 | 大专以上 |
|---|---|---|---|---|---|---|---|
| 全国 | 第一产业 | 100 | 12.10 | 40.18 | 42.81 | 4.68 | 0.23 |
| | 第二产业 | 100 | 1.73 | 17.35 | 54.65 | 19.37 | 6.90 |
| | 第三产业 | 100 | 1.38 | 10.38 | 38.72 | 25.69 | 23.83 |
| 中部地区 | 第一产业 | 100 | 11.79 | 38.62 | 45.09 | 4.31 | 0.19 |
| | 第二产业 | 100 | 1.69 | 16.78 | 57.93 | 17.94 | 5.66 |
| | 第三产业 | 100 | 1.41 | 10.49 | 42.86 | 24.86 | 20.38 |

资料来源：2005年全国1%人口抽样调查资料。

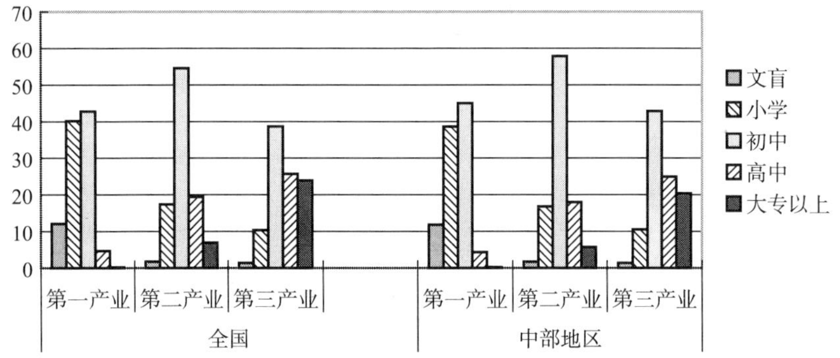


**图2-9　全国及中部地区分产业就业人员受教育程度（2007）**

## 三、中部地区经济发展效益分析

微观的经济发展效益是通过商品和劳动的对外交换所取得的社会劳动节约，即以尽量少的劳动耗费取得尽量多的经营成果，或者以同等的劳动耗费取得更多的经营成果；宏观的经济发展效益是指经济发展的结果即经济发展对于减少贫困、提高居民生活水平的作用。由于经济发展的根本目的是为了满足人民群众日益增长的物质和文化生活的需要。如果经济发展速度很高，而贫富两极不断分化，这样的经济发展是低效益和不可持续的。因此，居民能否分享经济发展成果是经济发展效益高低的重要标志。

经济发展的效益可从居民收入和消费情况来衡量，它要求经济发展更加关注和改善民生。

### 1. 居民收入情况比较

从城乡居民人均收入情况来看，2007 年中部地区城镇居民家庭人均可支配收入为 11 634 元，比东部地区少 5 340 元，差距巨大，仅比西部地区多 325 元，比东北地区多 171 元；农村居民人均收入比东部地区少 2 011 元，比东北地区少 504 元，仅比西部地区高 816 元。而就居民收入增长情况而言，各地区城镇居民人均可支配收入水平基本持平，中部地区七年间也翻了一番，在四大经济区域中处在第二位；农村居民人均纯收入的增长要慢于城镇居民收入增长，中部地区在四大经济区域中排在东北、西部地区之后。此外，从反映居民收入分配是否公平的指标——城乡居民收入比来看，中部地区 2007 年城乡居民收入比为 3.03，稍低于西部水平，但中部地区城乡收入分配差距七年来扩大了 13.9 个百分点，比西部地区多 11.4 个百分点，这说明中部地区近年来城乡贫富差距越来越大。尽管东部和东北地区城乡收入差距变动情况也很大，尤其是东部地区达到了 23.9%，可是这两个地区 2007 年的城乡居民收入差距都要好于中部和西部地区。

**表 2-10　各地区城乡居民人均收入及城乡收入比情况（2001 年和 2007 年）**

| | 城镇居民人均可支配收入（元） | | 农村居民人均纯收入（元） | | 城乡居民收入比 | |
|---|---|---|---|---|---|---|
| | 2007 年 | 比 2001 年增长（倍） | 2007 年 | 比 2001 年增长（倍） | 2007 年 | 比 2001 年变动（%） |
| 全国 | 13 786 | 1.01 | 4 140 | 0.75 | 3.33 | 14.8 |
| 东部 | 16 974 | 0.91 | 5 855 | 0.55 | 2.90 | 23.9 |
| 中部 | 11 634 | 1.03 | 3 844 | 0.78 | 3.03 | 13.9 |
| 西部 | 11 309 | 0.83 | 3 028 | 0.79 | 3.73 | 2.5 |
| 东北 | 11 463 | 1.08 | 4 348 | 0.86 | 2.64 | 11.9 |

资料来源：《中国统计年鉴》(2008)。

### 2. 居民消费情况比较

从恩格尔系数来看，2007 年中部地区城镇恩格尔系数为 37.16%，比东部、东北地区分别高 2.12、1.18 个百分点，仅比西部低 1.71 个百分点；农村恩格尔系数为 44.84%，比东部、东北地区分别高 4.28、6.98

个百分点，仅比西部地区低 1.78 个百分点，说明中部地区城镇和农村居民消费支出中食品消费比例较大。此外，中部地区城镇居民人均消费支出分别比东部、西部和东北地区低 3 787.27 元、138.15 元和 330.09 元；农村居民人均消费支出比东部和东北地区分别低 1 343.41 元和 242.71 元，仅比西部地区多 410.68 元，表明中部地区总体消费信心不足，不敢消费，不利于对经济的拉动。

表 2－11　　各地区城乡恩格尔系数情况（2007 年）

| | 城镇居民 | | | 农村居民 | | |
|---|---|---|---|---|---|---|
| | 人均消费支出（元） | 人均食品支出（元） | 恩格尔系数（%） | 人均消费支出（元） | 人均食品支出（元） | 恩格尔系数（%） |
| 东部 | 12 126.61 | 4 249.53 | 35.04 | 4 280.96 | 1 736.39 | 40.56 |
| 中部 | 8 339.34 | 3 099.00 | 37.16 | 2 937.55 | 1 317.31 | 44.84 |
| 西部 | 8 477.49 | 3 295.45 | 38.87 | 2 526.87 | 1 178.02 | 46.62 |
| 东北 | 8 669.43 | 3 119.96 | 35.98 | 3 180.26 | 1 204.18 | 37.86 |

资料来源：《中国统计年鉴 2008》。

## 四、中部地区发展前景展望

近年来，中部地区经济取得了较快发展，但从经济发展速度来看，中部与东部差距在不断扩大，而与西部的差距则在不断缩小。从经济发展质量来看，中部地区全员劳动生产率全国最低，工业生产对环境污染普遍高于东部和西部地区，经济发展主要依靠物质资本投入，生产方式粗放；工业化程度还不高，与东部和东北地区相比差距较大，现代服务业发展滞后，城镇化进程缓慢，且经济对外开放程度远低于东部地区和东北地区，也低于西部地区；科技投入不足，科技人员流失严重，自主创新能力弱，技术进步水平在全国处于相对落后状况；教育经费投入明显偏低，中部各省各级教育生均预算内财政经费均低于全国平均水平，初中后教育发展也普遍低于全国水平，并已成为人力资源开发的短板，高素质人才状况很难满足经济发展的需要。从经济发展效益来看，中部城镇居民可支配收入大大低于东部地区，人均消费支出比东部、东北及西部均低；农村居民人均纯收入和消费支出低于东部地区和东北地区，稍好于西部地区。总而言之，新世纪以来中部地区自身发展迅速，但与东部、西部和东北地区相比，依然相对滞后，中部崛起是一个迫切而又长期的战略任务。

当前随着国际经济风波的冲击、国际金融危机加剧、全球经济明显减速以及国内经济运行中出现的新情况新问题的形势下，中部地区经济发展面临着前所未有的挑战。而党中央、国务院为应对金融危机，加大力度实施扩大内需，保持经济平稳较快发展的政策措施以及国内外经济环境变化中蕴涵的重大发展机遇，又为中部地区提供了有利的发展条件。此外，中共十七届三中全会审议通过的《中共中央关于推进农村改革发展若干重大问题的决定》，这也为中部地区提供了最难得的发展机遇，为中部地区崛起指明了方向。《决定》指出："三个最需"——农业基础仍然薄弱，最需要加强；农村发展仍然滞后，最需要支持；农民增收仍然困难，最需要加快；"三大纲领"——把建设社会主义新农村作为战略任务，把走中国特色农业现代化道路作为基本方向，把加快形成城乡经济社会发展一体化新格局作为根本要求。

面对挑战和机遇并存的态势，要破解中部发展困局，化解金融危机冲击，根本上实现中部地区经济社会发展新跨越：一是切实要把"保增长、保民生、保稳定"作为当前应对金融危机的重大任务来抓，确保中部地区经济社会平稳较快发展。要全力以赴保增长，加快推进项目建设，坚持一定时间内固定资产有大幅度增长，使中部的经济实力有一个更大的提升，发展后劲有一个更大的增强。要千方百计保民生，把扩大就业、促进创业放在改善民生之首，统筹抓好高校毕业生和返乡农民工就业创业服务；坚持新增财力向困难群众倾斜、向农村倾斜、向基层倾斜、向公共社会事业倾斜，切实解决好人民群众最关心、最直接、最现实的利益问题。要加大力度保稳定，为保持经济社会平稳较快发展创造良好的社会环境。二是要突破传统思维定式，创新科学发展理念，转变发展方式，调整经济结构，探索农业现代化+新型工业化+新型城镇化"三化"路子，建设资源节约型、环境友好型"两型"社会，依靠科技创新和人力资本"两大内生动力"，实现中部地区经济社会发展新跨越。而立足基础，转变消极对待农业的态度，高度重视现代农业在区域现代化进程中的积极作用，充分发挥中部地区农业资源优势，充分发挥中部地区农村劳动力资源优势，大力培育特色农业产业群与农产品深加工产业群，使中部地区农业资源优势转变为区域的经济优势，坚持走中国特色农业现代化道路是中部地区崛起的关键，是中部地区发展的前景所在。

## 参考文献

1. 周绍森等：中部发展与区域合作［M］. 北京：北京出版社，2005：4－13.

2. 王再文：比较优势、制度变迁与中国中部崛起［M］. 北京：经济科学出版社，2006：135－137.

3. 冷崇总：关于构建经济发展质量评价指标体系的思考［J］. 宏观经济管理. 2008（4）.

4. 李永有：经济发展质量的实证分析：江苏的经验——基于经济发展质量指标体系的分析［J］. 财贸经济，2008（8）.

5. 苏荣：推进科学发展，加速江西崛起［N］. 江西日报，2009－04－02（A1）.

## 第二节　中部地区经济一体化问题分析*

### 一、经济一体化理论的发展与变迁

经济一体化（Economic Integration）的概念，最早由丁伯根（Jan Tinbergen）于1950年提出，他认为经济一体化就是将有关阻碍经济最有效运行的人为因素加以消除，通过相互协调和统一，创造最适宜的国际经济结构。此后巴拉萨（Bela Balassa）定义经济一体化为既是一个旨在消除不同国家经济单位之间差别的过程，又是一种各国国民经济不存在各种形式差别的状态。他们所阐述的经济一体化行为的主体一般是指国家或其他具有相对独立经济制度的地区，但其概念同样适用于主权国家内存在要素流动障碍或壁垒的经济单位之间。而我国学者在论述地方政府之间区域经济联合与统筹发展等问题时，也常运用经济一体化的概念与相关分析方法，例如基于区位经济的长三角经济一体化、珠三角经济一体化、基于城市群的中原城市群一体化与长株潭一体化、基于水流域的长江中游经济区一体化等。故本文所述的经济一体化，其主体的范畴引申至“地域相邻近的经济单位”，除国家或地区之间的经济一体化外，亦指地方政府主导的省级行政区域之间经济一体化。

如前所述，经济一体化理论源于区域经济之间的差别以及由这些差别而产生的区域经济合作的实践。西方新古典经济学派往往假设经济活动不存在“阻力”，认为市场提供了协调劳动分工的最有效的机制，然而现实的市场并非如此，由于历史原因形成的行政区域的界限和制度条件造成的

* 本文系南昌大学中国中部经济发展研究中心2006年度招标课题《中部地区经济一体化的制度变迁与对策研究》阶段性成果。

撰稿人：许涵，南昌大学理学院管理科学与工程系。

要素跨区域流动障碍，市场往往表现成不完全（失效）的。“区域经济一体化”即是对于解决市场不完全问题的在宏观层次的制度变迁，它的实质就是促进生产要素自由流动的方式与过程。从其形成机制角度看，经济一体化可分为政策性一体化、功能性一体化和生产性一体化三种形式。政策性一体化是指各经济单位主体有意采取超出一般待遇范畴的措施，通过配合、协调或对各自政策及执行机制的互相认可来减少管理体制所带来的市场分割的负面效果。功能性一体化主要是为了规避各种市场风险和不确定性，不同的国家和区域之间需要采取灵活的要素组织方式，力求双方的生产要素达到最佳效率组合，双方需要事先协商，制定正式的组织契约和规则，功能性一体化的形成一般伴随着相关特定区域协作和管理组织的设立。生产性一体化是指产业内部，以企业为主，通过兼并、重组等形式，追求经营规模化、竞争规范化的产业整合模式。在实践中，生产性一体化往往走在市场一体化前面。国际与地区各经济一体化体系的演进方式与表征多种多样，大都是根据此三个维度的一体化进行的不同演化进程而产生的差异。

国际区域经济的一体化离不开成员政府政策性因素的推动，但就政策性因素作用较之功能性和生产性因素作用的大小而言，存在着一定的差异。依地缘关系看，欧洲和北美等地区市场经济体系完善，且区域之间制度趋同，一般倾向由市场导向的功能性一体化和生产性一体化所推动的区域经济一体化进程占主导作用。如由欧洲经济共同体等演化而成的欧盟、北美自由贸易协定等。而亚洲、拉美等地区经济发展相对不均衡、市场体制差异较大，这些区域一般先由各经济单位依据官方政策主导一体化进程，再逐步实现功能性和生产性一体化，这样的例子如亚太经济合作组织、东盟自由贸易协定、拉美与加勒比地区的经济一体化等。

相比国际区域经济一体化，国内的区域经济一体化的表征不明显，一体化组织发展相对缓慢，宏观区域政策多是自上而下地纵向布局，而地区间的一体化合作，虽具备较大愿望，进行了一定努力，但由于历史原因形成的体制障碍和相关制度的缺失，总体上讲效果尚不明显。其市场基础情况，类似亚洲、拉美等地区的格局。因此，推进国内区域的经济一体化，首要力量当属政策性因素，应以政策支持和制度创新作为其切入点。

## 二、促进中部经济一体化是中部崛起的客观要求

### 1. 加强区域合作与协作是中部崛起战略的重要基础

三十年前的改革开放，我国开始了以市场为导向的体制转型，在经济体制上表现为对地方政府的“放权让利”，实行中央与地方之间“划分收支、分级包干”的财政体制。这种称之为“渐进改革”的模式形成了地方政府的既得利益，对既得利益的保护导致了地方市场分割，与此同时，地方政府也承担了相应责任。分权体制势必使得地方政府的利益与地方经济发展密切关联，强化地方政府干预市场、保护本地企业的动机。[①] 这种动机逐渐造成了不同行政区域之间的“体制障碍”，市场格局逐渐形成以行政区划相关的特征，相对而言，与地理区位特征的相关性被弱化。在东部地区依托邻海的区位优势先行发展外向经济、西部地区与东北地区得益大开发与振兴战略获得产业扶持的形势下，中部地区依附于行政区划体系的市场障碍和区域壁垒对经济发展的影响相比之下尤为明显。地方政府在经济管理上表现成“各自为政”，特别是省级政府在发展规划上往往以自身为中心搞重复同构建设，各地建成“小而全”的经济中心，缺乏要素自由流动的有效配置，反而成为诸多产业布局的“孤岛”。在此格局下，只有通过政策行为和制度手段将“孤岛”连接起来，才能发挥市场经济的优势形成产业分工协作的合力。因此，要实现中部地区的协调发展，必须突破中部各省之间及省区内各地间市场体制障碍，加强区域合作与协作，进而促进中部经济一体化，为中部整体崛起奠定体制基础。

### 2. 中部经济一体化是全国区域发展平衡的关键

中心—外围理论（或称核心—边缘理论）是发展经济学研究发达国家与不发达国家的经济关系的相关理论的总称，其概念和方法后被以弗里德曼等经济学家引入区域经济研究之中。弗里德曼认为，在若干区域之间会因为多种原因个别区域率先发展起来而成为“中心”，其他区域则成为“外围”。此后由于贸易不平等，经济权力因素集中于中心，相关技术进步、生产创新等高效的生产活动都集中于中心，中心逐步产生统治作用，

① 唐勇：一体化市场制度与区域经济一体化——制度变迁的“中间抵制”与突破［J］. 浙江社会科学 2006，（1）：71.

外围则要依赖中心发展。中心对外围的发展产生压力和压抑，并凭借有利的经济和贸易政策强化不平衡的趋势。就全国的区域格局来说，在中部地区周围存在数个类似的中心，东北方向的环渤海经济圈、东部的长三角地区、南部的珠三角地区。中部各省的经济发展与规划受到邻近各中心的影响，并在经贸关系上向中心靠拢。对中心经济的融入和产业承接利用了促进聚集的向心力，在拉动经济增长上有着积极和显著的成效。但是外围同样存在促进扩散的离心力，源于不可移动资源（如耕地）的拉动以及运费、市场交易成本等随距离和体制差异增大而增加的阻碍。因此，仅仅依赖外部各中心将愈加削弱中部地区在经济贸易体系中的地位，加大区域发展的不平衡。但是目前中部地区自身又缺乏一个足以拉动区域发展的经济核心。由于地理跨度较大（连接长江、黄河两大流域南北跨度 1 813 公里），各地经济格局和资源禀赋都存在较大差异，在现实条件下也难以突出某个区域形成一个中部的经济核心。为解决市场业已形成的区域不均衡状态和中部区域发展需要的矛盾，必然要通过政策的因素引导市场配置进行修正，通过积极促进区域一体化，可产生中部地区内部的合作与融合，形成合力，以平衡周边各经济中心的拉动力量。同时，中部的一体化促进整个中部地区的区位经济优势成为一极，将中部的区域经济重心由靠近东部向西拉回真正的中部，并能更好地带动西部地区获得市场的支持和要素流动的补充，平衡我国东西经济格局，统筹全国的区域发展平衡。

### 3. 经济一体化促进“地理中部”向“政策中部”转变

2005 年 3 月 3 日，温家宝总理在十届全国人大三次会议上明确提出要抓紧研究制定促进中部地区崛起的规划和措施，国家将从政策、资金、重大建设布局等方面给予支持。然而，相比东部开放、西部开发、东北振兴的政策，对于中部地区的发展，中央政府一直没有确定大的战略性政策予以推动，以至于有的学者将“中部塌陷”的原因归咎为“政策缺陷”，并积极呼吁中部地区超越“地理中部”而上升至“政策中部”的概念，强化对中部范畴的政策性界定，建言对中部地区政策支持的措施。基于“地理中部”的发展思路是从要素禀赋和市场配置情况切入研究增进区域经济发展的手段，而基于“政策中部”的发展思路则试图通过外生的产业组织规划和市场引导等力量，针对区域问题设计对应的政策积极弥补区域发展的“短板”，对于欠发达地带的中部，显然更为必要和有效。如前所述，中部地区产业发展不均衡，市场体制壁垒较大，适宜通过政策一体化推进整体发展。而政策一体化进程中各地方政府协同合作所进行的体制建设与创新，一定程度上为国家开拓中部政策空间、实施区域发展战略与政策提供了平台。另一方面，经济一体化，使中部成为一个整体板块，避免了各地方政府之间在政策要求上的“恶性竞争”，益于国家在区域经济政策上“有的放矢”，统筹制定“可区域化的区域政策”。可见，“中部政策”只有通过“政策中部”的一体化才能发挥其效力。

## 三、中部经济一体化的方式与制度变迁

### 1. 以中部崛起战略为依托从政策高度实现中部经济一体化

由于对中部地区政策支持的长期缺位，中部六省表现出对政策的“饥渴”，各省根据自身情况分别提出相关发展战略以期争取对应支持：山西的“国家新型能源和工业基地”建设、河南的“中原城市群”建设、湖北的“武汉城市圈”战略、湖南的“一点一线”战略、江西的对接“长珠闽”策略、安徽向东部沿海靠拢等。然而在中部崛起的背景下，各省的“突围”要求并不适应板块的整体发展，中央政府对政策的给予也将顾此失彼，甚至造成政策的平均化分配，不能够充分发挥政策的适应性和针对性。为实现中部经济一体化，就应配合中部崛起的整体布局，而不是各省为政。作为促进一体化的外生力量，中部崛起战略是难得的契机，应充分利用其相关政策，自下而上的一体化需求配合自上而下的政策支持两股力量共同促进中部经济的融合与发展。

### 2. 加强经济圈、城市群间的联系

经济圈指一定区域范围内的经济组织实体，是生产布局的一种地域组合形式，一般以城市群为依托。单菁菁（2006）归纳，目前中部地区已初具形态的经济圈主要有河南的中原城市群、湖北的大武汉城市群、湖南的长株潭经济圈（长沙、株洲、湘潭）、江西的昌九工业走廊（南昌、九江、景德镇）和安徽的马芜铜经济圈（马鞍山、芜湖、铜陵）。在中部地区分布的诸多经济圈、都市群以产业聚集的核心作用和完善的配套设施为中部一体化提供了经济组织基础。通过连接整合现有的组织资源，“以主干带动枝叶”，能更有效地促进一体化的进程，也是现实条件下必要的途径。例如经济圈范围多以距中心的交通时间为指标划定，构筑和完善联系中部地区经济圈之间的交通网络可以促进中部快速交通网络的形成而推动

一体化进程。

### 3. 促成产业内组织与分工的条件和环境

欧盟是世界公认一体化最成功的地区和组织。欧盟的宝贵经验即是由市场中自发的以降低生产成本和交易成本为目标的逐利行为实现生产一体化和功能一体化，而后再促成政策层面的一体化。从其前身欧洲共同体开始，就通过关税减免促进产业内贸易的增长和对邻国直接投资的扩大刺激了生产和贸易的区域联合。相比而言，中部地区产业内组织分工水平低，一方面由于长期以来企业间自发联合与协调的动力不足，另一方面其产业组织行为也不同程度地受到各地方政府差异的产业政策与规划的制约，导致生产性一体化和功能一体化不能顺畅进行。因此，在中部经济一体化背景下，各地方政府应发挥其积极作用，为基于中部区域的特定产业集群和联盟的形成创造相关条件和制度环境。

### 4. 建立地方政府间联席、对话的长效机制和应急机制

一体化的区域内存在诸多公共事务，从我国区域发展阶段上看，相关公共事务包括基础性产业与公共设施、统一的规制与公共服务、中长期国民经济社会发展战略等。邻近地方政府要在这些方面加强合作，有利于解决在区域经济一体化过程中政府各自为政、属地封闭型经济建设、恶性竞争等各种资源浪费问题。为协调处理公共事务，应建立常态的地方政府间联席、对话机制。此外，对于区域内的突发公共事件等，则需要建立府际的应急合作机制，共同应对不可测的风险。

### 参考文献

1. 涂和平：区域经济一体化的实践与思考［J］. 学习与实践，2001，（8）：43－44.

2. 陈建国：发展中国家区域经济一体化模式［J］. 世界经济，1995，（4）：8－12.

3. 杨云母：高成香，新区域经济一体化理论的兴起与发展［J］. 税务与经济，2001，（5）：1－4.

4. 周国华：区域经济一体化的国际国内经验及其对长株潭经济一体化的启示［J］. 世界地理研究，2001，（1）：12－18.

5. 丁斗：区域经济一体化与制度变迁［J］. 国际政治研究，1997，（1）：8－11.

6. 王文清：区域制度变迁和中部地区经济发展的战略适应［J］. 江汉大学学报，2005，（1）：9－11.

7. 汤山文：一体化下的东中部全要素合作模式［J］. 求索，2006，（2）：3－5.

# 第三节　中部地区煤炭城市经济发展的影响因素分析*

煤炭城市是指因当地开采煤炭资源而逐渐发展起来的或因附近开采煤炭资源而使原有的城市得以发展并且煤炭产业在城市工业结构中占有重要地位的城市①。中部地区位于我国内陆腹地，能源资源非常丰富，煤炭资源尤为突出，2006 年统计中部六省原煤产量 7.28 亿吨，占全国原煤总产量的 31.3%，是我国重要的煤炭能源供应基地，但煤炭城市大部分是因煤而兴的城市，随着当地煤炭资源的不断开采消耗，煤炭城市已经开始面临“煤衰城竭”的危险，研究中部煤炭城市的经济成长过程，并对其经济发展的影响因素进行定量测度具有重要现实意义。

近些年，已有不少学者对我国煤炭城市的某些方面进行了有益的探讨，这些主要集中在关于煤炭城市产业结构转型、资源的合理开发利用、资源的可持续发展、城区规划以及资源煤炭城市的路径演变等方面②，并已取得了许多成果，但是这些学者往往着眼于全国范围，而且大多停留在定性分析层面上，定量分析比较少，特别是对我国中部地区煤炭城市进行全面定量分析则显得尤为欠缺。针对以上不足，本文采用多元聚类分析和多元回归分析方法对中部地区典型煤炭城市经济发展的影响因素进行定量测度，并揭示了对其经济发展影响显著并起促进作用的因素，为各煤炭城市今后选择正确的发展方向提供依据。

---

* 本文为基金项目：教育部人文社科规划项目（批准号 06JA790049）和江西省高校人文社科项目（批准号 JJ0705）。

撰稿人：张安军（1984～　），南昌大学经济与管理学院。吴强，南昌大学人事处；刘耀彬，南昌大学中国中部经济发展研究中心。

① 王青云：资源型城市经济转型研究［M］. 北京：中国经济出版社，2003.

② 樊杰：我国煤矿城市产业结构转换问题研究［J］. 载地理学报，1993 年 48（3），218－225.

田明，樊杰，孙威：我国煤炭城市转型发展研究［J］. 矿冶，2004，13（1）：10－37.

焦华富：论我国煤炭城市产业结构产调整［J］. 地域研究与开发，2001，20（2）：27－30.

王青云：资源型城市经济转型研究［M］. 北京. 中国经济出版社 2003 年版.

张凤武：煤炭城市发展非煤产业的原则、类型与模式［J］. 载能源基地建设，1998，61（1）：28－29.

李文彦：煤矿城市的工业发展与城市规划问题［J］. 载地理学报，1978，33（1）：64－79.

刘耀彬：中国地级煤炭城市经济运行机制及路径分析［J］. 世界地理研究，2007，16（2）：25－31.

汤建影，周德群：1990～1999 年中国矿业城市发展轨迹及其分析［J］. 载中国矿业大学学报，2003，32（1），79－91.

## 一、样本选取和研究方法

### 1. 样本选取

借鉴我国学者对煤炭城市界定标准，我们选取煤炭产值绝对值和相对值都较大，并且从业人员数量也较大的城市为研究对象。为简化研究内容，本文参考龙如银博士和史学义博士论文中选取的煤炭城市①，遴定山西5个（大同、阳泉、长治、晋城、朔州）、安徽2个（淮南、淮北）、江西1个（萍乡）、河南3个（平顶山、鹤壁、焦作）共10个地级煤炭城市和一个县级煤炭城市作为研究对象来对其城市经济发展过程中的影响因素进行测度分析。

### 2. 指标选取和数据来源

影响煤炭资源型城市经济发展的因素是多方面的，其中有些因素在经济发展的某阶段处于主导地位，有些因素则处于次要地位。为了能较全面地反映影响各煤炭城市年GDP的发展变化情况，本文从城市经济总量、三产产值构成比率、市经济对外开放程度、人才科技水平以及市基础建设五个方面分别选取了$Z_1$—社会消费品总额（万元）、$Z_2$—金融机构储蓄年末余额（万元）、$Z_3$—全社会固定资产投资（万元）、$Z_4$—地方财政收入（万元）、$Z_5$—利税总额（万元）、$Z_6$—产品销售收入（万元）、$Z_7$——产产值比重（%）、$Z_8$—二产产值比重（%）、$Z_9$—三产产值比重（%）、$Z_{10}$—实际利用外资额（万美元）、$Z_{11}$—外商合同投资额（万美元）、$Z_{12}$—人均邮电业务总量（元/人）、$Z_{13}$—科技财政支出（万元）、$Z_{14}$—教育财政支出（万元）、$Z_{15}$—高校专任教师数（人）、$Z_{16}$—高校在校学生数（人）、$Z_{17}$—每万人拥有医生数（人）、$Z_{18}$—每万人拥有病床数（张）、$Z_{19}$—人均道路面积（平方米）、$Z_{20}$—人均图书馆藏书数（本，册）共20项指标来进行测度对各个城市Z0－市全年GDP的影响因素。考虑到有些煤炭城市在产业结构，经济发展过程中的相似性，本文从以上的项指标中选取衡量产业结构关系和城市经济总量实质的城市年GDP、城市年工业GDP、一产业产值所占比重、二产业产值所占比重、三产业产值所占比重、外加上一产业从业人员所占比重、二产业从业人员所占比重、三产业

① 史学义：煤炭城市转型与可持续发展研究［D］. 辽宁工程技术大学硕士论文. 2005.

从业人员所占比重、城市年人均 GDP、城市年人均工业 GDP 共得十项指标 11 年的样本数据所组成的面版数据来进行聚类分析。以上所有的指标数据来自于《中国城市统计年鉴（1996 ~ 2006）》，其中有些数据来自于中国城市统计年鉴汇编《新中国五十年》。（以上指标中 Z 代表 A ~ G，其中在本文聚类分析中 DT—大同市，YQ—阳泉市，CZ—长治市，JC—晋城市，SZ—朔州市，HN—淮南市，$HB_1$—淮北市，PX—萍乡市，PDS—平顶山市，$HB_2$—鹤壁市，JZ—焦作市）

**3. 研究的方法**

为了能够有效地测度中部 11 个煤炭城市的近 10 年经济发展过程中的影响因素，同时考虑到城市数量和指标较多，为了研究方便，本文采用 Q 型层次聚类分析（Q-Cluster Analysis）方法对中部煤炭城市进行总体分类，从中选取最具有代表性的城市。聚类分析是根据事物本身的特性来研究个体的分类方法。聚类分析的原则是同一类的个体有较大的相似性，不同类的个体差异很大。根据分类对象的不同可分为对样本进行聚类的 Q 型聚类法和对变量进行聚类的 R 型聚类法。本文是对样本进行分类，故选用 Q 型聚类法。Q 型聚类法是根据被观测的对象的各种特征，即反映被观测对象的特征的各变量值进行分类。同时为了衡量各煤炭城市经济发展的具体影响因素，本文选取了多元统计回归分析方法（Multiple Linear Regression Analysis）。回归分析是处理两个及两个以上变量间线性依存关系的统计方法。而多元线性回归分析则是根据多个自变量的最优组合建立回归方程来预测因变量的回归分析方法①。根据变量被引入方程的方式不同可分为 Enter - 强迫进入法、Remove - 强迫剔除法、Forward - 向前引入法、Backward - 向后剔除法和 Stepwise - 逐步引入 - 剔除法。由于逐步引入 - 剔除法将向前引入法和向后剔除法结合起来，在向前引入的每一步之后都要考虑从已引入方程的变量中剔除作用不显著者，直到没有一个自变量能引入方程和没有一个自变量能从方程中剔除为止，选取的变量较为精悍，因此在本文中主要采用 Stepwise 法。借助 SPSS13.0 统计软件，对各煤炭城市和中部煤炭城市经济总体发展水平的影响进行测度，并根据其总体水平的回归结果和实际返回值，建立了多元线性回归方程，来预测未来

① 张文彤等：世界优秀统计工具 SPSS11.0 统计分析教程（高级篇）[M]. 北京：希望电子出版社，2002.

经济发展的变化趋势。

## 二、中部地区煤炭城市经济发展影响因素测度

### 1. 中部地区煤炭城市层次聚类分析

为了能够较为全面地测度中部地区11个煤炭城市经济发展过程中具体影响因素，同时考虑到某些城市由于在城市经济的起因，所处的地理区位，经济产业结构和城市发展战略等方面的相似性，为了简化研究和避免重复分析，本文以2003年的数据为标准，采用spss13.0，通过欧氏平方距离法，首先对中部地区11个煤炭城市进行了Q型聚类分析，结果显示如下：

从图2-10可以得知，平顶山市与焦作市、长治市与萍乡市、朔州市与鹤壁市、淮南市与淮北市在经济发展的过程中具有相似性，各自首先被归为一类，晋城、大同和阳泉3市由于其经济发展过程中的特殊性，它们分别被归为一类。考虑到城市发展的特点性和各个省份的代表性，本文选取典型样本城市大同、阳泉、晋城、淮南、萍乡、鹤壁、焦作市共七个中部煤炭城市作为所研究的对象。

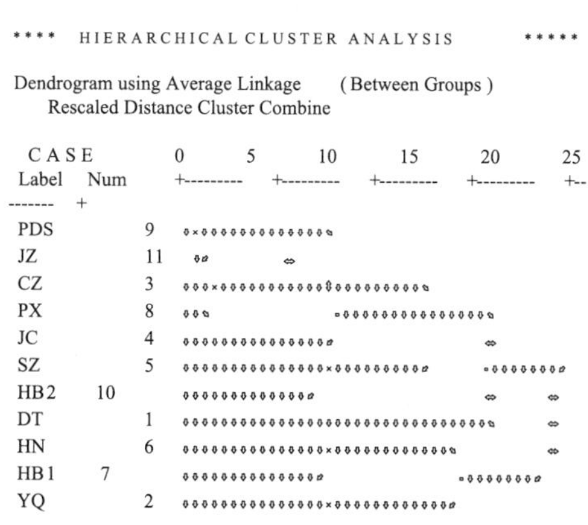


图2-10 中部地区煤炭城市聚类分析结果

### 2. 中部地区典型煤炭城市影响因素测度

采用SPSS13.0统计分析软件的多元线性回归分析方法分别对7个典型煤炭城市影响其市年GDP的具体影响因素进行测度。本文采用Stepwise逐步引入-剔除法，同时考虑到有些变量单独的作用不显著，但与其他变

量组合在一起时较为显著，故辅之以 Enter 强迫进入法和向后剔除回归法来对中部典型煤炭城市进行多元回归分析。（注；X 代表煤炭城市整体水平；A – 大同市、B – 阳泉市、C – 晋城市、D – 淮南市、E – 萍乡市、F – 鹤壁市、G – 焦作市。在大同市中 $A_0$ 代表因变量，$A_1$ ~ $A_{20}$ 表示自变量，其他城市同理）

（1）大同市影响因素分析

以 $A_0$ – 市年 GDP 为因变量，将 $A_1$ ~ $A_{20}$ 个衡量指标逐一引入回归方程，并逐一检验其对因变量的相关程度，最终结果显示如下（见表 2 – 12）：$A_6$ 对因变量的拟合程度最高，其次是 $A_{17}$，$A_1$ 和 $A_{19}$ 四者其同构成了对因变量共线性拟合，其方差检验的结果如下表。这表明推动大同市总体经济向前发展的主要动因是产品销售所带来的收入，其相关系数是 0.97；其次是社会消费品总额，其相关系数是 0.59；再次是人均铺装道路面积和每万人拥有医生数，也有一定的拟合度，说明大同市这些年的经济发展一方面得力于社会产品销售和消费所带来的收入，其次是基础设施的建设共同支撑了大同市总体经济向前发展。

**表 2 – 12　　大同市 GDP 回归模型拟合结果**

| Model | R | R Square | Adjusted R Square | Std. Error of the Estimate | Durbin-Watson |
|---|---|---|---|---|---|
| 1 | .971[a] | .943 | .936 | 184 714. 510 | |
| 2 | .995[b] | .991 | .988 | 78 659. 72498 | |
| 3 | .999[c] | .998 | .997 | 42 973. 63975 | |
| 4 | 1. 000[d] | .999 | .999 | 25 632. 60176 | 2. 789 |

a. Predictors：（Constant），A6
b. Predictors：（Constant），A6，A17
c. Predictors：（Constant），A6，A17，A1
d. Predictors：（Constant），A6，A17，A1，A19
e. Dependent Variable：A0

（2）阳泉市影响因素分析

采用 Stepwise 逐步进入法，发现 B4 首先被引入方程，方程获得了较好的拟合度 R^2 = 0. 891，即地方财政收入对市年生产总值的贡献率最高；其次是 $B_{15}$ 即高校专任教师数对全市整个经济的发展具有相当程度的拟合性。除此之外，人均图书馆藏书数、财政科技支出、外商合同投资额、实际利税总额、全社会固定资产投资、第二产业所占的比重、人均邮电业务总量和实际利用外资额对阳泉市的经济发展都有一定的推动作用。

（3）晋城市影响因素分析

采取 Stepwise 逐步回归方法对 $C_0$ 即晋城市的年全市的市内生产总值进行测度，结果显示（如表 2 – 13）$C_5$ 首先被引入方程，表明产品销售收入对晋城市的年 GDP 的贡献最显著，其相关系数 r = 0.783；其次是 $C_2$ – 金融机构年末储蓄余额对 $C_0$ 也具有相当的贡献度，其相关系数 r = 0.605；紧接着的是 $C_5$ – 全市年利税总额，它对 $C_0$ 也具有一定的支撑作用；而 $C_{13}$ 和 $C_{17}$ 即财政科技投入和每万人拥有医生数，此两项指标对全市的总的产值贡献率并显著。它们的方程拟合检验如表 2 – 13 所示。以上结果表明晋城市在近些年的经济发展过程中推动其经济整个向前发展的因素主要是金融机构的储蓄存款和产品销售的利润所得税。

**表 2 – 13　　晋城市 GDP 回归模型拟合结果**

| Model | R | R Square | Adjusted R Square | Std. Error of the Estimate | Durbin-Watson |
|---|---|---|---|---|---|
| 1 | .783[a] | .613 | .549 | 537 977.950 | |
| 2 | .919[b] | .845 | .784 | 372 726.977 | |
| 3 | .982[c] | .964 | .937 | 200 828.432 | |
| 4 | .997[d] | .995 | .988 | 89 002.41553 | |
| 5 | 1.000[e] | 1.000 | .999 | 18 263.96358 | 1.366 |

a. Predictors：(Constant)，C6
b. Predictors：(Constant)，C6，C2
c. Predictors：(Constant)，C6，C2，C5
d. Predictors：(Constant)，C6，C2，C5，C17
e. Predictors：(Constant)，C6，C2，C5，C17，C13
f. Dependent Variable：C0

（4）淮南市影响因素分析

本文采用 Backward 和 Forward 相结合的回归方法来测定淮南市年生产总值，发现 $D_{14}$ 即教育财政支出对市 GDP 的贡献率最显著，它们的相关系数 r = 0.946，这说明淮南市近些年在教育事业方面的资金投入对整个城市经济的发展起到了积极的作用；其次是 $D_{18}$ – 每万人拥有病床数即基础设施保障因子，而且前两者对方程的拟合性达到了 R^2 = 0.987，全市基础设施的建设对市 GDP 的贡献也比较显著；再者就是 $D_{16}$ – 高校在校学生人数对市总体经济的拟合程度较高，其单侧显著性水平检验结果是 0.001，表明该市高等教育的发展水平状况对整个城市经济的发展有一定的影响。前三者基本上能够比较好地反映淮南市近些年的经济总量发展走势，但 $D_3$ – 全社会固定资产投资额和 $D_{13}$ – 科技财政支出也被引入方程，而且 $D_3$

与 $D_0$ 相关系数为 0.92 说明全市固定资产投资额对该市经济发展也具有积极的影响。从以上分析可知淮南市在近些年的经济发展中人才科技教育投入方面和基础设施建设水平对其发展变化影响显著。

（5）萍乡市影响因素分析

通过 Stepwise 逐步回归法，最后发现 $E_{14}$ – 教育财政支出对 $E_0$ – 该市的经济影响最显著，它们的相关系数 r = 0.945，它们的共线拟合度 R^2 = 0.893。拟合程度较好；其次是 $E_9$ 即第三产业产值所占的比重对全市 GDP 的拟合程度也较好，前两者对全市 GDP 的拟合程度达到了 0.988。说明萍乡市的经济发展在近些年主要得力于对教育事业的重视和第三产业的发展。其方差检验的结果如表 2 – 14 所示，F 检验方程 2 为 371.589，说明 $E_9$ 和 $E_{14}$ 对 $E_0$ 具有较显著的解释性。

**表 2 – 14　　萍乡市 GDP 回归模型拟合方差检验结果**

| Model | | Sum of Squares | df | Mean Square | F | Sig. |
|---|---|---|---|---|---|---|
| 1 | Regression | 2E +012 | 1 | 2.000E +012 | 66.879 | .000[a] |
| | Residual | 2E +011 | 8 | 2.990E +010 | | |
| | Total | 2E +012 | 9 | | | |
| 2 | Regression | 2E +012 | 2 | 1.109E +012 | 371.598 | .000[b] |
| | Residual | 2E +010 | 7 | 2 984 603 107 | | |
| | Total | 2E +012 | 9 | | | |

a. Predictors:（Constant），$E_{14}$
b. Predictors:（Constant），$E_{14}$，$E_9$
c. Dependent Variable：$E_0$

（6）鹤壁市影响因素分析

Stepwise 逐一引入方程，结果显示 $F_{14}$ – 教育财政支出对 $F_0$ 即鹤壁市全年地区 GDP 影响显著，经济贡献率最高，它与 $F_0$ 的相关系数 r = 0.926，显著性水平检验 sig = 0.01，单个变量对回归方程的拟合度达到 0.829；其次是 $F_2$ – 金融机构存款年末余额对 F0 的变化也具有显著的影响其相关系数为 0.738. 前两者对回归方程的拟合程度已达到 0.993；再者 $F_{17}$ – 每万人拥有医生数，$F_{18}$ – 每万人拥有病床数，$F_9$ – 第三产业产值所占比重和 $F_{16}$ – 高校在校学生人数，尤其是 $F_{16}$（r = 0.874，sig = 0.005）对鹤壁市经济发展也具有显著的影响。从以上结果表明人才科技因子和经济总量因子是鹤壁市经济向前发展的支撑力量，而第三产业的发展和基础设施的建设水平对全市经济的发展也具有一定程度的影响。

(7) 焦作市影响因素分析

采用 Stepwise 逐步进入法进行多元回归分析，最后结果显示 $G_3$ - 全社会固定资产投资对 $G_0$ 即焦作市各年 GDP 的影响最显著，引入方程后方程的拟合程度 R^2 =0.994，D - W 检验值为 2.129，表明全社会的固定资产投资对焦作市近些年的经济发展起到了积极的促进作用；除了 $G_3$ 之外，$G_6$ - 产品销售收入对该市经济的发展也有显著的推动作用；再者就是 $G_{18}$ - 每万人拥有病床数和 $G_{19}$ - 人均铺装道路面积对该市的整个经济发展也具有一定的积极作用。从以上分析可以得知经济总量额度的增长和基础设施建设水平的提高是近些年来促使焦作市经济发展的主要动力。

### 3. 综合经济发展影响因素分析

将中部地区七个典型煤炭城市近十年的面版统计数据进行平均加权，采用多元回归分析方法，通过变量逐步引入剔除法，研究结果发现 $X_6$ - 地区产品销售收入对 $X_0$ 即中部地区整体经济发展的平均水平走势影响最显著，其对 $X_0$ 的相关系数为 0.916，单个 $X_6$ 所构成的共线性拟合度为 R^2 =0.838，其显著性检验水平为 0.01，表明反映经济总量因子的产品销售额是近些年推动中部地区煤炭城市总体经济发展的主要因素；其次是 $X_5$ - 利税总额（r =0.554，sig =0.016）对 $X_0$ 的经济发展也具有显著性影响，前两者所构成的共线拟合度为 0.943，能够很好地协同中部地区煤炭城市经济总体平均水平的经济发展走势。采用全部指标强迫进入法，结果发现 $X_{20}$ - 人均图书馆藏书数，$X_{10}$ - 实际利用外资额，$X_9$ - 第三产值所占比重，$X_1$ - 社会消费品总额对中部煤炭城市整体经济的发展均有比较显著而积极的影响。方程的共线性拟合结果如表 2 - 15 所示。

**表 2 - 15　　中部总体平均 GDP 回归模型拟合结果**

| Model | R | R Square | Adjusted R Square | Std. Error of the Estimate | Durbin-Watson |
|---|---|---|---|---|---|
| 1 | .916[a] | .838 | .815 | 292 486.460 | |
| 2 | .971[b] | .943 | .925 | 186 908.221 | 1.841 |

a. Predictors：(Constant)，$X_6$

b. Predictors：(Constant)，$X_6$，$X_5$

c. Dependent Variable：$X_0$

根据最后所得的 $X_6$ 与 $X_5$ 的回归系数以及所得常量建立回归预测方程：

$$\bar{Y}=a+t_1x_1+t_2x_2$$

其中根据回归结果有 $t_1=0.981$，$t_2=-0.4849$，$a=845\ 685$

因此所拟合回归方程为：$\bar{Y}=845\ 685+0.981x_1-0.4849x_2$

由回归方程可知只要知道中部地区每年平均产品销售收入总额和平均利税总额就可以根据所拟合的回归方程对今后中部地区煤炭城市总的平均年生产总值进行预测。

## 三、结论

通过对中部地区七个典型煤炭城市和中部煤炭城市总体平均发展水平的经济发展过程的影响因素进行定量测度，结果发现地区产品销售总额，金融机构储蓄年末余额，利税总额，三产产值，教育财政支出及每万人拥有医生数对地区经济发展的影响最为显著，而衡量地区经济发展总量水平的全社会固定投资额，地方财政收入和产品销售收入；反映地区三产贡献水平的第三产业产值所占的比重；人才科技水平的教育财政支出，高校在校学生人数；反映基础设施建设水平的人均所拥有的医生数和病床数以及人均铺装道路面积量对以上各个煤炭城市的经济发展的促进作用最为突出，特别是产品销售收入水平对中部地区的总体经济贡献率更为显著。但是中部各煤炭城市在对外开放程度水平上明显不高，科技财政支出对经济的带动作用也不很明显，同时在全社会消费水平上明显偏低。因此继续加大固定资产投资，重视产品销售所得利润收入，同时大力发展第三产业，加大科技教育财政投入，不断提高地区对外开放水平，加强基础设施建设是今后提升中部地区各煤炭城市和增强整体经济实力的正确取向。

### 参考文献

1. 王青云：资源型城市经济转型研究［M］. 北京：中国经济出版社 2003.

2. 樊杰：我国煤矿城市产业结构转换问题研究［J］. 载地理学报，1993 年 48 (3)，218－225.

3. 田明，樊杰，孙威：我国煤炭城市转型发展研究［J］. 矿冶，2004，13 (1)：10－37.

4. 焦华富：论我国煤炭城市产业结构产调整［J］. 地域研究与开发，2001，20 (2)：27－30.

5. 王青云：资源型城市经济转型研究［M］. 北京 . 中国经济出版社 2003.

6. 张凤武：煤炭城市发展非煤产业的原则、类型与模式［J］. 能源基地建设，1998，61 (1)：28－29.

7. 李文彦：煤矿城市的工业发展与城市规划问题［J］. 地理学报，1978，33（1），64－79.

8. 刘耀彬：中国地级煤炭城市经济运行机制及路径分析［J］. 世界地理研究，2007，16（2）：25－31.

9. 汤建影，周德群：1990～1999年中国矿业城市发展轨迹及其分析［J］. 中国矿业大学学报，2003，32（1）：79－91.

10. 史学义：煤炭城市转型与可持续发展研究［D］. 辽宁工程技术大学硕士论文 . 2005.

11. 张文彤等：世界优秀统计工具 SPSS11.0 统计分析教程（高级篇）［M］. 北京：希望电子出版社，2002.

## 第四节　中部地区现代服务业发展的现状与对策分析*

现代服务业的发展状况和发展水平，是衡量一个国家和地区现代化发展水平的重要标志。加快发展现代服务业既是经济社会发展的必然趋势，也是加快转变经济增长方式、促进产业结构调整优化、推进节能减排工作的重要手段。加快中部地区服务业的发展，对于提升中部地区经济发展水平，促进中部经济崛起具有重要的战略意义，成为中部崛起的科学选择。

### 一、现代服务业的概述

#### 1. 现代服务业的内涵和特点

现代服务业的内涵：伴随着信息技术和知识经济的发展产生，用现代化的新技术、新业态和新服务方式改造传统服务业，创造需求，引导消费，向社会提供高附加值、高层次、知识型的生产服务和生活服务的服务业。

现代服务业的发展本质上来自于社会进步、经济发展、社会分工的专业化等需求。具有智力要素密集度高、产出附加值高、资源消耗少、环境污染少等特点。既包括新兴服务业，也包括对传统服务业的技术改造和升级，其本质是实现服务业的现代化。

---

* 本文系南昌大学中国中部经济发展研究中心2006年度招标课题《中部地区经济一体化的制度变迁与对策研究》（彭迪云教授主持）阶段性成果。

撰稿人：孟倩，南昌大学经济与管理学院。

### 2. 加快发展中部地区现代服务业的意义

现代服务业的发达程度是衡量经济、社会现代化水平的重要标志。加快发展服务业特别是现代服务业，是落实科学发展观，构建和谐社会的必然要求；是减少经济增长中资源能量消耗，转变经济增长方式的迫切需要；是优化产业结构，提升我国产业整体竞争力的有效途径；是增强就业吸纳能力，满足人民群众不断增长的物质文化需求的重要举措。中部地区作为经济不十分发达的地区，加快发展现代服务业能够带动地区经济发展，符合可持续发展的要求，具有重要的战略意义。

## 二、中部地区现代服务业的发展状况

### 1. 发展现状

改革开放以来，中部地区服务业取得了长足发展，产业规模不断壮大，占 GDP 比重逐步提高，社会贡献不断上升，在拉动经济增长等方面也发挥了重要作用。中部地区服务业发展处在全国中等水平，但与东部省份相比，仍然存在很大的差距。（见表 2 – 16）

表 2 – 16　　中国部分省市的现代服务业发展水平指标比较

| | 增加值（亿元） | 从业人员（万人） | 增加值占 GDP 比重（%） | 从业人员比重（%） | 增加值占第三产业比重（%） |
|---|---|---|---|---|---|
| 北京 | 1 981. 92 | 241. 4 | 46. 27 | 26. 97 | 77. 12 |
| 上海 | 2 369. 65 | 122. 05 | 31. 81 | 15. 03 | 66. 46 |
| 安徽 | 940. 42 | 153. 14 | 19. 54 | 4. 43 | 54. 98 |
| 河南 | 1 305. 51 | 303. 88 | 14. 81 | 5. 44 | 49. 22 |
| 湖北 | 1 277. 15 | 200. 07 | 20. 24 | 7. 73 | 55. 65 |
| 湖南 | 1 289. 01 | 199. 99 | 22. 97 | 5. 56 | 57. 4 |
| 江西 | 614. 06 | 123. 78 | 17. 56 | 6. 07 | 51. 67 |
| 山西 | 541. 95 | 139. 83 | 17. 81 | 9. 48 | 55. 36 |

资料来源：李朝鲜、李宝仁，现代服务业评价指标体系与方法研究［M］，北京，中国经济出版社，2007. 08。

中部地区服务业发展相对滞后，主要表现在三个方面：其一，虽然服务业经济总量明显增加，但增长的幅度低于 GDP 增长幅度，比例一直徘徊在 35% 左右；其二，服务业的总量不大，餐饮住宿、交通运输、批发和零售业等传统服务业比重较大，现代服务业发展不足。金融、房地产信息软件业、租赁商务服务业等行业增加值远远低于东部省市；其三，产业竞争力不强，服务业总体技术水平较低，从业人员的素质参差不齐，经营方式比较落后，服务效率和人均增加值不高。

**2. 优势分析**

（1）区位优势

中部地区是我国经济和政治的战略腹地，贯穿南北，承东启西，居中的区位优势造就了独特的交通中心和通讯中心优势，已经初步建成了四通八达的综合交通网络和信息高速公路网络；是我国重要的人流、物流、商流、信息流的中心；既是要素资源中心，又是加工中心，市场中心，交易成本较低，区位竞争力强，易于生产要素集聚和经济集群化发展，适宜发展成为现代服务业中心。

（2）资源优势

自然资源丰富。一是农业资源优势，耕地资源和水资源丰富，有利于农业的发展，是全国重要的粮食主产区和商品粮输出基地，承担着国家粮食安全的重任，是我国重要农产品生产加工基地；二是矿产资源优势，中部地区是我国重要的能源原材料工业基地，如原煤产量约占全国的31.3%；三是山水资源优势，我国大多数名川大山都处在中部地区，支撑了中部地区山水旅游业等关联产业的发展。人力资源丰富。中部地区约占全国省级行政区总数的1/5，国土面积占全国的10.7%，人口占全国的28.1%，劳动力资源丰富，是我国最大的农村富裕劳动力跨省输出基地，劳动力成本低，而劳动力的素质较高。

**3. 劣势分析**

（1）思想认识落后。

由于受传统发展观念的影响，加之地处内陆相对封闭，有良好的农耕资源条件，中部地区故步自封、因循守旧、小富即安、害怕风险等陈旧观念比较浓厚，战略整体意识淡薄，致使中部地区经济发展过程中经济体制改革和合作机制发育滞后，战略合力形成缓慢，区域协调发展效益不甚理想。

（2）人才缺乏，创新能力不强。

现代服务业的发展需要大量的高科技人才。如商业、银行、保险、教育、卫生、文化、艺术、科研、法律、咨询、旅游、房地产、仓储、运输、电讯等行业，经过现代科技的洗礼之后，需要大量的高科技人才。而中部地区经济欠发达，无法吸引更多的科学技术人才扎根中部，服务中部。中部地区付出高成本培养的人才，最终是服务经济发达的地区。这就造成了中部地区人才不足，东部地区人才过剩。因此，中部地区发展现代服务业，仍然需要大力引进人才，为人才培养提供更优越的社会环境。

（3）城乡居民收入水平低，消费需求不足。

收入水平的高低直接决定了对生活服务的需求水平。在市场经济条件下，人均收入水平与生活服务需求成正相关关系。相比较，中部地区城镇居民收入增长极慢，低于全国平均水平，与浙江、广东、上海的差距拉大，在较大的程度上制约了中部地区服务业的发展。

（4）城市化水平低，削弱需求基础。

城市具有经济集聚和人口集中的特征，城市化水平与现代服务业的发展呈正相关关系，人口数量多、密度大，对服务产品的需求也就越高。根据世界银行统计，1995 年全球高收入国家城市化率为 75%，中等收入国家为 60%，按照城镇人口占总人口的比重计算，中部地区城市化水平远未达到中等收入国家的平均水平，在国内低于江苏、浙江、上海、广东、山东等省。

（5）市场开放程度低，发展动力不足。

一些服务业特别是现代服务业领域，如银行、保险、教育、医疗、保健，通讯等行业，进入门槛较高、市场准入范围狭窄，将绝大多数潜在投资者拒之门外，在没有竞争压力的情况下，行业发展的活力与动力丧失，制约了服务业特别是现代服务业供给能力的扩张。

## 三、加快发展中部地区现代服务业的对策

### 1. 围绕城市圈和产业中心规划服务业发展战略

经过二十多年的开发和调整，中部地区的经济布局初步得到优化，基本形成了“中心群带”的发展战略格局。中部地区要围绕城市圈、城镇区域和资源中心、产业中心统筹规划服务业发展战略，重点发展与制造业相适应的生产服务业，形成集约型产业发展模式，不断降低交易成本和商务成本，提高产业竞争力。要科学依托城市、重点开发区、主要交通枢纽，形成与生产、生活配套的服务业集聚区，拓展现代服务业发展空间。例如，积极推进长株潭城市群、武汉城市圈“两型社会”综合配套改革

试点工作。

**2. 突出服务业重点，提升现代服务业整体竞争力**

一是从优化服务业结构出发，实施一批具有带动示范效应的重大项目，提升服务业发展水平；二是围绕重点，以加速发展和引进现代物流企业为载体，建设和培育一批在全国有影响的产品交易市场，以发展科研院所、信息传物和文化传媒为载体，打造一批软件、工商设计、信息传物和文化产业集群，以金融为载体，构建现代投资服务体系；三是以品牌战略为突破口，增强服务业发展的竞争优势。鼓励优势企业以名牌为纽带，推进资产重组，实行规模化、集约化、网络化、品牌化经营。支持有一定的交易规模和影响力的各类市场进一步扩大规模，逐步向高端发展。大力发展省内名牌，重点培育国家名牌，积极争创世界名牌。

**3. 加强人才的培养和引进，为服务业的发展提供人才保障**

现代服务业是知识密集型和技术密集型行业，在市场经济条件下，市场竞争将越来越激烈。企业竞争实质上是人才的竞争。服务业的发展，需要大量的专门人才。针对服务业人才匮乏、管理水平较低的突出问题，要建立完善的人才培养与引进机制，既要注重加大对本地人才的培养力度，又要加强对高层次管理人才和高水平技能型人才的引进，并采取有力措施留住人才、用好人才，为服务业发展提供有效的智力保障。

**4. 完善利益协调机制，加强中部地区服务业之间横向联合**

中部各省的横向联合，其根本动因在于生产要素的差异以及比较优势的存在。因此，应建立和通过中部协调和协作组织，争取更大范围和更高层次上形成服务业开放型区域市场。中部服务经济协作与合作事关协调发展全局，有利于打破“行政壁垒”，引导生产要素跨区域合理流动的要求。省际合作最典型的是淮海经济区，2006 年以来区城内各项经济指标增长都快于全国平均水平，形成了优势互补、良性互动的发展格局。在跨省际的服务业经济合作中，为了保持有效的利益形成、增长与分配，应建立以服务业发展为特征的法律法规体系，建立以国家总体发展战略为依据，负责区域服务业发展管理的综合性权威机构，以协调管理中部省际之间服务业横向跨区域事务，避免生产性服务业发展上的低水平重复建设、过度竞争和资源浪费，促进服务业可持续发展。

### 5. 积极承接国际与国内服务外包

承接服务外包对于转变经济增长方式和优化经济结构具有重要作用。一是进一步发挥产业政策的促进作用。为促进尚处于起步阶段的服务外包产业快速成长，应根据国家产业发展的需要，扩大优惠政策在现代服务外包行业的覆盖面。二是发挥比较优势，确立发展重点。各省应根据自身比较优势确定重点发展领域、重点承接国家和地区，实行错位发展，打造城市服务外包品牌。三是发挥基地城市的带动作用。服务外包基地城市应立足吸引跨国公司地区总部以及研发中心、设计中心、物流采购中心、管理营运中心等，发展高端服务外包产业。四是积极培育服务外包企业及品牌。通过发展信用担保机构、支持服务外包企业直接融资，扶持其做大做强。五是加强知识产权保护。进一步完善保护知识产权法规体系，严厉打击各类侵权行为，形成尊重知识产权的氛围。

### 参考文献

1. 徐耀：我国区域服务业发展比较分析研究［D］. 重庆：重庆大学硕士学位论文，2007.

2. 赵惠芳，王冲，闫安，徐展：中部省份现代服务业发展水平评价［J］. 统计与决策，2007，(21)：68－69.

3. 王晓红：承接国际服务外包——发展现代服务业的重要途径［N］. 人民日报，2007. 12. 17（F）.

4. 李朝鲜，李宝仁：现代服务业评价指标体系与方法研究［M］. 北京，中国经济出版社，2007：123－128.

## 第五节　中部崛起的进展及其战略创新*

### 一、引言

2004 年 3 月，温家宝总理在政府工作报告中，首次明确提出“促进中部地区崛起”，引起中部省份极大关注。随即 2004 年 5 月，武汉召开首

* 本文系南昌大学中国中部经济发展研究中心 2006 年度招标课题《中部地区经济一体化的制度变迁与对策研究》（彭迪云教授主持）阶段性成果。

撰稿人：龚凌燕，南昌大学经济与管理学院。

次“中部区域创新论坛”，会上明确了中部崛起的意义，并提出建立城市群概念。2005年4月郑州召开“促进中部崛起高层论坛”，此次论坛将三农问题、城市化、国家政策支持作为中部崛起的切入点。2005年7月井冈山召开“区域经济协调发展和中部地区崛起研讨会”，2006年马鞍山召开“促进中部崛起论坛”，此次论坛中专家达成共识，认为解决三农问题是中部崛起的首要条件。2007年4月26日，第二届中博会在河南郑州举行。2008年第三届中博会上提出中部地区承接东部地区产业转移观念。

## 二、政策效果分析

### 1. 建立城市群

（1）中部各省城市群概况

自2004年5月，武汉召开的“中部区域创新论坛”，中部各省都开始致力于建立各自的城市群，河南建立了中原城市群、湖北构建了武汉城市群、湖南建立长株潭一体化、安徽有合肥-芜湖都市群、江西将建立环鄱阳湖城市群。

（2）城市群对地区经济的影响

现以江西省为例，针对环鄱阳湖城市群来研究构建城市群是否对经济有促进作用。江西省已正式启动“环鄱阳湖城市群”的发展建设，这是国内首个环湖城市经济圈建设规划。“环鄱阳湖城市群”包括鄱阳湖周边的南昌、九江、鹰潭、景德镇、上饶、抚州六个城市。各城市突出自身特色，围绕南昌的制造业、九江的石化及港口造船业、景德镇的陶瓷和旅游业、鹰潭的铜冶炼业、上饶的精密机械加工、抚州的特色农业等，共同进行产业布局和招商引资。这一城市群有着现实的经济发展的动力和潜力。这里有着江西省42%的人口，有着江西省经济发展的重要基础。这个地区中，有京九线最大的编组站九江沙河编组站，以及南昌的向塘编组站；有三个机场即昌北机场、九江机场、景德镇机场已经成为国际机场和国内重要支线机场；这里有着长江中下游地区重要的港口中国九江国际水运码头；有着横穿中国东西部的高速公路，有着连接中国各地的物流基地的高速公路。在贯穿南北的昌九高速公路上，每昼夜的车流量为27 000辆，其中70%为载重货车。这一地区中已经形成了较大规模的、较有潜力的电子工业和机械工业。在教育方面，这一城市群中有中国唯一的陶瓷工业大学，有在中国能源、核工业发展中占有重要地位、具有重大影响的高等院校，也有对中国水利建设具有重要影响的、中国为数不多的高等专业院校之一南昌工程学院，这些高等院校将培养出在未来中国经济发展中发挥重大作用的实用人才。

因此，中部地区构建城市群对地区经济有巨大的推动作用，也能激发潜在的发展能力，真正促进中部经济崛起。

### 2.“三农”问题

（1）“三农”问题政策效果

“三农”问题即农业、农民和农村问题，是指我国经济发展过程中出现的农业发展缓慢或停滞、农民贫困、农村落后以及被边缘化等问题。具体表现为城乡收入差距大、农业占三次产业比重大。下面取用江西省城乡收入差数据来分析政府出台的一系列解决“三农”问题的政策是否起效。如图 2－11。

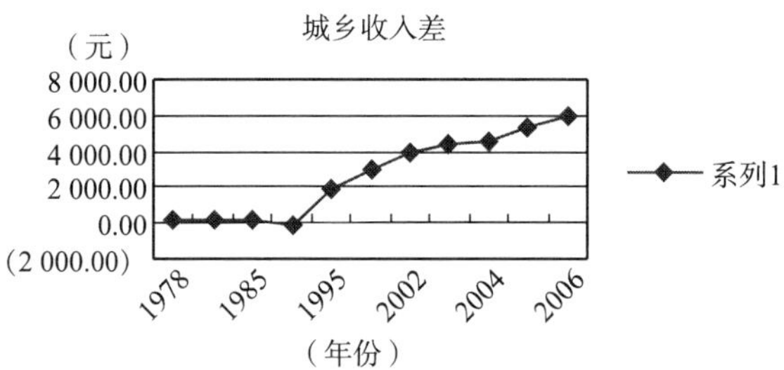


**图 2－11 江西省城乡收入变化**

数据来源：《江西省统计年鉴 2007》和《江西省统计年鉴 2005》。

从折线图可以看出，城乡收入差并未因政策实施而呈递减趋势，反而越来越大，这从一个方面反映出“三农”政策并未全面发挥成效。

（2）政策建议

笔者分析认为中部地区有严重的“三农”问题，单凭中央政府的积极性还不够，还需要其他地区的大力扶持和帮助，特别是需要东部地区的协助。其实东中部地区的协作是种双赢的选择，随着东部地区的经济发展，开始出现了土地、水、油、电、煤等资源稀缺问题，劳动力成本也越来越高，一些高成本附加值的东部产业和企业越来越难以生存。在此情况下，东部地区应将原来劳动密集型产业转移出去，建立相对更加技术密集、资本密集的产业。由于中部地区紧靠东部，所以必将成为其向外转移的首选地。这样一来东部地区既能利用来自中部地区的农民工来解决高成本问题，促进其更好更快发展，同时中部地区产业结构得到升级，一定程度上也解决了大量劳动人员失业问题。具体措施为：第一，东部地区要逐步放松户口的限制，尽可能吸纳农民变为市民，使他们逐步转化为城市产业工人，在此基础上，有规化地逐步推进城市化。第二，东部地区应大力促进产业升级，并促进产业逐渐转向中部地区。第三，中部地区应通力配合，加强协调，以整体利益为重。弱化地方保护主义思想，使中部地区在更大范围内实现资源共享和整合。第四，中部地区应尽可能与东部地区建立共同市场，推动地区之间要素流动的加快，以促进区际经济联系和交往的密切。第五，中部地区要加强软、硬环境建设，成为东部地区产业转移的理想地。

## 三、承接东部地区产业转移

### 1. 承接东部地区产业转移提出

2008 年 4 月 26 ~ 28 日，武汉举行了中部地区规模最大、规格最高、影响深远的第三届中部投资贸易博览会。此次举办第三届中部博览会，目的就是发挥中部地区得天独厚的优势，充分利用当前国际及区域间生产要素和产业流动、转移加快的有利时机，搭建中部地区扩大对外开放、加强国际交流合作的平台，促进中部地区更好地承接国际产业转移和东部沿海地区产业梯度转移，提高中部地区对内对外开放水平。促进中部崛起，必须抓住承接产业转移的历史机遇。在经济全球化以及区域经济一体化日益加深的形势下，国内外产业正在进行新一轮的战略调整和转移。第三届中博会即以“承接产业转移，促进中部崛起”为主题，以物流、金融、汽车、旅游、节能环保、高新技术、光电子等行业为重点，通过投资推介、贸易展览、高峰论坛等多种形式，推动国际资本和沿海产业向中部转移，提高中部地区对内对外开放水平，促进产业结构调整和升级，实现中部地区经济社会快速、协调、全面发展，最终实现双向互动、互利共赢。

### 2. 政策效果的实证检验

中部地区承接产业转移，从理论上来说对经济是起着巨大推动作用的。我们可以通过数据来分析江西省产业升级与经济发展是否正相关，从而论证产业转移对经济发展的作用。见图 2 - 12。

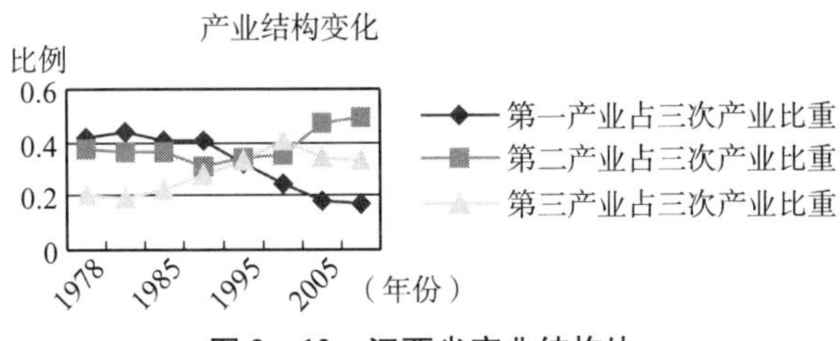


**图 2－12 江西省产业结构比**

数据来源：《江西统计年鉴 2007》。

从图 2－12 中可观察出总体趋势是，第一产业比重逐渐下降，第二、第三产业比重呈逐渐上升趋势，说明江西省承接了产业转移，产业结构正在不断升级。再看图 2－13 如下。

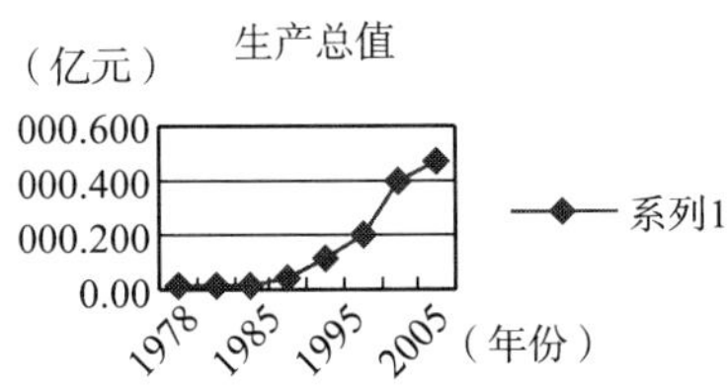


**图 2－13 江西省经济增长趋势**

数据来源：《江西统计年鉴 2007》。

通过对比图 2－12、图 2－13 发现，随着产业不断升级，地区经济也呈现出不断增长趋势，这说明产业升级与经济发展正相关，承接东部地区产业转移是有效的政策建议。

## 四、创新思想

### 1. 产业集群

产业集群，是指以市场为导向，以中小企业为主体，相关产品集中生产，专业化协作配套的企业在同一地理区域大量集聚的现象。中部地区应根据区域资源，集聚能力，要素禀赋，产业配套条件和要素成本的比较优势，综合和优化区域生产力的空间布局，集聚各种生产要素，充分发挥区域现有的产业优势，逐步形成产业集群，将区域资源优势通过集群转化为市场竞争优势，提高区域的竞争力，带动整个区域的经济腾飞。现今中部产业集群的发展面临着三大机遇。一是在全球经济一体化的背景下，国外的产业向我国转移和沿海产业向内地转移两大势力汇合所带来的加速工业化发展。二是世界范围内以技术为主导的新技术革命所带来的跨越式发展机遇。三是中央实施中部崛起战略的政策机遇。因此中部地区要抓住这个千载难逢的机遇，促进产业集群。

产业集群对经济发展有着巨大推动力。第一，产业集群有利于降低成本，提高区域的竞争力。第二，产业集群形成了地域化集聚，专业化分工和社会化协作，有利于企业的技术创新。第三，产业集聚有利于推动产业结构优化升级。

目前，中部地区为推进产业集群可从以下几个方面入手：一方面，地方政府要克服思想上的急于求成和缺乏科学的严谨态度，在推进产业集群的过程中要不急不躁，不可形成攀比之风。其次，中部地区要充分发挥其自然资源、劳动力的比较优势，把地区的发展潜力挖掘出来。再次，政府应实施产业集群战略，为中小企业打好基础，营造环境，提供服务。最后，政府要加强对行业协会等中介机构的建设。行业协会是各企业自发组织起来的，其目的是在保护自身的利益的同时约束彼此的行为。行业协会与法制在道德和法律两方面一左一右规范引导企业的发展。中介机构如劳务中介、信息中介等能为企业提供便利。

**2. 大力发展文化产业**

中部省份是中华文化发祥、传承的主要地区，具有悠久而深厚的历史文化底蕴。有人们耳熟能详的河南中原文化、湖北的荆楚文化、湖南的湖湘文化、安徽的徽文化、山西的晋文化、江西的红色文化等。还有叹为观止的文物遗存，如中国古代四大名楼黄鹤楼、滕王阁、鹳雀楼、岳阳楼；被史学家誉为“中国历史自然博物馆”的河南，国家级文物保护单位最多的省份－山西，等等。中部地区有瑰丽独特的自然风光。这些都决定了中部地区在文化产业中的比较优势。2004 年从文化产业单位数量、从业人员数和拥有资产的地区分布看，东部地区分别占全部的 66%、69% 和 78%，远高于中西部地区。面对人们对精神资源的狂热追求，以及中部地区自身在文化产业方面的优势，笔者认为大力发展文化产业是促进中部崛起的有效途径。具体措施有：首先，加快文化管理体制改革。按照“因地制宜、分类指导、以点带面、统筹兼顾”的方针，选择中部文化体制改革综合性试点地区，同时，在中部选择若干文化企事业单位为试点单位，先行突破，取得经验，逐步推开，积极稳妥、有序推进文化体制改革。其次，加快文化单位体制和机制创新。在科学划分宣传业务和经营业务的基础上，把经营部分剥离出来，转制为企业。要以创新体制、转换机制、面向市场、壮大实力为重点，加快经营性文化企业的改革和发展，培育一批自主经营、自负盈亏、自我发展、自我约束的国有和国家控投的文化企业。再其次，要规划建设一批标志性文化工程。要充分发挥现有文化设施的使用功能。各类群艺馆、文化馆、图书馆、博物馆、爱国主义教育基地等文化设施，要建立科学合理、灵活高效内部管理机制，完善综合服务功能，不断提高利用率。制止文化设施被挤占、挪用现象。

### 3. 发展现代物流业

物流业作为重要的支柱产业，在中部崛起战略中具有举足轻重的地位，现代物流产业的发展对未来中部地区经济的发展具有直接的推动作用。第一，中部地区作为重要的商品集散地，可借助现代物流业的发展，逐渐形成高效统一的中部区域大市场，并依托这一地区所拥有的横贯东西、连接南北的区位优势；成为全国统一大市场的重要组成部分；第二，通过中部地区的一些省会中心城市，如武汉、郑州、长沙、合肥等，可带动其他中小城市物流产业的发展，最终形成以中心城市为轴心的城市物流圈和物流体系；第三，中部地区作为我国重要的商品粮基地、高新技术产业基地和制造业的重要地区，可形成各具特色的农业物流、工业物流、商业物流等各种规模化专业化的物流形式，带动中部地区的产业振兴。

中部地区良好的经济区位优势，既是物流业发展的重要基础，同时也对物流业产生了巨大需求。发达便利的交通网络与持续增长的运输基础设施的投资建设是中部地区物流业发展的重要保证。教育、科技与人才的相对优势为中部地区物流业的发展提供了良好的基础条件。

具体措施有：首先，破除地方保护主义，消除不利于物流业发展的体制性障碍。其次，继续加强交通、通信以及综合配套物流基础设施的建设。再次，加强信息化与标准化建设，提高物流业发展的科学化水平，降低物流成本。最后，培育专业化的物流主体，大力发展第三方物流。

### 参考文献

1. 张静，管祥兵：产业集群——中部崛起必然之路［J］. 经济理论研究，2008，(3)：12－14.

2. 赵书伟，陈雪平：创新发展模式推进中部崛起［J］. 消费导刊，2008，（13）：1－4.

3. 赵国旭：德国模式与我国“中部崛起”的财政政策选择［J］. 地方财政研究，2008，（1）：1－4.

4. 吕丽娜：地方政府间横向和谐关系的构建——中部崛起视角［J］. 理论月刊，2008，（8）：3－16.

5. 李弘彬，张一彪，曾红：第三届中博会在武汉盛大举行，承接产业转移，促进中部崛起［J］. 中国经济周刊，2008，（15）：8－9.

6. 叶亮军：关于中部崛起与“大武汉”物流中心建设的思考［J］. 理论界，2008，（3）：2－5.

7. 余承：加强政府间合作，促进中部崛起［J］. 区域经济，2008，（23）：111－113.

8. 周向阳：劳动力转移、资本流动与中部崛起［J］. 经济研究导刊，2008，（3）：8－11.

9. 方永胜：论我国中部崛起中的生产者服务业［J］. 技术经济，2008，（1）：23－26.

10. 程雪琴：中部地区产业结构对中部崛起的影响分析［J］. 机械管理开发，2008，（1）：12－14.

11. 陈克禄：中部崛起的制度与政策分析［J］. 上海行政学院，2008，（1）：23－24.

12. 郭小兰：中部崛起发展模式的战略思考［J］. 山西师范大学学报（自然科学版），2008，（2）：12－14.

13. 张杏梅：中部崛起中的“三农”问题研究［J］. 经济地理，2008，（1）：1－5.

14. 钟芸香：转变经济发展方式与中部崛起［J］. 山东社会科学，2008，（2）：45－48.

## 第六节 当前江西省经济总体运行的特征、问题和政策建议*

### 一、2008 年上半年我省经济运行的三大突出特征

**1. 经济运行在较多不利因素中保持平稳较快增长，十一大核心经济指标绝大部分超额完成计划预期目标**

上半年，我国及我省经济运行遇到一系列不利因素：年初南方雨雪冰

* 撰稿人：王志国，江西省政府发展研究中心/南昌大学中国中部经济发展研究中心。

冻灾害，5月四川地震，6月暴雨洪灾；国际市场石油、粮食、初级矿产品涨价；美国次贷危机，美元贬值；国际股市、汇市、期市大幅振荡；国内通胀压力加大，出口受阻，金融风险加大，等等。在国际国内遇到较多复杂、不利因素的情况下，我省广大干部群众在省委省政府坚强领导下，以科学发展观试点工作为动力，坚决执行中央宏观调控政策，克服诸多不利因素，结合江西实际创造性工作，实现了经济平稳较快发展的良好势头。附表列举了我省生产总值、财政收入、规模以上工业增加值、固定资产投资、实际利用外资、消费品零售、城乡居民收入等反映经济运行总体状况的11项核心经济指标增长速度，除居民消费价格指数1项没有达到计划进度要求外，其余10项均超过计划目标要求1.9～33.3个百分点；与全国平均水平比，除财政总收入、城乡居民收入3项指标外，其余也都高于全国平均水平。其中生产总值高2.9个百分点，固定资产投资高16.3个百分点，进出口总额高29.6个百分点。这是我省上半年经济发展最基本的态势，也是最大特征。

**表2－17　2008年1～6月江西主要经济指标完成情况及其与全国的对比**

| 指　标 | 同比增长实绩（%） | 同比速度快慢（百分点） | 全年计划预期（%） | 与预期目标比（百分点） | 全国增长实绩（%） | 与全国实绩比（百分点） |
|---|---|---|---|---|---|---|
| 生产总值 | 13.3 | 0.1 | 11.0 | 2.3 | 10.4 | 2.9 |
| 财政总收入 | 26.6 | | 16.0 | 10.6 | 30 | －3.4 |
| 规模以上工业增加值 | 22.6 | | 16.0 | 6.6 | 16.3 | 6.3 |
| 固定资产投资额 | 43.1 | 13.6 | 20.0 | 23.1 | 26.8 | 16.3 |
| 进出口总额 | 55.3 | | 22.0 | 33.3 | 25.7 | 29.6 |
| 实用外资额 | 12.5 | | 10.0 | 2.5 | | |
| 消费品零售额 | 22.0 | 5.3 | 15.0 | 7.0 | 21.4 | 0.6 |
| 城镇新增就业 | 24.06（万人） | | 45（万人） | 53.5% | | |
| 城镇居民人均可支配收入 | 8.9 | | 8.0 | 1.9 | 14.4 | －5.5 |
| 农村居民人均现金纯收入 | 17.6 | | 8.0 | 9.6 | 19.8 | －2.2 |
| 居民消费价格指数 | 8.0 | 4.5 | 4.7 | 3.3 | 7.9 | 0.1 |

**2. 重大项目带动战略取得重大突破，为经济持续增长后劲打下了坚实基础**

实施重大项目带动战略是省委、省政府确立的重大战略决策，也是我省转变发展方式，提高经济发展操作水平的重大举措。全省各级政府和各有关部门紧密围绕省委省政府的决策思路和总体部署，确立十大产业主攻方向，着力推进“十百千亿工程”，选好选准各类重大项目，采取重大项目推介会、调度工作会、协调推进会、进展新闻发布会等有力措施推进项目工作，取得了良好效果和重要突破。引领全省发展的58个重大项目开工20个，完成投资97亿元；全省重点调度推进的投资亿元以上的重大工业项目787项，总投资2 967.5亿元，其中668个续建和新开工项目已完成当年投资358.8亿元，占年计划投资的41%。一批百亿、千亿产业中的大项目进展良好，下半年就可以投产。这些项目全部竣工投产后，预计可年增加主营业务收入近8 000亿元，利税1 000亿元，相当于目前全省规模以上年工业总量的1.4和1.2倍。这些大项目都是江西的支柱产业，参与竞争的基本实力，发展后劲的保障，是江西崛起新跨越的希望。

**3. 生态经济发展战略在全国引起重大反响，有利于确立江西发展在全国的独特地位**

省委省政府确立的鄱阳湖生态经济区发展战略，是我省贯彻落实科学发展观，推进试点工作的重大实践创举，也是事关江西发展大局、确立江西生态发展战略的重大举措。年初北京“两会”期间，在全国引起重大反响，4月启动了重大规划招标研究，目前已形成了鄱阳湖生态经济区规划初稿。与此同时，一批重大基础设施工程项目、产业项目、投资基金正在筹备和进展之中，如县以上污水处理厂工程建设正在紧张实施等。过去我们经常说，江西的真正优势是生态优势，是最大的、有永恒魅力的优势；而其他优势都是短暂的，难以持续的优势。但如何把真正的、最有魅力的优势转变成现实的发展优势，转变成不可估量的发展机会？我们一直在探求但还没有很好找到。而以鄱阳湖生态经济区建设为核心的生态发展战略，笔者认为就是这样的一条转变途径。它将确立江西发展在全国中的独特地位，就是探索一条欠发达地区加快工业化、城市化进程与搞好环境保护、生态建设双重目标共同实现的新路子、新模式。它将为江西发展带来人气、关注力，带来资金、技术、人才，带来项目。它本身就是全国发展的一个重大项目，将使鄱阳湖生态经济区成为全省和全国的生态文明示范区，新型产业聚集区，改革开放前沿区，城乡协调发展先行区，江西崛起的带动区。

## 二、当前经济运行中值得高度关注的五个问题

### 1. 世界经济走势下行风险对我省可能产生的不利影响

自2007年美国次贷危机以来，世界经济动荡不安，不确定因素不断增加：一是石油、粮食、初级矿产品价格持续上涨尚未稳定；二是次贷危机先后经过四波冲击，目前未见彻底缓解，美国经济受到冲击，美元贬值，消费者信心指数降到30年来最低点；三是亚洲、非洲一些国家出现了通货膨胀，如越南通胀率高达25.2%；四是国际投机资本正在瞄准这些国家，一旦出现可乘之机，立即不择手段地发起攻击，以攫取利益。在这种背景下，世界第一大经济体美国经济出现了疲软下滑的趋势。美联储主席伯南克7月15日向国会参议院银行委员会陈述时说：美国经济正面临金融吃紧、房价下跌、就业疲软、能源、食品价格上涨的严峻局面，经济增长前景存在重大下行风险，通货膨胀面临上升的风险增加。世界货币组织、高盛、摩根大通等机构对2008年世界经济和主要经济体的增长预期已多次下调。世界货币组织已第三次调整世界经济增长的预期，从原5.2%、4.1%调整到目前3.7%。其中对美国预期从1.5%调整至0.5%，欧元区调整到1.3%，日本调整到1.4%，中国调整到9.3%。高盛和摩根大通对中国增长预期分别调整到10.1%和10.2%。中国已是开放度很高、与世界经济联动性很强的经济体，世界经济的这种局面会很快通过贸易、投资、股市、汇市、期市对我国产生影响。目前沿海出现的一些外向型企业出口受阻、亏损倒闭情况，沪深股市大跌，房市低迷，能源、原材料、食品价格持续上涨等情况，已经说明了问题。最近，国家外汇管理局，乃至中央经济形势分析会都已公开讨论国际热钱在中国伺机扰乱的可能性风险，只是规模到底多大尚未有定论。有的认为有1.75万亿美元之巨，有的认为只有5 000亿或3 000亿美元，但即使按保守估计，也相当于我国同期新增外汇储备40%左右。一旦这些热钱集中攻击我国货币金融的薄弱环节，将使我国遭受金融系统风险。江西经济基础薄弱，抗风险能力较差，要特别关注国际经济和国内经济这些动向和对我省经济运行可能造成的影响，如对农产品市场、信贷投资、就业和居民收入的挤压和紧缩影响，提前防范，把不利影响降到最低，从而继续保持经济平稳较好发展的良好局面。

### 2. 从紧货币政策对我省的不利影响

本轮通货膨胀的压力由石油、粮食、初级矿产品、原材料价格上涨推动，从国际市场传递，目前尚未见基本平息的迹象；而国际热钱对中国市场和金融体系的冲击风险可能还在加大。面对这一形势，国家势必进一步从严执行既定的紧缩货币政策。目前我省的投资规模只占全国的2.7%，信贷规模只有全国的2.52%，按人均量均低于全国平均水平。这一形势对扩大江西投资规模，增强江西发展的后劲很不利。必须高度关注从紧货币政策的走向，在投资方向和项目选择上与国家宏观调控指向相协调，不仅要把国家安排我省的信贷总量用足用好，而且要创新金融产品，尽量减少从紧货币政策对加快江西发展的不利影响。

### 3. 开放型经济环境压力对我省的不利影响

开放型经济环境压力来自四个方面：一是世界经济下行，美欧消费者信心指数下降，导致出口市场不景气的风险。尤其是纺织服装、鞋帽、玩具、低附加值电器等日用消费品出口受到严重影响。二是美元贬值、人民币升值，导致出口企业因汇率变化，损失严重，部分出口企业面临停工待产风险。三是国内原材料上涨，劳动力成本增加，出口退税率下调或取消，相当一部分企业处于亏损或微利经营，有的受综合因素影响，面临倒闭破产的风险。四是一些国际投资者根据目前形势，减少投资，有的甚至可能变成投机资本，进行热钱炒作或潜伏待机。开放型经济紧张局面目前主要在沿海表现出来，但上半年我省已经出现了外贸企业压力加大，新批外商投资企业数下降的情况。必须高度警觉这一趋势可能增强的势头，切实采取防范措施，继续保持开放型经济对我省经济增长基本动力的重要作用。

### 4. 房地产市场不振对我省的不利影响

近年来，房地产和建筑业已逐渐成为各地的重要经济产业，税收重要来源之一。去年我省两项收入近100亿元，占全省地方财政收入25.1%，占增量的36.3%，占财政总收入的15.1%。有些市县这项比例还要高，达到30%左右。2008年四季度以来，全球房地产市场出现了低迷不振的情况。在国外，美国、越南等不同类型经济体房价大跌；国内，深圳、广州、北京、上海等一线城市也出现房价下跌，第二、三线城市虽然房价未明显下降甚至上升，但也是有价无市或成交量缩减居多。上半年我省建筑业税收增幅比上年同期回落5.7个百分点，房地产税同比回落40.1个百分点，预计这种情况还会持续。对这个问题，笔者认为应该持三个基本态度：其一，高房价对老百姓安居，尤其对中低收入家庭是不合理、不公平的。其二，畸高房价对经济持续增长也是没有好处的，因为高房价泡沫迟早会破灭。其三，必须改善经济结构，使经济增长和政府收入来源重心分散，避免受房地产业比重过大的不利影响。

### 5. 生产资料过快上涨、消费价格过快上涨对农民增收、对中低收入家庭生活产生不利影响

上半年我省工业品出厂价格上涨9.45%，同比加快1.7个百分点，农业生产资料价格上涨也很快。据笔者访问的一些农户反映，去年下半年尿素85元1袋，现在要126元，复合肥由120元1袋上涨到240元，农药由8~9元1瓶涨到15~16元，而同期对市场粮价具有“托底”和“标杆”作用的稻谷收购保护价，每百斤仅从68~72元涨到75~79元。也就是说农业生产资料价格近1年内涨了50%到100%，而稻谷收购价只涨了10%左右。事实上，我们感受到的农产品、食品价格上涨较多，其利益大多流入中间环节，农民获利只是很少一部分。这对农民增收是很不利的。省调查总队监测到1996~2007年的较长时间也是这种状况。这10年中化肥综合平均价上涨幅度要高于同期稻谷价涨幅3.1个百分点。这说明如何解决农业生产成本与农产品价格变化不成比例，如何改变农业弱势地位，仍然是我们面临的难题。

上半年居民消费价格大大超过计划预期4.5%的目标，超过幅度达4.7个百分点，其中食品上涨19.1%，是主推动力，占消费品价格涨幅的85%。与此同时，城镇居民人均可支配收入增长只有8.9%。对中低收入家庭来说，其消费支出中主要还是食品，也就是恩格尔系数还比较高，如2006年达39.7%。这就使中低收入家庭生活受到较为严重的影响，必须通过大力抑制通货膨胀和加大民生工程力度来保障中低收入家庭利益不受损害。

## 三、对下半年保持经济持续稳定较快增长的几点建议

2008年下半年，我省经济运行外部环境将继续偏紧，不确定因素增多，在这种情况下，要把保持经济稳定较快增长作为主要目标。主要政策

着力点是：进一步保持必要的投资增长幅度，拓展开放型经济发展空间，扩大内需，增强内需对经济增长的拉动力，同时加大财政对民生工程的投入力度，重点解决经济运行偏紧、通胀压力增大情况下群众生产生活中的突出问题。

**1. 坚定实施重大项目带动战略，依靠重大项目保持加快江西发展的必要投入规模**

目前，投资增长的贡献仍然是我省经济增长的主要来源。要使我省经济发展水平赶上全国平均水平，实现中部崛起新跨越目标，必须把投资增长幅度保持在略高于全国平均水平上，这样才有可能保证江西经济增长的持续能力和后劲。要坚定依靠大项目带动投资增长，继续实施好“千百亿工程”，充分利用鄱阳湖生态经济区建设机遇，带动一大批相关项目建设；同时充分激发全民创业的活力，调动民间投资热情，挖掘民间投资潜力。保持我省必要的投资规模和增长幅度，不仅要作为下半年同时也是今后相当一个时期保障我省经济平稳较快增长的重大措施。

**2. 进一步拓展开放型经济发展空间，保持开放型经济对加快江西发展的主推力作用**

一是要探寻沿海产业转移的新机遇。沿海一些地区外向型企业停产倒闭的主要原因固然与出口市场萎缩、汇率变化相关，但也与国内土地、电力、劳动力、原材料成本上升密切相关。我省土地、电力、劳动力成本仍然有优势，沿海外向型企业面临的困境可能是我省扩大开放的机遇。要利用这一时机，引导沿海一些产业加快向我省转移。只要操作到位，还是有扩大招商引资的空间。二是调整外向型产业结构。上半年在沿海出口受阻的情况下，我省出口仍然保持了较高较长速度，主要原因是我省以光伏产业、汽车、船舶等机电产品为主的出口结构受外国消费市场影响较小，实现了成倍增长，弥补了纺织服装产品的下降。因此，必须继续大力调整产业结构，增加新兴机电产品和高新技术产品出口，保持我省外贸增长的活力。三是加快“走出去”步伐。利用我省农业技术优势，矿产品勘探采选冶炼技术等优势，加快对外工程承包和对外投资，并带动产品、技术和劳务出口。

**3. 扩大内需，增强消费市场对经济增长的拉动作用**

世界经济增长不确定因素增多，越来越凸显扩大内需，依靠国内市场促进经济增长政策的重要性和长远作用。上半年我省消费市场增幅快于往年，高于全国幅度是一个好现象。下半年应该在稳定住房市场，扩大教育、旅游等热点市场，扩大农村消费市场上下工夫。同时稳定物价，增强经济增长、收入增加的预期，增强城乡居民的消费信心。

**4. 加大“民生工程”投入，保障中低收入家庭生活不下降**

去年以来，我省民生工程已经取得了很大成就。当前，必须克服农业生产资料和食品价格过快上涨影响农民增收和城市低收入家庭生活质量的局面。有必要再挤出必要的财力，增加对城镇低收入家庭的生活补贴，对困难家庭的救助；在农村进一步落实和增加对农民的种养补贴、补助，促进农民增收。通过解决当前人民群众生产生活中的突出问题，实现经济平稳较快增长，社会和谐平安发展。

**参考文献**

1. 周绍森等：中部发展与区域合作［M］. 北京：北京出版社，2005 年.

2. 王再文：比较优势、制度变迁与中国中部崛起［M］. 北京：经济科学出版社，2006 年.

3. 李永有：经济发展质量的实证分析：江苏的经验——基于经济发展质量指标体系的分析［J］. 财贸经济，2008：24－29.

# 第二章　中部工业与产业集群

## 第一节　武汉城市圈优势产业的实证分析*

### 一、引言

城市间合理的分工协作机制的形成，是城市圈发展成熟的显要特征。要促进生产要素在城市间的有序流动，必须建立合理的分工协作机制。武汉城市圈中心城市首位度高，城市间发展断层明显，没有形成合理的梯度结构，因此，从武汉及周边城市的发展历史和现实条件来看，确立城市圈域内产业分工协作机制，促进各城市的产业错位发展显得尤为重要和迫切。

基于比较优势理论，产业比较优势是构筑区域产业分工协作体系的基础。因此，在推进武汉城市圈区域经济合作过程中，武汉城市圈各城市应充分发挥各自的产业要素比较优势，避免产业同构的发展，根据本城市产业水平、资源禀赋和发展目标积极开展城市间产业分工协作，从而实现武汉城市圈区域经济协调发展。

武汉城市圈的产业分工协作及一体化发展，对推进资源节约型和环境友好型社会综合改革配套实验区建设具有重大的战略意义，同时也有利于推动武汉城市圈各城市工业化、城市化的发展。

在优势产业的测度方法上，梁琦等（2003）立足江苏、结合长江三角洲，从多个角度考察了南京制造业各产业的竞争力与地位，通过指标设计与计算筛选出了南京制造业的比较优势产业。王育宝等（2003）在运

---

* 本文为基金项目：湖北省社会科学界联合会2008年“湖北思想库”课题《“两型社会实验区”建设背景下武汉城市圈新型工业化的推进思路和对策研究》。

撰稿人：吴传清，武汉大学经济与管理学院区域经济研究中心；周志平，武汉大学经济与管理学院；杨晓芹，武汉大学经济与管理学院。

用偏离——份额分析法对西安高新技术产业发展现状做出科学评价的基础上，确定了西安未来具有发展潜力和竞争优势的高新技术产业。熊焰等（2005）采用广泛用于人均国民收入发散与收敛研究的分析方法——独立随机增量过程马尔可夫链，建立新的动态比较优势测度分析模型，评估厦门市出口产业比较优势的长期、稳定、动态过程。吴凯等（2006）应用灰色关联分析、相关分析对中国中部地区三大区域的农村经济结构、农林牧渔业总产值结构、粮食产量结构、肉类产量结构进行了初步分析，确定了贡献较大的因子，选定了相关优势产业，并用时序模型对所研究的系列进行了模拟和预测。宗刚等（2006）根据产业集聚理论，通过引入地区专业化指数评价体系，在对地方产业集聚水平及地区优势产业的分析基础上，具体分析了北京地区的产业状况。贺灿飞（2006）基于投入——产出表，依据产业净流出，分析了北京市产业的比较优势及其变化。段国蕊（2006）综合考虑贸易量指数、出口价格条件指数、汇率指数、出口效益指数分析了我国对外出口的比较优势产业。赵君等（2007）构建一个优势产业的评价模型，运用主成分分析法，对广西制造业的优势产业进行了选择和评价，得出广西制造业的优势产业需要充分利用自然资源和劳动力方面的优势，提高产品科技含量，使产业结构优化升级，进一步提高市场竞争力。

在对武汉城市圈优势产业研究方面，王文成等（2006）选择了经济总量和消费量计算区位商值作为测定指标，根据统计数据计算出了湖北省主要产业的1991年、1999年、2001年和2003年的区位商值，得出湖北省的优势产业。张丹和李娟文（2007）根据湖北省第二次基本单位普查资料计算了武汉城市圈制造业的区位商，选取各城市区位商值较大的产业，整理得出武汉城市圈的优势产业。谢淑英和罗保洋（2007）通过计算武汉城市圈各个城市第一、二、三次区位商发现，武汉城市圈除了武汉以外，其他城市的优势产业大都集中在第一产业，第三产业发展明显不足；产业内部结构如农林牧渔、轻重工业等都在低水平上雷同，各城市产业分工不明确，整体竞争力弱。

上述优势产业的测度方法从不同的角度解读了优势产业的内涵，但也存在着一定的缺陷。即：通过简单的指标设计和计算的优势产业测度方法容易在测度过程中夹杂主观因素；运用偏离——份额分析法的优势产业测度方法容易将研究范围限制在单一因素上，忽视其他因素的影响；根据区位商的优势产业测度方法往往只考虑产业总产值这一指标，忽视其他指标的影响。灰色关联分析和主成分分析能部分避免在分析过程夹杂主观因素，同时能在一定程度上克服单项指标的局限性，是相对科学、适宜的优势产业测度方法。

本文试图通过主成分分析方法初步测度武汉城市圈整体的优势产业以及武汉城市圈“1+8”各个城市优势产业，在此基础上考察武汉城市圈“1+8”各个城市产业的区位商，并试图通过定量和定性分析方法相结合，全面分析武汉城市圈优势产业。

## 二、产业比较优势的测定方法

### 1. 区域产业优势的主成分分析法

产业优势的分析涉及多因素评价，衡量区域产业发展水平及趋势的评价指标众多，运用单个数值标示某一产业的某一具体状况，最后考察各个具体指标的优劣进行综合评判。运用多指标体系评价方法能在一定程度上克服单项指标的局限性，提高评价的全面性和科学性。但众多指标中部分指标又彼此相关，且人为地确定权重及简单的加权合成，易造成对某一因素过高或过低的估计，导致评价结果不能完全反映产业评价的真实情况。

关于 $n$ 个样本，$p$ 个变量的多元统计问题分析也是在研究中经常碰到的问题。事实上，针对选取的原始指标的相关性，可以根据主成分分析方法来解决此类问题。涉及的 $p$ 个变量，分别用 $X_1$，$X_2$，…，$X_p$ 表示，于是 $X=(X_1, X_2, \cdots, X_p)^T$。设随机向量 $X$ 的均值为 $\mu$，协方差矩阵为 $\sum$。

对 $X$ 进行线性变换，可以形成新的综合变量，用 $Y$ 表示：

$$Y_1=\mu_{11}X_1+\mu_{12}X_2+\cdots+\mu_{1p}X_p$$

$$Y_2=\mu_{21}X_1+\mu_{22}X_2+\cdots+\mu_{2p}X_p$$

……

$$Y_p=\mu_{p1}X_1+\mu_{p2}X_2+\cdots+\mu_{pp}X_p$$

为取得较好效果，要求 $Y_i=\mu'_iX$ 的方差尽可能大且各 $Y_i$ 之间相互独立，由于 $var(Y_i)=var(\mu'_iX)=\mu'_i\sum\mu_i$，$var(c\mu'_iX)=c\mu'_i\sum\mu_ic=c^2\mu'_i\sum\mu_i$，因此对 $\mu_i$ 不加限制时，可使 $var(Y_i)$ 任意增大，问题将变得没有意义。将线性变换约束在下面的原则之下：

（V1）$\mu_{i1}^2+\mu_{i2}^2+\cdots+\mu_{ip}^2=1$；

（V2）$Y_i$ 与 $Y_j$ 相互无关；

（V3）$Y_1$ 是 $X_1$，$X_2$，…，$X_p$ 的一切满足原则 1 的线性组合中方差最大者；$Y_2$ 是与 $Y_1$ 不相关的 $X_1$，$X_2$，…，$X_p$ 所有线性组合中方差最大者；……，$Y_p$ 是与 $Y_1$，$Y_2$，…，$Y_{p-1}$都不相关的 $X_1$，$X_2$，…，$X_p$ 的所有线性组合中方差最大者。

基于以上三条原则决定的综合变量 $Y_1$，$Y_2$，…，$Y_p$ 分别称为原始变量的第一、第二、……、第 $p$ 个主成分。其中，各综合变量在总方差中占的比重依次递减，在实际研究工作中，通常只挑选前几个方差最大的主成分，从而达到简化系统结构、抓住问题的实质的目的。

**2. 区域产业比较优势的区位商分析法**

区位商（Location Quotient）是一种常用的区域产业比较优势评价方法。区位商作为衡量区域产业专业化程度的数量指标，表明在区域分工中某一种产品或产业的生产或发展的专业化水平。区位商（又称区域专业化率）是指某区域某种产业或产品生产在全国（全省）该产业或产品生产中所占的比重与该地区某项指标（产业或产品、人口等）占全国（全省）该项指标比重之比。其计算公式为：

$$区位商=\frac{区域某产业总产值占}{本区域GDP比重}\Big/\frac{全国同类产业总产值}{占全国GDP比重}$$

$$=(区域某产业总产值/本区域GDP)/(全国同类产业总产值/全国GDP)$$

一般而言，区位商大于1，表明该产业在该区域专业化程度超过全国，是区域专业化产业，该产业具有比较优势，该区域一般是产品的输出区；反之，当区位商小于1，则为区域非专业化产业部门，在全国同类产业竞争中不具有优势，处于比较劣势，该区域一般是产品的输入区；当区位商等于1，表明该区域该产业处于均势，或表明该产业的优势尚不明显。

## 三、研究思路、样本数据和计算说明

武汉城市圈是以武汉为中心，由武汉及其周边100公里范围以内的8个城市（黄石、鄂州、黄冈、孝感、咸宁、仙桃、天门、潜江）构成的区域经济联合体（简称“1+8”），是湖北省人口、产业、城市最为密集区域。本项研究以武汉城市圈整体优势产业识别为基础，重点评价分析武汉城市圈“1+8”城市的产业比较优势，探讨武汉城市圈各城市的产业发展定位和产业发展方向。

就武汉城市圈区域经济发展的阶段特征而言，整体还处于工业化中期阶段。因此，本项研究侧重工业各行业比较优势的实证研究。本项研究选取武汉城市圈“1+8”各个城市提供的2007年制造业、采矿业等行业的截面数据作为样本数据，以39个工业行业为研究对象，通过主成分分析，测定武汉城市圈整体优势产业①。

在此基础上，本项研究选取武汉城市圈“1+8”各个城市和全国制造业、采矿业等行业的截面数据，以39个工业行业为研究对象，分别计算武汉城市圈“1+8”各个城市、武汉城市圈整体2007年39个工业行业的区位商，样本数据取自《中国统计年鉴2008》和武汉城市圈“1+8”各个城市提供的2007年制造业、采矿业等行业的截面数据②。

## 四、计算结果及数据分析

### 1. 武汉城市圈整体优势产业的识别

（1）指标的选取。

根据经济数据的可取性以及指标的可比性，在充分考虑科学性、可能性和适用性的基础上，从衡量产业发展水平的众多指标体系中筛选7个指标：X1工业总产值比重（%），X2工业增加值比重（%），X3工业增加值率（%），X4年平均从业人员比重（%），X5利税总额占总产值的比重（%），X6总资产比重（%），X7全员劳动生产率（元/人*年）。评价总体为武汉城市圈整体工业部门39个产业，每个样本测得$X_j=(X_{j1}, X_{j2}, \cdots, X_{j7})$指标数据，即j产业在7个指标上的数值。

（2）数据的处理。

因涉及的数据庞杂，利用SPSS15.0统计分析软件对初始数据进行处理和计算。采用SPSS15.0统计分析软件，利用主成分分析法的降维思想从众多影响因素中提取具有实际意义的主要因子，一定程度上反映原有指标体系包含的信息，比较准确和客观反映了武汉城市圈工业部门39个产业整体发展水平。

同时，利用KMO and Bartlett's Test，得出的结论是可以利用主成分分析法来建立武汉城市圈优势产业评价模型。经验表明，当KMO值大于0.5时，可以运用主成分分析，此时KMO值达到0.585，偏相关性很弱，

①② 其中黄石市的数据由《黄石统计年鉴2007》提供的2006年数据替代。

适用于主成分分析。此外，Bartlett 值达到 259. 469，远远高于 66 的临界值，拒绝单位相关阵的原假设，本样本是可以利于主成分法来建立武汉城市圈优势产业评价模型的，通过数理检验。

根据主成分分析的结果，选取特征值大于 1 的主成分，共选取 2 个主成分，累积方差贡献达 79. 765%，虽未达到 80%，但已可以代表原样本。利用表 2 – 18 旋转后的因子载荷矩阵，可以考察各主因子的经济含义及其与原指标之间的数量关系。

表 2 – 18　旋转后因子载荷矩阵

| | Component | |
|---|---|---|
| | 1 | 2 |
| 武汉城市圈工业总产值比重（%） | . 979 | |
| 武汉城市圈工业增加值比重（%） | . 928 | . 268 |
| 武汉城市圈工业增加值率（%） | –. 113 | . 803 |
| 武汉城市圈总资产比重 | . 943 | |
| 武汉城市圈全员劳动生产率（元/人 * 年） | . 104 | . 883 |
| 武汉城市圈从业人口比重（%） | . 756 | –. 146 |
| 武汉城市圈利税总额占工业总产值的比重（%） | | . 867 |

根据 SPSS15. 0 分析结果中的主成分系数得分矩阵，可以确定主成分相关系数，在此基础上可以确定主成分表达式。方程为 $Y_i = \sum_{j=1}^{n=7} \omega_{ij} X'_j$，$Y_i$ 表示第 i 个主成分值，$\omega_{ij}$表示第 j 个指标与第 i 个主成分因子的相关系数，$X'_j$ 表示第 j 指标上的标准化值。主成分相关系数及主成分表达式为：

$$Y_1 = 0.297X'_1 + 0.274X'_2 - 0.061X'_3 + 0.286X'_4 + 0.002X'_5 + 0.235X'_6 - 0.004X'_7$$

$$Y_2 = -0.024X'_1 + 0.088X'_2 + 0.360X'_3 - 0.022X'_4 + 0.389X'_5 - 0.090X'_6 + 0.382X'_7$$

（3）武汉城市圈整体优势产业的选取。

根据主成分模型的数学公式 $Z_k = \sum \alpha_i Y_{ik}$ (i = 1，2)（k = 1，2，…，39）和 $\alpha_i = \lambda_i / \sum \lambda_i$，可以得到武汉城市圈工业部门 39 个产业综合得分，表 2 – 19 列出了排名前 16 位的产业，作为备选的优势产业。产业综合得分说明了武汉城市圈整体各个产业发展水平的相对高低。

表 2－19　　　武汉城市圈整体优势产业综合得分值及排名

| 产业名称 | 综合分 | 排名 | 产业名称 | 综合分 | 排名 |
|---|---|---|---|---|---|
| 黑色金属冶炼及压延加工业 | 2.417 | 1 | 非金属矿采选业 | 0.122 | 9 |
| 烟草加工业 | 2.115 | 2 | 通用设备制造业 | 0.177 | 10 |
| 交通运输设备制造业 | 1.533 | 3 | 有色金属矿采选业 | 0.115 | 11 |
| 电力、热力的生产和供应业 | 1.105 | 4 | 医药制造业 | 0.103 | 12 |
| 通信设备、计算机及其他电子设备制造业 | 0.787 | 5 | 农副食品加工业 | 0.032 | 13 |
| 纺织业 | 0.472 | 6 | 电气机械及器材制造业 | 0.024 | 14 |
| 非金属矿物制品业 | 0.295 | 7 | 燃气生产和供应 | －0.009 | 15 |
| 化学原料及化学制品制造业 | 0.243 | 8 | 饮料制造业 | －0.047 | 16 |

资料来源：根据武汉城市圈各个城市提供的统计数据，黄石市采用的是 2006 年数据，其他城市采用的是 2007 年数据。

（4）武汉城市圈“1＋8”各个城市优势产业的选取。

根据前文武汉城市圈优势产业的识别方法，表 2－20 列出了武汉城市圈“1＋8”各个城市排名前 8 位的产业，作为备选的优势产业。

表 2－20　　　武汉城市圈“1＋8”各个城市优势产业定位

| 区域 | 优势产业定位 |
|---|---|
| 武汉 | 黑色金属冶炼及压延加工业，交通运输设备制造业，烟草制品业，通信设备计算机及其他电子设备制造业，电力热力的生产和供应业，文体教育用品制造业，电气机械及器材制造业，燃气生产和供应业。 |
| 黄石 | 黑色金属冶炼及压延加工业，有色金属冶炼及压延加工业，非金属矿物制品业，电力、热力的生产和供应业，有色金属矿采选业，通信设备、计算机及其他电子设备制造业，黑色金属矿采选业，化学原料及化学制品制造业。 |
| 鄂州 | 黑色金属冶炼及压延加工业，电力、热力的生产和供应业，燃气生产和供应业，黑色金属矿采选业，非金属矿物制品业，通用设备制造业，化学原料及化学制品制造业，金属制品业。 |
| 黄冈 | 非金属矿采选业，纺织业，医药制造业，非金属矿物制品业，燃气生产和供应，化学原料及化学制品制造业，电力、热力的生产和供应业，饮料制造业。 |
| 孝感 | 电力、热力的生产和供应业，化学原料及化学制品制造业，纺织业，金属制品业，食品制造业，黑色金属矿采选业，塑料制品业，农副食品加工业。 |
| 天门 | 农副食品加工业，医药制造业，纺织业，化学原料及化学制品制造业，非金属矿物制品业，纺织服装、鞋、帽制造业，通用设备制造业，专用设备制造业。 |
| 仙桃 | 纺织业，化学原料及化学制品制造业，饮料制造业，食品制造业，农副食品加工业，纺织服装、鞋、帽制造业，医药制造业，塑料制品业。 |
| 潜江 | 农副食品加工业，医药制造业，化学原料及化学制品制造业，纺织业，通用设备制造业，非金属矿物制品业，纺织服装、鞋、帽制造业，交通运输设备制造业。 |
| 咸宁 | 电力、热力的生产和供应业，纺织业，化学原料及化学制品制造业，农副食品加工业，纺织服装、鞋、帽制造业，医药制造业，食品制造业，家具制造业。 |

资料来源：根据武汉城市圈各个城市提供的统计数据，黄石市采用的是 2006 年数据，其他城市采用的是 2007 年数据。

### 2. 武汉城市圈工业各行业区位商

根据区位商的计算公式，分别计算武汉城市圈“1+8”各个城市39个工业行业区位商，并将区位商大于1的专业化产业及其区位商值列成表格（见表2-21）。同时，计算武汉城市圈整体39个工业行业区位商，以便参照说明。

**表2-21　　武汉城市圈“1+8”城市专业化产业及其区位商值**

| 区域 | 专业化产业（区位商从大到小顺序排列） |
|---|---|
| 武汉城市圈 | 水的生产和供应业（3.50）；燃气生产和供应（2.53）；烟草加工业（2.22）；黑色金属矿采选业（1.34）；交通运输设备制造业（1.22）；医药制造业（1.18）；黑色金属冶炼及压延加工业（1.11）；饮料制造业（1.00） |
| 武汉 | 水的生产和供应业（5.76）；烟草加工业（3.92）；交通运输设备制造业（2.02）；黑色金属冶炼及压延加工业（1.38）；印刷业和记录媒介的复制（1.19）；饮料制造业（1.09） |
| 黄石 | 黑色金属矿采选业（7.03）；有色金属冶炼及压延加工业（6.11）；有色金属矿采选业（5.43）；黑色金属冶炼及压延加工业（2.58）；非金属矿采选业（2.19）；非金属矿物制品业（1.95）；饮料制造业（1.61）；电力、热力的生产和供应业（1.41） |
| 鄂州 | 黑色金属矿采选业（19.92）；黑色金属冶炼及压延加工业（3.76）；医药制造业（2.16）；金属制品业（1.67）；纺织服装、鞋、帽制造业（1.28）；通用设备制造业（1.23）；非金属矿物制品业（1.23）；塑料制品业（1.19）；电力、热力的生产和供应业（1.12）；废弃资源和废旧材料回收加工业（1.07） |
| 黄冈 | 燃气生产和供应（13.72）；废弃资源和废旧材料回收加工业（7.54）；非金属矿采选业（3.40）；医药制造业（2.51）；饮料制造业（2.29）；黑色金属矿采选业（2.06）；纺织业（1.19） |
| 孝感 | 食品制造业（2.38）；工艺品及其他制造业（2.00）；金属制品业（1.83）；非金属矿采选业（1.71）；印刷业和记录媒介的复制（1.67）；纺织业（1.55）；造纸及纸制品业（1.53）；塑料制品业（1.41）；文教体育用品制造业（1.07）；化学原料及化学制品制造业（1.02） |
| 天门 | 医药制造业（2.72）；纺织服装、鞋、帽制造业（2.57）；食品制造业（1.67）；农副食品加工业（1.34）；塑料制品业（1.20）；专用设备制造业（1.18）；非金属矿物制品业（1.08）；纺织业（1.04） |
| 仙桃 | 纺织业（3.94）；纺织服装、鞋、帽制造业（3.54）；医药制造业（2.24）；食品制造业（1.99）；化学原料及化学制品制造业（1.72）；农副食品加工业（1.71） |
| 潜江 | 石油和天然气开采业（21.86）；纺织服装、鞋、帽制造业（3.74）；有色金属冶炼及压延加工业（2.83）；纺织业（2.25）；医药制造业（2.08）；农副食品加工业（1.90）；造纸及纸制品业（1.16）；石油加工、炼焦及核燃料加工业（1.14） |
| 咸宁 | 非金属矿采选业（2.94）；纺织业（2.62）；纺织服装、鞋、帽制造业（2.35）；医药制造业（1.49）；食品制造业（1.32）；化学原料及化学制品制造业（1.14）；农副食品加工业（1.14） |

资料来源：根据武汉城市圈各个城市提供的统计数据，黄石市采用的是2006年数据，其他城市采用的是2007年数据。

从表2－21可见，2007年武汉城市圈区位商大于1的专业化产业有8个。武汉城市圈内各城市专业化产业共有70个，其中，鄂州和孝感各有10个；黄石、天门和潜江各有8个；天门和咸宁各7个；黄冈和咸宁各有7个；武汉和仙桃各为6个。

另外，比较武汉城市圈整体优势产业和专业化产业，发现武汉城市圈整体的专业化产业并不一定是武汉城市圈整体的优势产业。专业化产业强调的是比较优势，是指在不同区域同一类产业比较中某一区域产业所占有的优势，侧重强调区际产业分工协作；优势产业则是指某一区域内各产业进行比较而占有的优势，侧重强调产业在区域经济中的地位。在识别武汉城市圈优势产业的基础上考察武汉城市圈产业比较优势，有助于全面认识武汉城市圈“1＋8”城市间产业分工协作关系和未来发展趋势。

### 3. 武汉城市圈产业同构分析

判断产业同构的标准应该有一个相对客观的指标作为依据，一般采用结构相似系数。其测度公式为：

$$S=\frac{\sum_{k=1}^{n}(X_{ik}\cdot X_{jk})}{\sqrt{(\sum_{k=1}^{n}X_{ik}^{2}\cdot\sum_{k=1}^{n}X_{jk}^{2})}}\quad 0\ll S\ll 1 \qquad (1)$$

式中，$x_{in}$和$x_{jn}$分别代表区域i和区域j各自产业部门k在本区产业结构中所占的比重，S代表两区域产业结构的相似系数。当S＝1时，说明两个区域产业结构完全一致；S＝0，说明两个区域产业结构完全不一致。通常情况是S介于0和1之间，S数值越大，说明两个区域产业结构越是相似，S越小，说明越是不相似。

现在以武汉城市圈“1＋8”城市39个工业行业为依据，计算武汉城市圈“1＋8”各个城市产业结构的相似系数，结果见表2－22。

**表2－22　武汉城市圈“1＋8”各个城市产业结构相似系数**

| | 武汉 | 咸宁 | 仙桃 | 黄冈 | 鄂州 | 黄石 | 潜江 | 天门 | 孝感 |
|---|---|---|---|---|---|---|---|---|---|
| 武汉 | 1.00 | | | | | | | | |
| 咸宁 | 0.16 | 1.00 | | | | | | | |
| 仙桃 | 0.16 | 0.99 | 1.00 | | | | | | |
| 黄冈 | 0.38 | 0.75 | 0.74 | 1.00 | | | | | |
| 鄂州 | 0.61 | 0.16 | 0.16 | 0.40 | 1.00 | | | | |
| 黄石 | 0.46 | 0.12 | 0.10 | 0.31 | 0.66 | 1.00 | | | |

续表

| | 武汉 | 咸宁 | 仙桃 | 黄冈 | 鄂州 | 黄石 | 潜江 | 天门 | 孝感 |
|---|---|---|---|---|---|---|---|---|---|
| 潜江 | 0.07 | 0.31 | 0.30 | 0.25 | 0.06 | 0.22 | 1.00 | | |
| 天门 | 0.37 | 0.79 | 0.79 | 0.74 | 0.26 | 0.18 | 0.27 | 1.00 | |
| 孝感 | 0.35 | 0.79 | 0.79 | 0.75 | 0.30 | 0.29 | 0.26 | 0.69 | 1.00 |

资料来源：根据武汉城市圈各个城市提供的统计数据，黄石市采用的是2006年数据，其他城市采用的是2007年数据。

从表2-22可见，武汉城市圈“1+8”各个城市的工业行业分布存在一定的差异性和互补性。武汉与鄂州的产业结构相似系数比较高，但也只有0.61，武汉与武汉城市圈其他城市的产业结构相似系数都相对较低，在0.5以下。另外，咸宁与仙桃、天门、孝感存在着相当程度的产业同构，各个城市之间的产业结构相似系数都在0.75以上，仙桃和咸宁的产业存在着高度的产业同构。黄石和鄂州产业同构系数为0.66，产业结构虽存在一定同构，但同构的程度也没有有些人想象的那么严重。潜江与武汉城市圈其他城市也不存在着产业同构的状况。如果说，20世纪90年代的产业结构趋同情况较为严重的话，那么现在的情况已经大大改善，从工业行业来看，武汉城市圈的产业结构有一定程度的相同，但已不能说是产业同构。

**4. 基于武汉城市圈优势产业视角的武汉城市圈专业化产业分析**

根据武汉城市圈综合得分排名靠前的优势产业的行业特征，武汉城市圈整体优势产业可分为两类：

第一类是资源密集型优势产业。如黑色金属冶炼及压延加工业、烟草加工业、电力、热力的生产和供应业、化学原料及化学制品制造业、非金属矿采选业、有色金属矿采选业、农副食品加工业、燃气生产和供应。

第二类是资本、技术密集型优势产业。包括交通运输设备制造业、通信设备、计算机及其他电子设备制造业、通用设备制造业、医药制造业、饮料制造业等。与传统产业相比，上述产业一般投资规模大、技术含量高、附加值高，需求收入弹性高。

根据武汉城市圈“1+8”城市区位商值排名靠前的主要专业化产业的行业特征，武汉城市圈各城市工业结构大体可分为三类：

第一类型是劳动密集型。包括咸宁、孝感、天门和仙桃四市，上述城市区域专业化产业基本上是劳动密集型产业。如：咸宁的纺织业和纺织服装、鞋、帽制造业；孝感的工艺品及其他制造业和纺织业；天门的纺织服装、鞋、帽制造业和食品制造业；仙桃的纺织业和纺织服装、鞋、帽制造业。

第二类型是资源主导型。包括黄石、鄂州、黄冈和潜江四市，上述城市专业化产业优势突出，一般具有某种资源的绝对优势和某几种资源的比较优势，专业化产业基本上是资源密集型产业。如：黄石的黑色金属矿采选业、有色金属冶炼及压延加工业和有色金属矿采选业区位商值均接近5；鄂州的黑色金属矿采选业区位商值达到19.92；黄冈的燃气生产和供应业区位商值达到13.72；潜江的石油和天然气开采业区位商值更是达到21.86。这些专业化产业基本上都是资源密集型产业。数据反映的情况与各城市工业结构特征及资源禀赋基本一致，也从经济意义上基本证实本项研究通过区位商计算产业比较优势的准确性。

第三类型是综合型。以武汉市最为典型，武汉的专业化产业有水的生产和供应业、烟草加工业、交通运输设备制造业、黑色金属冶炼及压延加工业、印刷业和记录媒介的复制、饮料制造业；另外电气机械及器材制造业、燃气生产和供应业、医药制造业、电力、热力的生产和供应业、通用设备制造业等也发展的相当不错。如：水的生产和供应业这一比较优势产业与武汉市充足的水资源禀赋相一致，体现了资源优势；电气机械及器材制造业、黑色金属冶炼及压延加工业和交通运输设备制造业属高加工类型制造业，这些产业技术含量高，附加值高，这与武汉汽车整车制造产业集群，汽车零部件产业集群和钢铁及钢产品深加工产业集群的发展分不开。武汉市专业化产业中的水的生产和供应业、烟草制品业、交通运输设备制造业、黑色金属冶炼及压延加工业、饮料制造业也为武汉城市圈整体的专业化产业，而水的生产和供应业、烟草制品业、交通运输设备制造业、黑色金属冶炼及压延加工业、饮料制造业同时也为武汉城市圈排名前16位的优势产业，体现了武汉市作为武汉城市圈龙头以及湖北省经济中心的地位。

### 5. 武汉城市圈产业经济效益分析

根据总资产贡献率比较差、成本费用利润率比较差和全员劳动生产率比较差的计算方法，就武汉城市圈“1+8”工业产业经济效益与全省平均效益进行测算比较，结果如表2－23。其中，成本费用利润率＝利润总额/成本费用总额×100%，成本费用利润率指标表明每付出一元成本费用可获得的利润，体现经营耗费所带来的经营成果。该项指标越高，反映企业的经济效益越好。总资产贡献率=（利润总额+税金总额+利息支出）/平均资产总额×100%，总资产贡献率反映企业运用全部资产的收益能力。全员劳动生产率=工业增加值/全部从业人员平均人数，全员劳动生产率是考核企业经济活动的重要指标，是企业生产技术水平、经营管理水平、职工技术熟练程度和劳动积极性的综合表现。

**表2-23　2006年武汉城市圈"1+8"城市产业经济效益与湖北省平均效益的比较**

| | 总资产贡献率（%） | 比较差 | 成本费用利润率（%） | 比较差 | 全员劳动生产率（元/人·年） | 比较差 |
|---|---|---|---|---|---|---|
| 武汉市 | 12.37 | 2.11 | 5.97 | -0.85 | 186 212 | 60 865 |
| 黄石市 | 12.7 | 2.44 | 6.13 | -0.69 | 145 888 | 20 541 |
| 鄂州市 | 17.13 | 6.87 | 9.27 | 2.45 | 158 156 | 32 809 |
| 孝感市 | 12.62 | 2.36 | 8.74 | 1.92 | 76 909 | -48 438 |
| 黄冈市 | 7 | -3.26 | 2.37 | -4.45 | 65 168 | -60 179 |
| 咸宁市 | 13.43 | 3.17 | 9.22 | 2.4 | 81 363 | -43 984 |
| 仙桃市 | 12.96 | 2.7 | 3.53 | -3.29 | 74 988 | -50 359 |
| 潜江市 | 22.65 | 12.39 | 13.68 | 6.86 | 60 765 | -64 582 |
| 天门市 | 15.2 | 4.94 | 3.47 | -3.35 | 105 280 | -20 067 |

资料来源：根据武汉城市圈各个城市提供的2006年数据。

从总资产贡献率来看，武汉城市圈产业效益普遍高于全省平均水平，反映出产业运用全部资产的收益能力普遍较高。从成本费用利润率来看，武汉、黄石、黄冈、仙桃、天门五市成本费用利润率低于全省平均水平，表明这些城市每付出一元成本费用可获得利润低于全省平均水平，产业的边际产出较低。从全员劳动生产率来看，只有武汉、黄石、鄂州三市全员劳动生产率高于全省平均水平，表明这些城市产业生产技术水平、经营管理水平、职工技术熟练程度和劳动积极性的综合表现较好。

## 五、武汉城市圈各城市产业定位及发展方向

考察武汉城市圈"1+8"各个城市地方政府有关优势产业发展的规划内容，武汉城市圈"1+8"各个城市优势产业所涉及的领域正不断发展（见表2-24）。

表 2 – 24 武汉城市圈“1 + 8”各个城市地方政府“十一五规划”中涉及优势产业发展的内容

| 区域 | “十一五规划”中优先发展的产业 |
| --- | --- |
| 武汉 | 集约发展钢铁、汽车及机械装备制造、电子信息、石油化工四大支柱产业，培育壮大环保、烟草及食品、家电、纺织服装、医药、造纸及包装印刷六大优势产业。重点构建五大产业聚集区：钢铁化工及环保产业聚集区，汽车及机电产业聚集区，光电子及生物医药产业聚集区，食品工业聚集区。 |
| 黄石 | 继续运用高新技术和先进适用技术，改造提升冶金、建材、能源等传统产业，形成特钢及延伸加工、铜及延伸加工、水泥及新型建材、铝及延深加工、煤炭及电力等五大产品板块。重点发展纺织服装、轻工食品、机械制造、高精度板材、化工等具有一定基础和发展潜力的产业，形成有梯次、有层级、有接替的接续产业集群。 |
| 鄂州 | 加快发展壮大冶金工业、电力工业、建材工业等传统支柱产业，突破性发展生物医药、电子信息等新型工业，大力发展石化工业。 |
| 黄冈 | 重点支持食品饮料、机械电子、医药化工、纺织服装、建筑建材和森工等产业加快发展。 |
| 孝感 | 加快发展轻工纺织、盐磷化工、食品医药、金属制品、汽车机电五大产业。以工业园区为载体，加快发展纺织服装、机电产品制造、高档生活纸品、制膜及包装、盐及盐化工、金属制品、食品加工等产业集群。 |
| 天门 | 围绕纺织服装、机械制造、医药化工、食品加工四大产业集群。 |
| 仙桃 | 做大做强纺织、服装、无纺布和医用卫材、医药化工、食品加工五大产业板块。初步奠定电子信息、生物工程、新材料、环保产业等高新技术产业基础。 |
| 潜江 | 按照新型工业化的要求，充分利用我市丰富的油、气、盐卤资源，大力发展我市的油化工、盐化工、精细化工、医药化工。 |
| 咸宁 | 围绕电力能源、苎麻纺织、森工造纸、冶金建材、机电制造五大产业。 |

资料来源：整理自武汉城市圈“1 + 8”各个城市国民经济和社会发展第十一个五年规划纲要。

在上述各城市优势产业、专业化产业和产业同构分析的基础上，结合武汉城市圈“1 + 8”各个城市地方政府“十一五规划”中涉及优势产业发展的内容，武汉城市圈“1 + 8”城市的产业定位和产业发展方向应遵循以下思路：

### 1. 武汉市

现有主要专业化产业如水的生产和供应业与武汉市充足的水资源禀赋相一致，体现了水资源优势，因此，在推进“两型社会”建设的过程中要切实加强环境保护，节约利用水资源。另外，交通运输设备制造业、黑色金属冶炼及压延加工业、印刷业和记录媒介的复制、饮料制造业、电气机械及器材制造业等等也是武汉市的传统专业化产业。近年来，武汉市十分重视产业结构的不断优化和振兴现代先进制造业。对武汉而言，今后应该以“四高”为目标取向，不断优化工业产业结构：（1）产业结构的调整要着眼于培育高增长行业，根据武汉工业发展的现有基础和产业发展的一般规律，汽车产业、石油化工产业、钢铁产业和装备制造业仍是武汉高增长行业，同时光电子通信产业、电子信息产业是武汉新兴的高增长行业，资源配置、政策优惠和规划导向调控应尽量积极向这些产业倾斜。（2）产业布局应向高集聚方向发展，根据“企业向园区集中、产业向规模和集群集中”思路，促进东湖开发区激光产业集群、蔡甸区电子产业集群和汉南区包装印务产业集群等良性发展。（3）产业内结构优化应侧重运用高新技术改造传统比较优势产业，加强技术创新，积极培育自主创新能力，推动传统比较优势产业焕发生机，提高产业经济效益。（4）产业链结构优化的重点应逐步将产业中加工、装配等劳动密集型生产环节向武汉周边地区转移，把设计、研发、销售和品牌推广等高附加值的环节留在武汉市。总之，作为城市圈的龙头，武汉应发挥其区位、交通、科教、人才及产业基础等方面的比较优势，努力打造先进制造业基地、高新技术研发及产业化基地。

### 2. 黄石市

现有专业化产业的资源性特征十分明显，如黑色金属矿采选业和冶炼及压延加工业、有色金属矿采选业和冶炼及压延加工业、非金属矿采选业和矿物制品业、电力、热力的生产和供应业等产业，这些专业化产业的发展得益于黄石市丰富的资源禀赋。因此，黄石市应发挥邻近武汉、沿长江、高速公路与铁路畅通的地理区位及水陆交通优势，以及就近黑色金属、有色金属、石灰石等矿产资源产地和原有产业基础，重点建设黑色金属矿采选业和冶炼及压延加工业、有色金属矿采选业和冶炼及压延加工业，促进阳新县铝业产业集群生态化发展。此外，饮料制造业在主要专业化产业中，是唯一的非资源型产业，也是黄石市未来可大力发展的专业化产业之一，其中饮料食品产业集群是未来发展的重点。

### 3. 鄂州市

现有专业化产业中的黑色金属冶炼及压延加工业、通用设备制造业同时也是武汉城市圈整体排名前10位的优势产业。此外，黑色金属矿采选业和黑色金属冶炼及压延加工业体现了鄂州市的资源优势。鄂州市工业的总资产贡献率仅次于潜江，居于武汉城市圈第二位，说明产业运用全部资产的收益能力较高，另外，从成本费用利润率来看，产业投资的边际产出较高，这些表明未来鄂州资源型专业化产业的扩张还有一定的空间，具有较强的发展后劲。因此，鄂州在今后实施“坚持不懈地推进结构调整，整体提升产业竞争力”战略的过程中，应提高对资源性产业的扶持，提高资源利用率，充分发挥其资源比较优势。

#### 4. 孝感市

目前专业化产业中的工艺品及其他制造业、纺织业、金属制品业和塑料制品业属于劳动密集型产业。孝感市工业全员劳动生产率远远低于全省平均水平，因此，在产业发展过程中应注重提高产业生产技术水平、经营管理水平、职工技术熟练程度等，借此提高劳动生产率。同时，还应注重粮食机械产业集群、纺织服装产业集群、化工产业集群的发展。

#### 5. 黄冈市

现有主要专业化产业的资源特征相对明显。从工业的总资产贡献率来看，黄冈是武汉城市圈“1＋8”中唯一总资产贡献率低于全省平均水平的城市，反映了产业运用全部资产的收益能力较低，同时从成本费用利润率来看，黄冈市是武汉城市圈“1＋8”中工业边际产出最低的一个城市之一。因此，在黄冈今后发展中，应努力提高资产的收益能力，应以燃气生产和供应业、废弃资源和废旧材料回收加工业、黑色金属矿采选业、非金属矿采选业、饮料制造业等专业化产业为主要发展产业，同时将医药产业、钢构产业、汽车配件产业作为后续优势产业加快发展。在黄冈优势产业发展中，应注重饮料制造业的产业集群化发展。

#### 6. 天门市

同武汉城市圈其他城市比较，除医药制造业一枝独秀外，天门其他主要专业化产业没有明显的竞争优势，总体经济效益一般，同时，全员劳动生产率在九城市中居中。因此，天门今后在重点发展医药制造业的同时，应加强对纺织服装、鞋、帽制造业、食品制造业、专用设备制造业、农副食品加工业、非金属矿物制品业、纺织业等传统产业的技术改造，提高产品的附加值和经济效益，使之更具有比较优势。此外，应重点发展医药制造业集群。

### 7. 仙桃市

仙桃是武汉城市圈中一个最有经济活力的城市，民营经济占绝对主导地位。其主要专业化产业特色明显，形成了以轻为主的工业体系。2007年，仙桃纺织服装、医用卫材和无纺布、医药化工、食品加工等四大主导产业总产值占全市工业总产值的80%以上。因此，在仙桃未来的发展中，仍应强化“产业轻结构”，在提升纺织业优势度的基础上，积极发展医药制造业、化学原料及化学制品制造业、农副食品加工业等专业化产业。

### 8. 咸宁市

目前专业化产业有非金属矿采选业、纺织业、纺织服装、鞋、帽制造业、医药制造业、食品制造业、化学原料及化学制品制造业、农副食品加工业等。咸宁市的工业整体总资产贡献率和成本费用利润率都名列城市圈前茅，但全员劳动生产率较低。因此，在今后产业的发展中要注重提高劳动生产率。同时，要充分发挥咸宁在交通、农业、生态环境等方面的比较优势，重点发展生物医药、绿色食品加工、新材料、麻纺织等，促进咸宁市咸安区苎麻纺织产业集群、赤壁市纺织服装产业集群等发展。

### 9. 潜江市

现有专业化产业中的石油和天然气开采业资源特征最为明显，其区位商达到21.86。此外，潜江市工业总体的总资产贡献率达到22.65%，为城市圈总资产贡献率最高，表明资产的收益能力较强；同时，成本费用利润率也为城市圈最高，表明成本边际产出较多；但是，全员劳动生产率确是城市圈中最低的。因此，潜江今后应该努力提高工业产业全员劳动生产率，围绕石油和天然气开采业这一比较优势产业，拓展石油化工产业链。

## 六、主要结论和政策建议

### 1. 武汉城市圈各城市专业化产业存在一定的差异性和互补性

对武汉城市圈各城市工业行业区位商分析表明：以咸宁、孝感、天门和仙桃四城市为主，形成了以劳动密集型轻型工业为主体的工业结构，面临着产业加速发展和全员劳动生产率低下的压力；黄石、鄂州、黄冈和潜江四城市以资源密集产业为主，面临着产业整体技术水平提升和整体竞争力提升的压力；作为城市圈中心城市的武汉工业产业全面发展，但面临着加快高技术产业发展和将产业价值链中的加工、装配等劳动密集型生产环节向武汉周边地区转移的压力。从城市圈区域经济整合的实践经验来看，长三角、珠三角的经济一体化都得益于这种产业结构的差异性和互补性。武汉城市圈各城市专业化产业存在的差异性和互补性，为武汉城市圈产业融合及一体化布局发展提供了条件，奠定了基础。

**2. 基于产业价值链促进武汉城市圈城市间产业分工协作**

基于湖北省优势产业视角的武汉城市圈各城市产业比较优势分析，根据区域产业结构配置、产业分工理论，武汉城市圈城市间产业分工协作的方向和重点可概括为：

（1）确定各城市比较优势产业，积极促进比较优势产业的发展。武汉城市圈内各个城市比较优势产业的存在是区域产业分工协作的基础，同时各自比较优势产业发展状况直接影响到城市圈城市间产业分工协作的深度和广度。

（2）积极参与产业价值链的产业分工体系，联手打造武汉城市圈优势产业链，提升武汉城市圈产业竞争力。在未来武汉城市圈城市间产业分工协作过程中，周边城市应该通过承接武汉以劳动密集型为主的传统产业转移，发挥各城市比较优势，强化专业化产业；作为武汉城市圈的中心城市武汉则应发挥资本、技术、人才等方面的优势，不断向高新技术产业和先进制造业等上游价值环节升级。只有这种建立在产业价值链环节的专业化分工协作，才有助于武汉城市圈产业竞争力的提升。如：武汉城市圈应努力打造汽车产业链、钢铁产业链、有色冶金产业链、石油化工产业链和纺织服装产业链等。

**3. 促进各城市产业分工协作对推动武汉城市圈区域工业化进程和产业结构调整具有重要现实意义**

（1）城市间产业扬长避短、错位发展是促进各自产业结构优化调整、推动工业化进程的重要条件和动力。产业是城市圈发展的经济基础，没有合理的产业分工协作体系及机制，城市圈内的经济联系就难以存在；同时，城市圈经济的发展也依靠产业的推动。城市圈产业的发展应规避传统体制下各行政区各自为政、重复建设和分散布局的老路，而应在城市圈这一经济区域框架下通过分工协作，发挥各自的比较优势，走延伸产业链、促进产业集群化发展这一新型工业化道路。

（2）武汉中心城市聚集力和辐射力的强大是促进武汉城市圈发展的重要保障。武汉自20世纪90年代中后期以来加快了产业结构调整步伐，高新技术产业和先进制造业快速发展。在近几年的发展过程中，武汉市劳动密集型产业对经济增长的拉动作用已日趋减弱。未来武汉工业结构能否真正成功地实现向高新技术产业和先进制造业转型，其关键取决武汉市传统的低附加值产业能否向城市圈周边地区或其他区域转移，以便为高新技术产业和先进制造业大规模发展腾出空间。这些问题的解决需要武汉市与城市圈周边城市的产业分工协作。武汉应按照“发展总部经济”、“鼓励优势企业走出去”、“发展飞地经济”的思路，拓展发展空间，谋求武汉经济又好又快地大发展。

（3）城市间产业转移与承接是促进武汉城市圈产业一体化及区域经济协调发展的重要路径。武汉已进入工业化中期，周边城市正处于步入工业化中期门槛的关键时期，城市间需要加强产业整合，尤其是周边城市应积极承接武汉的产业（如纺织、服装、化工、一般性汽车零部件等传统产业）梯度转移。承接武汉产业的转移有利于周边城市吸收更多的劳动力进入非农产业，以“承接产业转移”带动“农村劳动力转移”，从而在工业化进程中不断弱化其“二元经济结构”，提高劳动生产效率，缩小与武汉中心城市的经济发展差距，改变城市圈武汉“一市独强”的格局。

## 参考文献

1. 吴传清：区域经济学原理［M］. 武汉：武汉大学出版社，2008.

2. 吴传清，孙智君：区域经济规划案例［M］. 武汉：中国地质大学出版社，2008.

3. 湖北省统计局：湖北统计年鉴（2008）［M］. 北京：中国统计出版社，2008.

4. 湖北省统计局：湖北统计年鉴（2007）［M］. 北京：中国统计出版社，2007.

5. 国家统计局：中国统计年鉴（2008）［M］. 北京：中国统计出版社，2008.

6. 武汉市统计局：武汉统计年鉴2008［M］. 北京：中国统计出版社，2008.

7. 黄冈市统计局：黄冈统计年鉴（2008）［M］. 黄冈市统计局，2008.

8. 黄石市统计局：黄石统计年鉴（2006）［M］. 黄石市统计局，2007.

9. 仙桃市统计局：仙桃统计年鉴（2007）［M］. 仙桃市统计局，2008.

10. 潜江市统计局：潜江统计年鉴（2007）［M］. 潜江市统计局，2008.

11. 天门市统计局：天门统计年鉴（2007）［M］. 天门市统计局，2008.

12. 鄂州市统计局：鄂州改革开放三十年 1978 ~ 2008［M］. 鄂州市统计

局，2008.

13. 咸宁市人民政府，咸宁统计年鉴编委会：咸宁统计年鉴（2008）[M]. 咸宁市统计局，2008.

14. 孝感市统计局：孝感统计年鉴（2007）[M]. 孝感市统计局，2008.

15. 姚晓芳，赵恒志：区域优势产业选择的方法及实证研究 [J]. 科学学研究，2006，(12)：463－465.

16. 李国平，刘静：中国区域梯度分布的综合评价 [J]. 工业技术经济，2004，23（5）：67－71.

17. 毛艳华，赵来忠：泛珠三角产业比较优势的实证研究 [J]. 珠江经济，2007，(7)：38－50.

18. 梁琦，马斌，王洪亮：南京制造业的优势产业分析 [J]. 南京社会科学，2003，(9)：135－141.

19. 王育宝，李国平，胡芳肖：偏离——份额法与西安高新技术优势产业及其竞争力分析 [J]. 当代经济科学，2003，25（3）：13－16.

20. 熊焰，赵铁山：厦门市出口产业比较优势的动态分析 [J]. 科技进步与对策，2005，(1)：35－37.

21. 刘世庆：特色优势产业与四川工业强省战略 [J]. 中共四川省委省级机关党校学报，2006，(1)：28－32.

22. 吴凯，卢布，袁璋：区域农业结构的灰色关联分析与优势产业的发展 [J]. 农业资源与环境科学，2006，22（10）：397－401.

23. 宗刚，李红丽：基于地区专业化指数的北京优势产业分析 [J]. 科技信息，2006（1）：1－3.

24. 贺灿飞：产业联系与北京优势产业及其演变 [J]. 城市发展研究，2006，13（4）：99－108.

25. 段国蕊：对我国比较优势产业贸易条件的分析 [J]. 山东经济，2006，132（1）：148－151.

26. 徐仕政：基于比较优势的区域优势产业内涵探究 [J]. 工业技术经济，2007，26（2）：12－15.

27. 赵君，蔡翔：基于比较优势的区域优势产业选择研究——以广西制造业为例 [J]. 安徽农业科学，2007，35（18）：5626－5628.

28. 王文成，杨树旺，易明：湖北省区域优势产业分析 [J]. 统计与决策，2006，(7)：92－93.

29. 张丹，李娟文：武汉城市圈产业结构优化研究 [J]. 湖北大学学报，2007，29（4）：420－425.

30. 谢淑英，罗保洋：武汉城市圈各城市的产业优势分析 [J]. 经济研究导刊，2007，(3)：114－116.

31. 武汉市人民政府：武汉市国民经济和社会发展第十一个五年规划纲要［EB/OL］.(2007－03－28)［2008－12－10］http：//www. huaxia. com/qqla/csdh/wh/2006/03/838728. html.

32. 黄石市人民政府：黄石市国民经济和社会发展第十一个五年规划纲要［EB/OL］.(2007－10－15)［2008－12－10］. http：//www. hb. xinhuanet. com/2007zfwq/2007－10/15/content_11402390. htm.

33. 鄂州市人民政府：鄂州市国民经济和社会发展第十一个五年规划纲要［EB/OL］.(2007－03－28)［2008－12－10］. http：//www. ezsfgw. gov. cn/showarticle. aspx? id＝22.

34. 黄冈市人民政府：黄冈市国民经济和社会发展第十一个五年规划纲要［EB/OL］.(2007－09－27)［2008－12－10］. http：//www. hb. xinhuanet. com/2007zfwq/2007－09/27/content_11270691. htm.

35. 孝感市人民政府：孝感市国民经济和社会发展第十一个五年规划纲要［EB/OL］.(2006－06－15)［2008－12－10］. http：//www. xgfgw. gov. cn/news_view. asp? newsid＝141.

36. 天门市人民政府：天门市国民经济和社会发展第十一个五年规划纲要［EB/OL］.(2006－12－20)［2008－12－10］. http：//www. whjx. gov. cn/app. html? do＝article&id＝3524.

37. 仙桃市人民政府：仙桃市国民经济和社会发展第十一个五年规划纲要［EB/OL］.(2007－11－10)［2008－12－10］. http：//www. drcnet. com. cn/DRCNet. Common. Web/DocView. aspx? docid＝1479043&chnid＝4030&leafid＝15662.

38. 潜江市人民政府：潜江市国民经济和社会发展第十一个五年规划纲要［EB/OL］.(2008－10－20)［2008－12－10］. http：//www. hbqj. gov. cn/data/2007/0614/article_3115. htm.

39. 咸宁市人民政府：咸宁市国名经济和社会发展第十一个五年规划纲要［EB/OL］.(2007－01－17)［2008－12－10］. http：//www. whjx. gov. cn/app. html? do＝article&id＝3759.

## 第二节 江西农业产业化的研究*

农业产业化经营是第二次世界大战后在一些发达国家率先兴起的一种农业生产组织形式。在我国是20世纪90年代初期首先在山东省开展起来、并迅速在全国推广的一种农业发展模式。我国农业人口巨大，家庭小

---

* 撰稿人：王志国，江西省政府发展研究中心，南昌大学中国中部经济发展研究中心。

规模分散经营，与现代化大生产、大市场的矛盾日益突出，迫切需要一种有效联结机制，把千家万户农民连接起来，实现农业的规模化、专业化、标准化生产，提高农业的技术进步和抗风险能力。农业产业化经营通过龙头企业的带动作用，通过公司加合作社加农户等组织形式的契约化联结机制，连接千家万户农民，共同走向市场，既适应了我国农业基本制度，又满足了农业现代化大生产要求。到 2005 年年底止，我国农业产业化组织已发展到 13.57 万个，拥有固定资产 9 785 亿元，带动农户约 10 214 万户，从业人员 3 419 万人。600 多万家龙头企业当年实现销售 18 447 亿元，净利润 1 182 亿元，出口 231.27 亿美元，利用外资 69 亿美元。订单农业占产业化经营契约的 43.9%，履约率 80.7%。我省 20 世纪 90 年代初期出现农业产业化雏形，1990 年代后期，公司加农户、基地连农户的形式大量出现，省委省政府出台一系列政策措施促进农业产业化发展。进入 21 世纪，在“以工业化为核心，以大开放为主战略”，“三个基地、一个后花园”发展战略指导下，以工业理念谋划农业发展，农业产业化进入了发展高潮。2007 年，省政府出台了“进一步加快农业产业化发展的若干意见”，提出了新形势下农业产业化的指导思想、目标任务和重要扶持政策，组织实施“双十双百双千”工程。农业产业化迅猛发展之势，正在形成农业生产方式和农业农村现代化的重大而深刻的变革，也逐渐成为现代农业建设、农业农村现代化和新农村建设的主战场，各级党委、政府是抓农业工作的主抓手。

## 一、近几年江西推进农业产业化取得的重要进展

### 1. 农业产业化规模迅速扩大，对农民的带动作用显著增强

2006 年年底，全省拥有各种类型的农业产业化组织 1.57 万个，比 2002 年增长了 3.02 倍。省级以上龙头企业带动农户数 390 万户，增长了 45%；带动面达到 48.2%，提高了 12.7 个百分点；农户从农业产业化中总增收 44.81 亿元，户均增收 1 166 元，增长了 97.9%；产业化经营增收占农户纯收入 32.5%，提高了 7.3 个百分点。如果加上市县级龙头企业的带动，目前全省至少一半以上农户受到农业产业化经营的直接影响，1/3 以上的纯收入来自农业产业化，而且尤其以近三年发展迅速。

表 2－25　　　2000 年以来江西省农业产业化规模发展情况

| 项　目 | 单位 | 2000 | 2002 | 2003 | 2004 | 2005 | 2006 | 比 2002 年增长 |
|---|---|---|---|---|---|---|---|---|
| 产业化组织 | 个 | 2 536 | 3 916 | | | 13 760 | 15 742 | 3.02 倍 |
| 龙头企业 | 个 | 829 | 2 096 | 109 | 109 | 204 | 273 | |
| 带动农户数 | 万户 | | 269 | 160.3 | 171.6 | 376.3 | 390 | 45% |
| 带动面 | % | | 35.5 | 20.7 | 21.9 | 47.3 | 48.2 | 12.7 |
| 户均增收 | 元 | | 589 | | | 1 059 | 1 166 | 97.9% |
| 占农户纯收入 | % | | 25.2 | | | 32.4 | 32.5 | 7.3 点 |

注：2003 年以后为省级以上龙头企业的情况。

## 2. 龙头企业数量规模快速扩展，竞争实力明显提高

2006 年年底，全省有 14 家国家级龙头企业，259 家省级龙头企业，800 多家市级龙头企业。其中销售收入超亿元的 80 家，超 10 亿元的 5 家，超 30 亿元的 3 家，省级以上龙头企业近三年数量增长了 1.5 倍。销售收入达到 559.38 亿元，比 2003 年增长了 2.13 倍；上交税金 14.88 亿元，增长了 1.81 倍；实现利润 19.21 亿元，增长了 3.12 倍；出口创汇 3.23 亿美元，增长了 2.94 倍。龙头企业规模按销售收入计算平均每户达到 2.05 亿元，比 2003 年提高了 25%。形成了一批像正邦集团、赣南果业、南昌深圳农产品批发市场、加大集团、汪氏蜜蜂、小兰禽蛋批发市场、省粮油集团等规模大、品牌叫得响，在全国或在中部地区有重要影响、有竞争实力的龙头企业和著名品牌。已有赣南果业、泰纳南丰蜜橘、正邦、仁和 4 家龙头企业成为上市公司，一批企业正在等待批准上市。

表 2－26　　　近几年江西省省级以上龙头企业经营及规模情况

| 年份（年） | 企业数（户） | 固定资产（亿元） | 平均规模（亿元/个） | 销售收入（亿元） | 平均规模（亿元/户） | 上缴税金（亿元） | 税后利润（亿元） | 出口创汇（亿美元） |
|---|---|---|---|---|---|---|---|---|
| 2003 | 109 | 37.51 | 0.34 | 178.61 | 1.64 | 5.28 | 4.66 | 0.82 |
| 2004 | 109 | 41.28 | 0.38 | 241.37 | 2.21 | 6.53 | 6.44 | 2.06 |
| 2005 | 204 | 83.12 | 0.41 | 415.46 | 2.04 | 10.23 | 13.97 | 2.79 |
| 2006 | 273 | 125.47 | 0.46 | 559.38 | 2.05 | 14.88 | 19.21 | 3.23 |
| 2006 年比 2003 年增长（倍） | 1.5 | 2.35 | 0.35 | 2.13 | 0.25 | 1.81 | 3.12 | 2.94 |

### 3. 农业产业化组织形式不断创新，利益联结机制日益完善

目前我省农业产业化的组织形式大体有 6 种：

一是公司 + 农户。如江西牛牛乳业公司、樟树其门堂蔬菜食品公司、婺源大彰山茶、吉安温氏食品公司等。温氏公司与农户合作养鸡，实行“四提供一回收”农户平均每养一只鸡可获利 1.3 元左右，若养 5 000 只规模，一年出笼 3 ~ 4 批，年纯收入可达 2 ~ 3 万元。

二是公司 + 基地 + 农户。如汪氏蜜蜂园、抚州苍源药业公司、樟树天齐堂医药公司、仁和公司等。公司以租赁的方式取得农民土地直接开办种养基地或示范基地，又将基地生产承包给农户。苍源药业开发公司租临川区崇湖乡荒山 2.2 万亩与农户合作种金银花，一个农户承包 100 ~ 500 亩，年收益 2 ~ 6 万元，农民农闲时在基地打零工，一年也可获收益 5 ~ 6 千元。

三是公司 + 合作社（协会、中介组织、经纪人）+ 农户。如南昌县的国鸿集团、上高县的汇银、圣牛米业、广丰县的镇世堂绿色食品公司等。圣牛米业与锦江缘村农业合作社合作生产优质大米，该合作社由原乡农技站站长丁小全任理事长，圣牛公司总经理任副理事长，合作社实行统一购种、统一购药、购肥、统一技术管理、统一卖粮，圣牛公司以高于市场价 10% ~ 15% 的价格收购。

四是专业市场 + 农户。如南昌深圳农产品批发市场、小兰禽蛋批发市场、乐平蔬菜批发市场等。小兰禽蛋批发市场年交易量 14 万吨，交易额 7.2 亿人民币以上。周边有禽蛋加工专业户 70 余家，饲料厂 40 余家，孵化专业户 20 户，养殖户 2 万户，人均养殖收入 3 800 元，从业人员多达 10 万余人。成为当地一大产业。

五是专业合作社（协会）+ 农户。如上高县畜牧业、水产业合作社、余江县生猪合作社、南昌县三江镇菜农协会等。余江县猪业合作社引进和改良一批种猪，良种精液低于市场价供应给社员，每月 25 日都举办生猪饲养技术培训班或技术交流，带动 7 180 余户农民养猪致富，人均收入 4 800 元，比同行未加入合作社的农民增收 900 元。

六是股份合作制。如萍乡市江西天涯种业股份公司，吸收 42 户制种大户入股，2006 年制种 6 万亩，产值超亿元，带动 5 000 多户农民增收 4 000 余万元。

农业产业化利益联结机制正在不断发展完善。目前，主要是合同制、

订单制、合作制、股份制几种形式。根据部分县调查，具有较稳定的联结机制如合同制、合作制、股份制等形式的比重约占73%。特别是合作社和股份制的出现，使农业产业化的组织形式和联结机制不断完善，走向成熟。

**4. 主导产业及其区域化布局逐步形成，基地化、专业化和"一村一品"发展很快**

多年来，全省按产业化思路调整农业结构，依托龙头企业带动实施，在全省形成了一批布局相对集中，区域特色非常明显的主导产业。基本形成了粮油、生猪、水产、水禽、水果五大省级主导产业，油茶、商品蔬菜、花卉、茶桑、中药材等五大区域性特色产业。其中，以鄱阳湖、赣抚平原、吉泰盆地粮食主产区和赣西粮食高产片为主的"三区一片"优质稻生产基地，总规模达到4 500万亩，产量165亿公斤；以赣中优势片和浙赣线、京九线为主的"一片两线"优质生猪生产基地，出栏量达1 000万头；以环鄱阳湖为主的特色水产养殖基地，养殖面积170万亩，产量达9万吨；以"南桔北梨，东枣西桃"为格局的赣南脐橙、南丰蜜橘、赣北早熟梨果业基地，规模达610万亩，产量160万吨；以赣东北、赣北、赣中为主的茶叶生产基地75万亩，产量2.2万吨。2006年，省级以上龙头企业直接建基地7 315个，面积达945.4万亩。

主导产业、区域化布局、基地化发展，带动了专业化水平的提高，"一村一品"、"一乡一品"在全省各地迅速发展起来。江西祥辉丝业有限公司，2002年起先后在修水县山口镇、征村乡的30多个村等建立蚕桑基地，总面积达3万亩；吉安县有19个乡镇种横江葡萄，目前总面积达到1.6万亩，年销售收入8 400万元；宁都县长胜镇真君堂村蘑菇生产合作社，建有30万平方米的示范基地，带动1 100余户菇农种植，年产鲜菇50万公斤，年纯收入2 800万元，成为远近闻名的专业村。2007年3月，省政府发布"农业产业化'十百千'工程实施意见"，根据各地特色，通过龙头企业的带动作用，在全省形成一千个"一村一品"示范村，全省一大批专业村、专业乡正在成长起来。

**5. 各级政府和相关部门高度重视，农业产业化发展环境有很大的改善**

省委省政府高度重视农业产业化工作。1998年制发了《关于加快发展农业产业化经营决定》，有关部门2002年、2007年先后制发了《关于加快农业产业化龙头企业发展的若干规定》、《关于实施农业产业化"十百千"工程的意见》等扶持政策文件。各市县成立了农业产业化领导小组和办公室，并根据各地实际制定了实施意见和优惠政策措施，形成了较严密的组织领导体系和政策支持体系。有关部门认真贯彻落实省委省政府的决定和实施意见，科学搞好农业产业化发展规划，认真落实资金、税收、出口、投融资、行政审批等方面的优惠政策和扶持措施，为农业产业化创造较好的发展环境。如省财政从2002年起，先后拿出9 500万元专项资金用于农业产业化，中央和省农业综合开发等专项投向农业产业化资金达3.9亿元，用于农业产业化项目贷款贴息、基地建设，技术创新和名牌奖励。2006年，仅省级龙头企业获银行贷款总额达到33.8亿元。从2008年起，省财政新增4 500万元用于支持农业产业化。

农业产业化得到企业、农户和社会各界的广泛认同和热烈拥护，龙头企业和农户在农业产业化发展实践中尝到了甜头，愿意携手合作，共同抵御自然风险和市场风险，实现合作共赢。农业产业化发展已经由过去以政府行政力量推动为主转变为以市场力量推动为主，并且逐步成为政府抓农业农村经济工作的中心任务。

## 二、当前我省农业产业化呈现出一些重要发展趋势

当前，无论是总体经济社会发展，还是农业和农村社会内部，都发生了一些对农业产业化有重大、深刻影响的发展趋势。

### 1. 工业化、城市化快速推进为农业产业化规模经营提供了基础条件和强烈需求

近几年，工业化、城市化快速推进，大量农村劳动力转移就业，农村出现了大量以老人、妇女、儿童为主的留守家庭，同时也出现了土地流转集中、实行规模化经营的客观条件和内在需求。如我省农村大约有850万剩余劳动力，跨省转移约400万人，450万人就地转移，全省3 150万亩耕地按农村在岗劳动力计算，平均每人3.47亩。农村税费改革后，土地没有负担，许多原承包人要求把土地租给别人种，而种养能手也希望承包更多的土地实行规模经营。这是农村税费改革后，农村和农业生产出现的重大趋势，是农业规模化经营、产业化经营的重大有利时机。

### 2. 种养大户的蓬勃兴起和工业生产理念对农业产业化产生重大影响

由于土地流转的客观条件，种养技术和资本的积累，专业大户在全省

呈蓬勃兴起之势。过去一个专业户种十几亩田，养几十头猪，就是了不起。现在情况大不相同，种几百亩田、养几千头猪、上万只鸡鸭、几百亩水面的种养大户，在全省各地很普遍，城市餐桌上的农产品除粮食外，90%以上是专业大户生产出来的。如全省已出现生态畜牧养殖小区1 043个，畜禽规模养殖户达22.16万户。南昌、樟树等一大批县市规模养殖都在70%以上。按工业理念推进农业的规模化、专业化、社会化生产，讲市场、讲品牌，成为种养大户的共识和普遍做法。种养大户的兴起和工业经营理念的深入为农业产业化经营提供了强大的群众基础，酝酿着重大突破的机遇。

**3. 消费升级、市场激烈竞争，促使农业产业化安全无公害生产、标准化、品牌化生产趋势加速发展**

当前，食品消费市场出现了重要升级趋势，讲食品安全、无公害，追求绿色，崇尚品牌，喜欢方便等，成为潮流。农产品无公害生产、绿色食品、有机食品的生产成为一种重要趋势，标准化、品牌化、市场营销能力等成为竞争力的最重要因素。这些都对农业产业化提出了重大要求。目前，我省共有绿色食品企业382家，有效使用绿色食品标志产品总数916个，居全国前列；有机食品产品总数415个，约占全国五分之一，居第一；有23个县的25个基地被农业部授予“全国绿色食品原材料标准化生产基地”，数量居全国第二；有中国驰名商标和中国名牌农产品6个，省著名商标和名牌农产品54个。省级龙头企业均建有专门质检机构和质量管理制度，其中90%的企业通过了ISO9000、ISO14000、HACCP、QS体系认证。这种现象同时也表现为农业产业化正在促进农业生产从粗放式向集约化发展的一种重要而深刻的发展趋势。

**4. 农民专业合作社迅速发展，龙头企业、农户对合作社和基地产生了强烈的需求冲动**

农业产业化催生了种养业专业化、规模化生产，标准化、品牌化经营，促进了农民专业合作社的大发展。全省已涌现出各类专业合作社3 124个，拥有会员62.5万人。合作社由当地村组干部、农技人员、专业户或有经营头脑的人发起或领办，通过统一购销、统一技术管理和服务，可降低成本，扩大收益，提高抗风险能力，农户可获得实在好处，因而对农户有吸引力、号召力、约束力。对龙头企业来说，直接与分散的千家万户农户打交道，常常力不从心，合同履约率不高，而与合作社合作，这些问题能得到较好解决。

企业和农户对基地有特殊情感。龙头企业认为，基地是原材料的保障，企业自办基地是企业实力的重要表现。因此企业有强烈的扩张基地的冲动。对农户来说，企业租赁土地要付一笔租金，基地由农户承包还可以获一笔劳务费，收益两项加起来，通常比自己种高一半到一倍。所以，农民巴不得有龙头企业来租地搞基地。樟树天齐堂药业公司，2001 年以来，陆续租赁退耕还林低坡地 2.5 万亩，种植吴茱萸、黄栀子等中药材，已生长 4～5 年，2～3 米高，油绿绿满山遍野，望不到边，给人一种震撼的力量。公司董事长袁小平说，基地可以收到社会效益、生态效益、经济效益三重效益，公司计划把基地扩大到 10 万亩，我希望政府支持我多建基地。东乡县雨帆公司生产变性淀粉，在全县开辟木薯生产基地，溪上桥乡村民郑国宝一家种 15 亩，亩产 3 吨左右，公司合同收购价 380 元/吨，每亩净收益 800 元，而且还有套种花生、土豆的收益。他说，现在村民都争着要种木薯，面积连年扩大。这种情况说明，龙头企业 + 合作社 + 农户、龙头企业 + 基地 + 农户是实践中成长起来的两种成熟的农业产业化组织形式。同时还说明，农业产业化已经成为企业、农户这两种最重要的市场主体的自身需求，已经进入了以市场主体自身需求为动力的发展新阶段。

**5. 开放型农业、工商资本向农业转移正在酝酿一次突破性的发展时机**

开放型经济是我省近几年经济大发展的主要推动力之一。随着农业产业化的深入推进，农业比较效益大大提高，开放型农业越来越受到各类投资者的重视，呈加速发展的趋势。2006 年，省级龙头企业中有 60 余家获得进出口自主经营权，农产品出口创汇 3.23 亿美元，龙头企业直接引资 3.8 亿元；农产品出口占全省出口总额的比重达到 8.61%，比 2003 年提高 3.8 个百分点。我省烤鳗出口和鄱阳湖鲜活特种水产品出口在全国占有重要地位；南昌圣丰集团年加工肉兔 100 万只，产品全部外销；贵溪金沙蔬菜加工厂产品出口达 4 000 余万元，产品远销日本、美国、新西兰市场；上高宏达皮革公司年出口创汇达 1 600 万美元，成为全省创汇大户。江西生态条件优势，具有发展绿色、生态、有机无公害食品的得天独厚优势。利用这一优势，发展出口创汇农业，前景广阔。省内外一些工商资本嗅到这一发展机遇，已纷纷转向农业投资。如苍源药业公司老板周河龙原先是搞房地产的，赚了一些钱，看到开发性农业比较效益并不低，就从房地产抽身投入中药材金银花的基地种植和深加工，其产品目前主要供日本市场。这并不是个别现象。现在有不少城里人到乡下办农场、农庄，农业产业化经营使农业效益已达到一亩地1万元的高度。农业比较效益大大提高，酝酿着开放型农业大突破时机正在到来。

## 三、全省农业产业化发展中的问题以及对东、中部兄弟省经验的参考借鉴

当前全省农业产业化也存在一些发展中的问题，主要有：农业产业化领域全民创业氛围还不浓；龙头企业规模和带动作用还不够强大；产业化组织联结机制还需要深化创新和稳固；企业融资环境和融资机制还有待改善；政策支持措施和支持效果需要进一步完善、提高。与国内农业产业化先进省和中部兄弟省比，如山东、江苏、河南、安徽等省，全省农业产业化无论在规模、带动力，还是在竞争力、发展环境等方面，都存在不小或某些差距。兄弟省的经验、做法，对全省有重要参考借鉴作用。

### 1. 营造农业产业化良好发展环境及其对全省的参考借鉴

其一，民间农业产业化发展氛围很浓，农业产业化已成为全民创业的主战场。山东外向型经济比较发达，早在珠三角大量引进境外投资，发展“三来一补”的时候，山东半岛的当地大批企业就瞄准日韩市场，依靠自己就地发展资本和技术相对较少的农产品出口加工业，带动当地农民发展种养业，形成公司+农户的组织形式。因此，农业产业化最早是民间发动、群众在实践中创造的新的农业生产组织形式。河南与江西同属内陆中部地区，但没有全省作为长珠闽共同腹地的区位优势，沿海产业转移很难就近到江西。河南难以像山东那样搞外向农业，也不能像我省那样承接产业转移，因而只能依靠自己闯一条路。农产品加工占用资本少、利用当地资源，是民间创业的最好路子。因此，两省民间有浓厚的农业产业化发展基础和发展氛围，是民间创业的主战场。两省许多龙头企业就是村支书、村委主任或是农村能人创办领办的。

其二，政府营造发展环境、制定扶持政策，抓得早，力度大。山东省农业产业化大体经历了三个阶段：第一阶段，1993年以前，基本上是群众自发进行。第二阶段，1994年以后，政府倡导扶持。先后出台了一系列扶持龙头企业、农村合作经济的政策和优惠措施。也是这个时期，农业产业化引起中央的重视，并提升为一种农业发展战略，迅速在全国推开。

第三阶段，2002 年以后，农业产业化进入规模化发展、质量提高时期。政府先后两次召开各级主要领导参加的高规格农业产业化工作会议，省财政每年安排 3 个 5 000 万元，分别作为龙头企业的贴贷资金、农产品质量检测体系建设资金和用于龙头企业的农业开发和扶贫开发资金，2007 年其贴贷资金提高到 7 000 万元。全省市一级的农业产业化专项资金总额达 2 亿多元。

河南省近几年先后制发了《关于大力推进农业产业化经营的意见》，《关于进一步推进农业产业化经营的通知》等重要文件和政策措施。从 2006 年以来，省级共安排龙头企业仅贴贷资金就达 1.1 亿元。江苏、安徽两省也都制定了系列政策文件，投入了较多的专项资金用于农业产业化发展。

其三，创造良好的金融环境，龙头企业融资环境宽松。2003 年以来，山东省政府每年与省农业银行签署《支持山东农业产业化龙头企业贷款协议》，2003 年当年增加 200 亿元规模，以后每年都有增加，省农行总信贷规模中，龙头企业比重约占 15%。企业自有资金充裕，诚信度很高，融资环境宽松，贷款和民间融资都很活跃，已有 10 多家龙头企业成为上市公司。

河南省近三年农业产业化领域仅通过贴贷，吸引银行贷款达到 50 亿元。郑州“思念”集团是一家重点龙头企业，集团近三年获贷款贴息高达 400 万元。

兄弟省的经验做法对我省参考借鉴意义有三个方面：一是提升我省农业产业化领域全民创业氛围。我省发展开放型经济、承接沿海产业转移取得了巨大成就，但创业注意力也多为制造业、商贸服务业所吸引。如何在农业产业化领域开辟全民创业的重要战场，是今后一个时期的重要任务。二是改善农业产业化发展环境。我省也制定了很多非常好的促进农业产业化发展的政策措施，但落实到位还不甚理想。如企业办证办照办审仍较费事，给予龙头企业用电、用水按农用电、水计价的优惠政策，许多地方反映没有到位。如何提高服务效率、服务质量，把已制定的优惠政策和措施落实到位是今后的一个重要工作方向。三是大力改善金融环境。企业普遍认为信贷门槛高，手续复杂，中小企业贷款尤其难。金融机构则反映，企业信息不透明，一个企业“四本账”，不知道哪本是真的，银行放贷风险大。这是我省农业产业化处于发展期的一个需要解决的重大问题。

### 2. 培育壮大龙头企业及其对全省的参考借鉴

考虑皖豫苏鲁4省人口比我省多1半以上，目前全省省级以上龙头企业的数量按人口平均与4省相比并不少，关键是龙头企业的规模和竞争实力的悬殊。如，销售收入过亿元的企业，我省为80家，安徽、河南、山东分别为120家、287家、1 000家；过10亿元企业我省为5家，三省分别为8家、30家、70家。过100亿元的我省没有，山东2家，河南双汇集团1家达230亿元。过亿元、10亿元的龙头企业的数量，我省只有3省的7%～67%。

出口农业是山东省农业产业化的基本动力。2006年全省农产品出口80.9亿美元，共有出口资格的龙头企业3 000家。山东、河南、江苏很多农业产业化大型龙头企业落户工业园区，有的一个大型企业就是一个园区。山东昌邑市金丝达集团，仅农业部分就有11个分公司，总面积1.3万亩，企业自办国家级绿博园，占地800亩。新昌集团集养殖、加工一体化大型食品加工企业，年销售18.5亿元，拥有种苗场、饲料厂、养殖基地、冷藏厂等十几个分支机构，公司本部占地300亩。高密市凯加食品公司拥有10家企业，公司年养殖加工鸡鸭1 200万只，加工调理食品、水果蔬菜食品6.5万吨，出口3 300万美元。河南思念工业园本部占地300亩，年生产速冻食品30万吨，企业还正在全国筹建或已建成5个生产基地，年生产能力达到60万吨。

**表2－27　2006年江西与鲁豫皖农业产业化龙头企业的数量规模情况**

| 按销售收入分组 | 江西 | 安徽 | 河南 | 山东 |
|---|---|---|---|---|
| 省级以上龙头企业 | 273 | 313 | 323 | 359 |
| 1亿元以上 | 80 | 120 | 287 | 1 000 |
| 10亿元以上 | 5 | 8 | 30 | 70 |
| 30亿元以上 | 3 | | 4 | |
| 50亿元以上 | | | | 4 |
| 100亿元以上 | | | 1 | 2 |

这些企业成长壮大的秘诀有两个：其一是良好的成长土壤。由于农业产业化是山东、江苏、河南全民创业的主战场，搞农副产品加工的劳动力很多，企业很密集，发展氛围很浓厚，必定有一部分企业在这片肥沃土壤里率先成长起来。其二是政府重点扶持。山东、江苏、河南农业产业化各

种扶持资金都注重集中投入到重点行业，重点企业上来，政府资金起引导作用，银行资金、民间资金跟着政府导向投，确保投资一个、成长一个，数年积累，必有一批企业规模成长起来。

相比较而言，我省农业产业化领域创业者密度不够，企业数量少，规模小，只有一小部分企业正在走向快速发展期，大部分龙头企业还处在发展和积累的初期，对农民的带动作用也相对较小。我省扶持龙头企业资金也不少，对农业产业化起了重要促进作用；但还存在使用分散，集中度不足、力度不大的情况。必须把加快龙头企业的发展作为农业产业化的关键，充分调动政策资源，进一步提高投入资金的使用效率，促使龙头企业成长壮大。

**3. 产业化组织形式与联结机制的发育及其对我省的参考借鉴**

农业产业化经营发源于山东潍坊地区，其组织化形式也在不断创新。目前，山东农业产业化的组织形式主要有龙头企业 + 基地 + 合作社 + 农户、龙头企业 + 基地 + 经纪人 + 农户、股份制等。基地和合作社很普遍，股份制也发展很快，农民以土地和劳动入股，不仅可得到土地租金和劳动报酬，企业还要进行利润返还、按股分红。据有关资料，山东省规模以上龙头企业通过利润返还、租赁返包、按股分红形式带动种植基地 338.1 万亩，牲畜养殖量 97.3 万头，禽类养殖量 2.6 亿只，水面养殖 22.6 万亩，占各类基地总数的 20% 以上。

山东省农业产业化利益联结机制上的市场化程度比较高。比如龙头企业 + 基地 + 经纪人 + 农户的形式，经纪人很重要，一个经纪人通常带一个或几个村小组，企业与经纪人签合同，企业需要什么品种、规格要求、技术服务都通过经纪人与农户联系。收获季节，经纪人开称收购，把合格产品送到企业，企业除付给农民现金外，还付给经纪人每斤商品蔬菜 2 ~ 2.5 分钱的佣金。潍坊市信泰食品公司，年加工出口蔬菜 1 万吨，带 5 万亩生产基地，就是用这种方法与农民联系。在龙头企业 + 基地 + 合作社 + 农户的形式中，合作社经协商谈判，形成合作章程并和企业签订合同，在种植行业，企业要向农户支付定金；在养殖行业，企业向养殖户赊销种苗、饲料、药品、提供技术服务，养殖户要向企业交付抵押金。抵押金一般是养一只鸭交 10 ~ 15 元，农户交付合格产品，经结算多退少补。昌邑市顺达食品公司，与 1.5 万户农户签订了养鸭合同，河南雏鹰公司与农户签订的 20 万头生猪、1 000 万肉鸡饲养合同，都是采用这种形式。一般情况下，农民种一斤菜可获利0.3~0.5元，养一只鸭可获利2~2.2元。这种形式经济关系明确，双方都有利，双方都有制约，合同、订单不履约的情况不易发生，能够持续运作下去。

目前，我省农业产业化的规模、普遍性和成熟度与山东、江苏、河南等省有差距。比如，合作社内部领头人和核心人物对合作社的生存发展、对其他专业户和分散户的带动和贡献很大，但在我省许多合作社里，领头人基本上没有报酬，主要靠奉献精神，就是给主要方面的负责人每月补贴200~400元的手机话费。像这种没有合理劳动报酬的合作社，还处在一种初创时期，如不调整，这种合作关系很难维持长久。又如经纪人，我省也有不少，但企业和经纪人的关系不是佣金关系，而是吃购销差价的买卖关系，在当地通常名声不好听。如何学习借鉴兄弟省经验，发育完善农业产业化利益联结机制，是我省今后的一个重要任务。

**4. 主导产业和农产品区域化、标准化、品牌竞争力方面的做法及其对我省的参考借鉴**

山东省农业产业化主导产业明确，重点突出，区域特色明显。目前已形成了胶东半岛水果、水产业，鲁中南地区的瓜菜、猪禽业，鲁西平原的粮棉油、牛羊业，全省交通干线沿线农副产品加工业等八大高效产业带。其标准化、品牌经营也日趋成熟，并与国际市场接轨。目前全省绝大多数龙头企业建立了质检机构，通过了ISO体系和HACCP体系，涌现出鲁花花生油、诸城得利斯、金锣火腿等一大批全国乃至国际知名品牌。

安徽省按照“培育大市场，扶持大龙头，建设大基地，搞好大服务”的思路，确定了农业产业化十大主导产业，形成了皖南、皖西的特色农业和生态农业，淮北、沿江地区的规模种养业、江淮之间的高效农业布局。全省正在实施“百千万工程”，集中力量扶持和威、蒙牛、丰原等大集团上50亿元、100亿元规模，已有山东久发、上海通洋、伊利乳业、浙江科技食品等一批省外大公司、大集团来皖投资办厂、办基地，开放型农业发展很火热。

河南省已成为全国最大的肉类加工基地，占全国市场份额70%；全国最大的速冻食品生产基地，占全国市场份额60%；食用菌、味精、方便面、调味品产量均居全国首位。双汇集团年加工生猪能力1 500万头；华英集团年加工肉鸭能力8 000万只，居世界第一。新郑市民营奥星实业公司开发枣片、枣粉、枣蜜、枣醋、枣系列饮料等产品，1公斤红枣可以增值到200元，年销售2.2亿元。像这些大品牌、大企业集团，其原料来源都已基地化、标准化生产了。

江苏省坚持以扩大高效农业规模、提升农业综合效益为重点，以实施高效农业重点工程为载体，以“一村一品、一村一企、一品一社”为创新点推进农业产业化。每个市县都有自己的区域特色，主导产业明确。如徐州市形成了沛县的肉鸭、丰县的果品、邳州的板材、铜山的奶业、睢宁的山羊等五大产业集群，构成种、养、加产业体系，规模和品牌在全国有重要影响。无锡市依靠农业科技，形成了每亩效益2 000元以上、1万元以上、10万元以上，100万元以上的四种高效农业模式。江苏的开放型农业水平很高，2006年，全省农业招商引资规模以上项目投资额331.79亿元，外资项目10.55亿美元，农产品出口13.82亿美元。

兄弟省这方面的成功经验对我省有重要参考借鉴意义。如我省许多地方主导产业过多、互补性差；还存在品牌众多、竞争力分散、谁都难以做大的情况。比如，我省作为产粮大省，但由于加工企业小而分散，形不成在全国有重大影响的大品牌。庐山、浮梁、婺源茶叶都很好，但每个县都有好几个甚至十几个品牌，大家各自竞争，最终难以形成大品牌。如何学习借鉴兄弟省的经验做法，通过兼并、联合、合作，把主导产业做大，把特色产业做精，把品牌作响，把市场份额做大，是今后我省农业产业化发展的一个重要方向。

## 四、新阶段加快我省农业产业化发展的目标任务与政策建议

根据对当前农业产业化发展形势的总体分析，我们认为，农业产业化已经成为我国农业现代化的主导方向和根本出路；农业产业化发展基础和工业化、城市化引发的农业农村经济社会结构的重大变革，决定了我省农业产业化已进入快速发展的新阶段；必须抓住有利时机，乘势而上，促使我省农业产业化实现跨越式发展。

### 1. 确立新阶段农业产业化的发展思路和目标任务

（1）新阶段农业产业化的发展思路：以科学发展观为统领，以农业现代化和新农村产业基础建设为基本任务，以农业增效、农民增收为核心，坚持科技先导，实施开放型农业主战略，创新体制机制，优化发展环境，加大政策扶持，着力培育龙头企业，遵循“四大原则”，提升农业产业化“三个水平”、“六大能力”，实现“五大目标”，推动农业产业化新

跨越式发展。

（2）四大原则：有限目标——集中力量扶持重点产业、重点企业、重点项目；突出根本——以农民增收为根本；抓住关键——农业产业化的关键是龙头企业及其竞争力；凝聚合力——形成全社会和各部门齐抓共促农业产业化合力。

（3）三大水平：扩大产业化种养规模水平；提高农产品加工水平；增强对农民增收的带动水平。

（4）六大能力：提升农产品专业化、规模化加工能力；市场营销能力；储运保鲜能力；市场准入能力；合作社组织能力；对农民增收的带动能力。

（5）五大目标：到2010年，销售收入超亿元、超10亿元、超50亿元的龙头企业分别达到200家、20家、5家；农产品加工转化率60%；标准化生产基地产品来源和合同收购产品占农产品总商品量60%；产业化组织对农户直接带动面60%；户均增收1 700元。

**2. 突出重点，做大做强一批大型骨干龙头企业**

（1）有限目标、重点扶持。以资本运营和优势品牌为纽带，整合资源，内联外引，促进跨地区、跨行业、跨所有制联合，组建大型企业集团。以省确定的主导产业为依据，按省市县分层次，重点扶持若干个规模大，产品前景好，带动能力强的龙头企业，集中资源，加大投入，坚持数年，促使一批加工型企业迅速成长，上规模、上档次、上品牌，成为与非农制造领域大型企业集团并驾齐驱的“经济航母”。在完成“十百千”工程基础上实施“双十双百双千”工程，把农产品加工业发展成为又一个1 000亿大产业。

（2）大力提升龙头企业的加工能力。推进农产品的深度加工开发和综合利用，延伸产业链，大幅度提高农产品加工率，实现农产品由鲜销向加工、由初加工向精深加工转变。

（3）用足用好中央和省已出台的各项优惠政策。认真落实已制定的对龙头企业的税收、抵扣、用水、用电、用地、运输、出口、参会、引智、引才等各方面的优惠政策，把每项政策用好用足。

（4）极大地提高龙头企业的市场营销能力。支持鼓励龙头企业建立强大的营销网络，引导企业发展新型流通业态，发展农产品批发、连锁、专卖、配送、电子商务、网上超市等现代流通形式。

（5）加强和改善对龙头企业的考核激励。对龙头企业实施动态管理，省级龙头企业除达到经济规模外，还要求农产品加工增加值占总增加值70%以上，带动农户3 000户（基地型龙头企业7 000户）以上，年户均增收300元以上。每两年考核一次，严格实行优胜劣汰，及时将成长性好的、带动作用强的龙头企业纳入政策支持体系。

**3. 科学规划主导产业，推进农产品的区域化、规模化、基地化、标准化、品牌化的建设**

（1）确定好重点发展的主导产业。确立全省五大主导产业：粮油、生猪、家禽、水产、水果；六大特色产业：油茶、毛竹、商品蔬菜、茶桑、中药材、花卉苗木。鼓励各地发展当地特色产业，政府投入和政策优惠按产业导向，重点扶持。

（2）实行区域化、专业化、规模化生产。根据各地资源条件，引导农户，集中连片，一村一品、一乡一业，形成区域特色和专业化、规模化优势。

（3）提升农产品基地化、品牌化水平。以贴贷、无偿补助、奖励等形式支持和鼓励龙头企业和农户通过土地合法流转、股份合作社制等多种形式建设农产品基地，扩大基地规模。大力培育优势品牌。对企业培育品牌、参展参会等给予补助和奖励；对品牌过多的同地、同类产品，按统一品牌、统一质量、统一标准、统一包装、统一宣传、利益共享的方式实行有效整合，培养大品牌。

（4）提高农产品市场准入能力。加强农业标准建设，完善农产品质量和安全标准，创建农业标准化示范县，提升农产品检验检测能力和水平，加强禁用投入品监管，建立农产品质量跟踪和源头可溯系统。

**4. 大力发展农民合作组织，创新完善产业化组织形式和利益联结长效机制**

（1）提高农民的组织化程度。大力发展各种专业合作社，鼓励村组干部、农技人员、专业户、经纪人发起和领办合作社，对达到一定规模运作规范的专业合作社，有条件的地方可给予3～5万元的补助或奖励。

（2）因地、因业制宜，推广创新农业产业化多种组织形式。大力推广龙头企业+专业合作社+农户、农产品批发市场带专业合作社、专业合作社联农户等成熟的农业产业化组织形式，大力发展订单农业，规范合同，提高合同履约率，鼓励农民合作社向股份制方向发展。

### 5. 大力发展开放型农业，增强农业产业化外源性发展活力

（1）扩大农业领域招商引资。充分利用我省生态优势农业资源优势和商务成本低优势，引进国外、境外、省外资金、技术、开发理念、管理经验，发展开发性农业和农产品加工业，吸引工商资本进入农业产业化。

（2）发展出口农业。充分利用消费市场升级的机遇和生态农业的优势，大力发展有机食品、绿色食品、无公害农产品，发展优势农产品和特色农产品出口。支持龙头企业开拓国际市场，提高产品加工档次，鼓励龙头企业对外投资办厂，带动农业技术和农产品出口。

### 6. 努力改善金融环境，创新金融产品和金融服务

（1）建立龙头企业和金融机构新型合作机制。金融部门不断创新金融产品，创新金融服务，降低门槛，简化手续，适当下放审批权限，拓展质押担保方式，改善金融服务。对龙头企业实行差别化信贷准入、信用评价和分季授信，允许企业联保，法人代表担保，拓展农业产业化领域动产和不动产抵押、质押业务。龙头企业加强诚信建设，健全财务制度，真实披露企业经营信息。

（2）拓展农业产业化担保业务。政府在财力增加的情况下，扩大担保基金规模，引导龙头企业和专业合作社建立信用联保基金，政府给予再补贴。对金融机构支持农业产业化，按与扶持资金数量挂钩的办法予以奖励。

（3）建立农业产业化政策性保险机制。从各项支农涉农资金中拿出一块，吸收商业保险垫底资金，按市场化运作方式建立农业保险。

### 7. 加强科技创新，提高农业产业化科技水平和科技贡献率

（1）企业加大科技投入。引导企业加大产品研发，引进技术，引进良种良法，引进人才，开展技术攻关。龙头企业的科技投入占销售收入的比例，要达到全省科技投入对经济总量比例的平均水平。

（2）政府加大农业科技投入。着力解决农业产业化中基础技术、共性技术、关键性技术，引导和组织科技机构和科技人员到重点行业、重点企业解决生产实践中的技术难题，帮助企业增产、增质、增效。

（3）加强农村科技教育和人才培训。围绕农业产业化大力开展实用技术和职业技能培育，实施“绿色证书”、“蓝色证书”工程。

### 8. 加大政府投入，提高产业化资金使用效率

（1）根据财力增长加大对龙头企业的投入。如每两年增加 1 000 万元，用于贴息贷款、产品和技术开发、品牌培育的补贴或奖励，农业订单、基地建设按实际收购商品量和开发量进行奖励。

（2）整合政府对农业的各项投入。把农业开发、扶贫、科技、农业基本建设和国债支农等方面的资金整合起来，集中投向农业产业化重点产业、重点企业、重点项目。

（3）建立农业产业化专项资金绩效评估机制。对财政资金的使用效率进行评价监督，并对使用单位和项目进行奖惩。

### 9. 形成农业产业化全民创业氛围，提高政府政策执行力、操作力

加强农业产业化领导，提升农业产业化发展规划、重大项目、资金协调投入、扶持政策等方面的决策力、执行力，形成各地区、各部门齐抓共促的合力，把农业产业化提升为全民创业的主战场之一。建立农业产业化绩效科学考核评价体系和奖励制度。

### 参考文献

1. 郭剑雄，张路：农业现代化的结构含义［J］. 青岛科技大学学报（社会科学版），2002，（3）：30－34.

2. 杨林娟：美国，日本农地制度对中国农业现代化的启示［J］. 甘肃农业，1999，（4）：37－39.

3. 弗里德里希·李斯特：政治经济学的自然体系［M］. 北京：商务印书馆，1997.

4. 胡振华，熊建：投资：畜牧业经济增长和结构优化的动力［J］. 江西社会科学，2001，（7）：41－44.

## 第三节　江西农业生产系统主导产业的定量选择研究*

### 一、江西省农业产业结构调整的指导思想

产业结构是国民经济各产业部门之间的比例关系及其产业之间的关联

* 本文为南昌大学中国中部经济发展研究中心资助项目。

撰稿人：涂国平，南昌大学理学院中国中部经济发展研究中心，贾仁安，南昌大学系统工程研究所，中国中部经济发展研究中心。

关系，而农业产业结构专指农业各产业部门之间的比例关系和产业部门间的关联关系。按现行我国国民经济统计划分，即是指农业中以种植业为主的农业（本文简称种植业）、林业、畜牧业和渔业四大部门之间的比例关系和关联关系，也就是农业生产系统四个子系统之间的比例和关联关系。农业产业结构的调整与整个国民经济的产业结构调整相比有着其不同的特点。正如江泽民同志指出："加强农业基础地位，推进农业和农村经济结构调整，保护和提高粮食综合生产能力，健全农产品质量安全体系，增强农业的市场竞争力。积极推进农业产业化经营，提高农民进入市场的组织化程度和农业综合效益。"因此，从宏观层面即国民经济的角度，对农业产业结构的调整一是要确保农业的基础地位；二是要体现农业产业结构调整的政治性即是与解决"三农"问题密切相关的。从农业生产系统内部来看，农业产业结构调整要在遵循产业发展的一般理论的基础上，确保宏观目标实现。确定农业产业结构调整中主导产业包括两层涵义，第一层次指的是在种植业、林业、畜牧业和渔业四大产业中，根据区域经济的特点及区域和全国国民经济发展的战略需要，确立优先、加快发展的产业；第二层次的涵义是指确立农业的四大产业内部需加快发展的产业。前者是从农业四大生产部门的宏观角度，重新确定和安排农业四大产业的构成关系。后者是从各个具体的产业出发，确立优先发展的产业。本文指的农业产业结构调整中的主导调整产业是第一层次的涵义。

我国农业产业结构调整的最终目标应该是通过农业产业结构调整，实现最大限度地为社会提供满足社会需要的，产量最大，品质最优的合乎比例的农产品，以实现农业产业化，促进农村剩余劳动力的就业，增加农民收入，逐步解决日益严重的"三农"问题。

江西农业产业结构调整的基本思想是：根据国民经济对江西农业的战略需要，结合江西农业的基本特点，确定江西农业产业结构调整的主导产业，通过大力发展主导产业，以此带动江西农业的发展，将农业资源大省转变为农业经济的强省。

江西作为我国主要的稻谷生产区域，江西农业在国民经济中具有重要的战略地位。改革开放以来，随着国民经济发展，东南沿海省份稻谷种植的成本愈来愈高，许多原稻谷生产的重要省份的稻谷种植面积和产量急剧下降，据统计2000~2003年，全国稻谷生产总量减少2 725.5万吨，减产幅度为14.50%，与全国稻谷的其他主要生产省份相比，江西省从2000~2003年稻谷生产产量减产的绝对数和相对数都较小，江西省稻谷产量占全国稻谷产量的份额2003年比2000年提高了0.53个百分点，提高幅度仅低于广西。早稻生产的情况更加如此，江西省早稻产量占全国早稻产量的份额2003年比2000年提高了2.36个百分点，所以，江西作为稻谷生产基地地位日益增强，保证国家粮食安全是国家对江西农业提出的战略要求。因此，省委、省政府提出："山上办绿色银行，山下建优质粮仓"的战略方针，应成为江西农业结构调整的指导思想。

## 二、江西省农业生产系统主导产业确立基准

根据主导产业确立的基准理论，结合江西省农业的特点和江西省农业的战略地位，本文确定的江西省农业生产系统主导产业确立的基准为：

### 1. 产业发展规律基准

根据产业结构趋势演变理论，产业的调整要遵循产业发展的一般规律，农业产业结构调整同样应与其自身发展的规律一致。通过与农业发达国家的农业产业结构变化趋势的对比，从定性分析的角度利用该基准对农业主导产业确立进行分析。

### 2. 市场需求基准

产业发展取决于所生产产品的社会需求增长，主导产业必须有广阔的市场前景和较强的市场竞争优势，如此才能发挥区域优势，建立起具有竞争力的产业结构。农业生产的产品是以满足人们生活需求，实现提高人们生活水平为目标的。

根据筱原三代平的"两基准原则"选择需求收入弹性系数刻画市场的需求。

某一产业的需求收入弹性系数=某一产业产品的需求增加率/人均国民收入的增加率。

需求收入弹性系数>0，则说明该产业的产品，随着人们收入的提高其需求增加。对产业的需求收入弹性系数主要是看其变化趋势，取值趋势越大，则该产业越有可能成为主导产业。

### 3. 优势基准

根据比较优势理论，区域产业的发展应充分利用区域的比较优势，在确定农业产业结构调整主导产业要把握优势基准。选取市场占有竞争优势

指标刻画①。

$$\text{某一产业市场占有竞争优势指标 } P_i = \frac{d_i/f_i}{D_i/F_i} \tag{1}$$

其中 $d_i$ 和 $D_i$ 分别为研究区域和全国的农业第 $i$ 个产业销售收入，$f_i$ 和 $F_i$ 分别为研究区域和全国农业的第 $i$ 个产业总产值。指标越大，说明产业的专业化程度越高，产业的相对优势越大，则该产业越有可能成为主导产业。

**4. 产业关联效应基准**

根据产业扩散效应理论，在产业结构调整中应选择具有较大扩散效应的产业作为调整的主导产业，依据农业产品具有初级性特点，在农业产业结构调整中，注重调整对延伸产业链，有利于促进农产品深加工转换，对农业产业具有较大影响的产业。本文利用投入产出分析中的影响力系数和感应系数来衡量产业关联效应大小。

农业产业系统中种植业、林业、畜牧业和渔业的影响力系数和感应系数计算步骤：

a. 根据投入产出表的相关资料，建立农业产业系统的简化投入产出表。

**表 2－28　　农业产业系统投入产出基本流量简表**　　单位：亿元

| 投入＼产出 | | 中间使用 | | | | 总产出 |
|---|---|---|---|---|---|---|
| | | 种植业 | 林业 | 畜牧业 | 渔业 | |
| 中间投入 | 种植业 | $X_{11}$ | $X_{12}$ | $X_{13}$ | $X_{14}$ | $X_1$ |
| | 林业 | $X_{21}$ | $X_{22}$ | $X_{23}$ | $X_{24}$ | $X_2$ |
| | 畜牧业 | $X_{31}$ | $X_{32}$ | $X_{33}$ | $X_{34}$ | $X_3$ |
| | 渔业 | $X_{41}$ | $X_{42}$ | $X_{43}$ | $X_{44}$ | $X_4$ |

在农业产业的简化投入产出表中，每一个产业均以生产者和消费者的双重身份出现。从每一纵列看，是各产业作为消耗部门在生产过程中消耗的各个产业的产品数量；从每一横行来看，是各产业作为生产部门以自己的产品提供给各个产业作为中间使用的数量。

b. 根据建立的农业产业系统的简化投入产出表，计算直接消耗系数

① 关爱萍，王瑜：区域主导产业的选择基准研究［J］. 统计研究，2002（12）：37－38.

矩阵 $A=(a_{ij})$。

其中 $$a_{ij}=\frac{X_{ij}}{X_j}\quad(i=1,2,3,4.\ j=1,2,3,4)\tag{2}$$

c. 计算列昂惕夫逆系数矩阵 $B=(I-A)^{-1}=(\bar{b}_{ij})$。 (3)

其中 I 为单位矩阵。

d. 第 j 产业影响力系数 $F_j$ 为：

$$F_j=\frac{\sum_{i=1}^{4}\bar{b}_{ij}}{\frac{1}{4}\sum_{j=1}^{4}\sum_{i=1}^{4}\bar{b}_{ij}}\tag{4}$$

影响力系数 $F_j(j=1,2,3,4)$ 是用来衡量第 j 产业对其他产业发展的影响程度，影响力系数 $F_j$ 越大，则第 j 产业对其他产业的发展就具有越大的带动作用。$F_j>1$，则第 j 产业对其他产业的影响程度超过社会平均影响力水平①。

e. 第 i 产业感应系数计算公式为：

$$E_i=\frac{\sum_{j=1}^{4}\bar{b}_{ij}}{\frac{1}{4}\sum_{j=1}^{4}\sum_{i=1}^{4}\bar{b}_{ij}}\tag{5}$$

感应系数 $E_i$ 反映的是当其他产业均增加一个单位的最终产品时，第 i 个产业由此受到的需求感应程度。即需要该产业为其他产业的生产而提供的产值量。当感应系数 $E_i<1$，说明第 i 产业所受到的感应程度低于社会平均水平，$E_i>1$，说明第 i 产业受到的感应程度高于社会平均水平。

选择影响力系数和感应系数都较大的产业作为农业产业结构调整的主导产业。

### 5. 增收基准

农业产业结构调整的一个战略目标就是要通过调整，增加农民的有效就业，提高农民收入，因此在农业产业结构调整中，应注重调整对农民增收影响重大的产业，使主导产业成为农民增收的主要途径。

构建产业亿元产值人均收入指标来刻画产业发展对农民收入增加的影响。

---

① 江西省统计局，江西省投入产出办公室. 2002 江西省投入产出表 [M]. 南昌：2004.

$$第\ i\ 产业亿元产值人均收入指标 = \frac{r_i}{R_i} \qquad (6)$$

在该指标中，$r_i$ 是从 i 产业农民获得的人均收入量（元），农民人均收入可以是纯收入或者是现金收入。$R_i$ 是第 i 产业总产值（亿元）。该指标值越大，说明该产业发展对农民收入的影响越大，该产业越有可能成为主导产业。

## 三、江西农业生产系统主导产业确立

根据确立的农业产业结构调整主导产业的基准，采取定性分析与定量分析相结合，利用相关的统计数据，确立江西省农业产业的主导产业。

### 1. 单一基准分析

（1）产业发展规律基准分析。

针对发展中国家农业发展的规律，托达罗（M. P. Todaro）认为，发展中国家的农业现代化进程可以分为三个阶段，第一阶段是维持生存的农业发展阶段，在这一阶段，他认为，农业种植结构较为单一，两种主要农作物是人们食物的主要来源。第二阶段是向混合的和多种经营的农业转变，在这个阶段，由于已经开始种植新的经济作物，并经营简单的畜牧业，农业生产不再由一、两种主要产品所主宰。第三阶段是向专业化农业转化，此阶段强调的是对特殊农产品的生产①。根据托达罗的观点，我国目前正处于由第二阶段向第三阶段的转化过程。

从世界上农业发达国家的农业发展一般规律来看，畜牧业的发展水平代表了一个国家或地区的农业发展水平。农业发达国家的畜牧业产值占农业总产值的比重一般在50%以上。如20世纪90年代末期，美国、法国超过了50%，加拿大超过55%，英国超过了60%，德国接近70%，瑞典达到80%，丹麦超过90%②。相比之下，我国2004年畜牧业占农业产值的比重为34.5%，江西省畜牧业产值占农业总产值的比重仅为31.3%。因此，根据农业发展的普遍规律，畜牧业势必成为江西省发展现代农业的突破口，成为江西农业生产系统的主导产业。

---

① 郭剑雄，张路：农业现代化的结构含义［J］. 青岛科技大学学报（社会科学版），2002（3）：30－34.

② 杨林娟：美国，日本农地制度对中国农业现代化的启示［J］. 甘肃农业，1999（4）：37－39.

（2）市场需求基准分析。

李斯特（Friedrich List）研究后发现，随着经济发展水平的提高，社会对农业内部高收入弹性产品的需求比重在不断提高①。发展中国家随着经济的发展和人们生活水平的提高，人们的饮食习惯和结构将发生重大改变，而饮食结构的改变对农产品生产结构提出新的要求。当前我国人们的饮食结构仍旧处于以谷物类粮食为主，农村人民生活水平与城镇居民相比存在较大的差距。

**表 2-29　居民家庭平均每人全年购买的主要食物商品数量**　单位：kg

| 商品名称 | 2000 年 | | 2001 年 | | 2002 年 | |
|---|---|---|---|---|---|---|
| | 农村 | 城市 | 农村 | 城市 | 农村 | 城市 |
| 粮食 | 250.23 | 82.31 | 238.62 | 79.69 | 236.48 | 78.48 |
| 蔬菜 | 111.98 | 114.47 | 109.30 | 115.86 | 110.55 | 116.52 |
| 食用油 | 7.06 | 8.16 | 7.03 | 8.08 | 7.53 | 8.52 |
| 猪肉 | 13.38 | 16.73 | 13.35 | 15.95 | 13.70 | 20.28 |
| 牛羊肉 | 1.13 | 3.33 | 1.15 | 3.17 | 1.17 | 3.00 |
| 家禽 | 2.81 | 5.44 | 2.87 | 5.30 | 2.91 | 9.24 |
| 鲜蛋 | 4.77 | 11.21 | 4.72 | 10.41 | 4.66 | 10.56 |
| 水产品 | 3.92 | 9.87 | 4.12 | 10.33 | 4.36 | 13.20 |
| 奶、奶制品 | 1.06 | 9.94 | 1.20 | 11.90 | 1.19 | 15.72 |
| 水果 | 18.31 | 57.48 | 20.33 | 59.90 | 18.77 | 56.52 |

资料来源：《中国统计年鉴（2003）》，中国统计出版社。

从农村、城市住户人均主要食物消费对比及其变化来看，农村住户人均消费与城市住户相比，农村居民的食物消费中，粮食消费的比重较大，在畜禽产品和水产品的消费上，尤其是在奶类和奶制品上消费与城市居民相比具有很大的差距。这一方面说明当前农村农民收入偏低，抑制了广大农村居民的消费。另一方面也说明该类产品具有强大的潜在市场。通过消费对比，从人均消费的角度看，对粮食的需求会随着人民生活水平的提高而逐步下降，作为粮食消费下降的补充，畜禽产品的消费将大大增加。

畜产品食物的需求一般是随着个人收入的增加而增长，据中国中长期食物发展战略研究组的研究表明，粮食和几种主要畜产品食物的需求收入

① 弗里德里希·李斯特：政治经济学的自然体系［M］．北京：商务印书馆，1997.

弹性变化趋势如下表①。

表 2－30　　主要食物需求收入弹性系数预测

| 种类 | 2000 年 | 2020 年 |
|---|---|---|
| 粮食 | 0.249 | 0.231 |
| 肉类 | 0.540 | 0.426 |
| 蛋类 | 0.673 | 0.533 |
| 奶类 | 1.189 | 1.100 |

该研究表明：我国主要畜产品食物的收入需求弹性系数将一直维持在较高的水平，即对畜产品食物的需求将长期保持较高的增长趋势。尤其是奶类的需求。相对而言，粮食的收入需求弹性系数较低，但是需求一直保持平衡增长。

（3）优势基准分析。

根据相关的统计资料，由计算公式（1）计算得江西省 2004 年农业各产业产品市场占有竞争优势指标为：

表 2－31　　2004 年农业产业产品销售与产值数据　　单位：亿元

| 产业 | | 种植业 | 林业 | 畜牧业 | 渔业 |
|---|---|---|---|---|---|
| 产业产品销售收入 | 江西 $d_i$ | 276.3460 | 41.2416 | 240.9387 | 113.8925 |
| | 全国 $D_i$ | 9 280.3266 | 722.0842 | 7 054.3556 | 1 908.9556 |
| 产业总产值 | 江西 $f_i$ | 491.0558 | 79.0778 | 324.9823 | 143.1346 |
| | 全国 $F_i$ | 18 138.4 | 1 327.1 | 12 173.8 | 3 605.6 |

数据来源：国家统计局：《2004 年全国农业统计提要》，《中国统计年鉴（2005）》，中国统计出版社。

《江西统计年鉴 2005》，中国统计出版社。

表 2－32　　江西省农业产业优势基准指标

| 年份 | 2004 年 | | | |
|---|---|---|---|---|
| 指标 | 农业 | 林业 | 畜牧业 | 渔业 |
| 市场占有竞争优势 | 1.100 | 0.959 | 1.279 | 1.504 |

资料来源：《江西省统计年鉴（2005）》，中国统计出版社。

从上表可见，2004 年江西省农业产业具有较强的市场竞争力，尤其

① 胡振华，熊建：投资：畜牧业经济增长和结构优化的动力［J］. 江西社会科学，2001（7）：41－44.

是渔业和畜牧业的市场竞争力较高。

（4）产业关联效应基准分析。

基于统计资料，通过计算2002年江西省农业生产系统内部各个产业的影响力系数和感应系数，确定农业各个产业的相互关联效应。从2002年江西省投入产出表中，将种植业、林业、畜牧业和渔业从122个部门投入产出表中抽出，加上种植业、林业、畜牧业和渔业的总产值构成农业生产系统投入产出简表流量简化表。

表2－33　2002年江西省农业生产系统投入产出流量简化表　单位：万元

| 投入＼产出 | | 中间使用 | | | | 总产出 |
|---|---|---|---|---|---|---|
| | | 种植业 | 林业 | 畜牧业 | 渔业 | |
| 中间投入 | 种植业 | 363 566.23 | 2 174.70 | 270 840.96 | 19 079.67 | 4 214 866 |
| | 林业 | 16 783.03 | 42 637.31 | 3 141.98 | 56.06 | 591 648 |
| | 畜牧业 | 9 311.20 | 24.62 | 201 813.95 | 3 566.53 | 2 339 367 |
| | 渔业 | 462.78 | 0 | 1 141.53 | 78 705.04 | 1 099 548 |

资料来源：江西省统计局、江西省投入产出办公室：《2002江西省投入产出表》，《江西省统计年鉴（2003）》[M]. 北京：中国统计出版社，2003年。

由上表数据，根据计算公式（2）计算得到直接消耗系数矩阵为：

$$A=\begin{pmatrix}0.086258 & 0.003676 & 0.115775 & 0.017352\\ 0.003982 & 0.072065 & 0.001343 & 0.000051\\ 0.002209 & 0.000042 & 0.086269 & 0.003244\\ 0.000110 & 0 & 0.000488 & 0.071579\end{pmatrix}$$

根据计算公式（3）、（4）和（5）计算得出2002年江西省农业生产系统内部四大产业的影响力系数和感应系数如下：

表2－34　2002年江西农业生产系统内部各产业影响力系数和感应系数

| | 种植业 | 林业 | 畜牧业 | 渔业 |
|---|---|---|---|---|
| 影响力系数 | 0.9749 | 0.9570 | 1.0934 | 0.9747 |
| 感应系数 | 1.1133 | 0.9594 | 0.9741 | 0.9532 |

资料来源：江西省统计局、江西省投入产出办公室：《2002江西省投入产出表》，《江西省统计年鉴（2003）》[M]. 北京：中国统计出版社，2003年。

估算的2002年江西省农业各产业对农业其他产业的影响力系数中，畜牧业的影响力系数大于1，这表明在江西省农业生产系统内部，畜牧业的发展对其他产业具有较大的推动作用，属于农业产业内部的强辐射力产业，而种植业和渔业的辐射力仅次于畜牧业，林业的辐射力最低。从感应系数来看，2002 年江西省农业生产系统内部种植业的感应系数最大，大于1，这说明目前江西省农业生产系统内部，种植业还是制约整个农业发展的主要产业，种植业的发展不足，将严重影响整个农业的发展，畜牧业对整个农业发展的基础地位仅次于种植业，而渔业对整个农业的制约性最低。根据主导产业的产业关联效应基准，应在确保种植业发展的前提下，将畜牧业作为目前江西省农业生产系统中的主导产业，通过发展畜牧业以带动其他产业的发展。

（5）增收基准分析。

农民增收是当前农村经济问题的核心，近年来随着农村劳动力的转移，农村住户的纯收入和现金收入结构发生了变化。2004 年江西省农村住户纯收入人均 2 952.56 元，其中家庭经营第一产业纯收入人均 1 432.75 元，家庭经营第一产业纯收入中种植业、林业、畜牧业和渔业纯收入分别为 1 123 元、45.41 元、228.97 元和 35.37 元，其所占比例分别为：78.38%、3.17%、15.98% 和 2.47%；2004 年江西省农村住户现金收入人均 3 014.31 元，其中家庭经营现金收入中种植业、林业、畜牧业和渔业生产现金收入分别为：793.36 元、29.95 元、476.60 元和 43.46 元；占全年现金收入比例分别为：26.32%、0.99%、15.81% 和 1.44%。据此根据计算公式（6）可以计算出农业各个产业对农民收入的影响指标。

**表 2－35　　2004 年江西省农业产业产值对农民收入影响指标**

| 指　　标 | 种植业 | 林业 | 畜牧业 | 渔业 |
|---|---|---|---|---|
| 亿元产值人均纯收入 | 2.2869 | 0.5744 | 0.7046 | 0.2471 |
| 亿元产值人均现金收入 | 1.6156 | 0.3787 | 1.4665 | 0.3036 |

从江西农村住户收入来看，种植业仍旧是影响农民人均收入的主要产业，畜牧业的影响仅次于种植业。

### 2. 对基准指标取值的综合分析

通过计算得到了各个基准的取值，为了综合利用各个选择基准的信息，本文针对获得的江西省农业生产系统主导产业确立基准指标的取值，采取因子分析方法对其进行综合评价。

假设$x_{i1}$表示农业生产系统中第 $i$ 产业的市场占有竞争优势指标取值；

$x_{i2}$表示农业第 $i$ 产业的影响力系数指标取值；

$x_{i3}$表示农业第 $i$ 产业的感应系数指标取值；

$x_{i4}$表示农业第 $i$ 产业的亿元产值人均纯收入指标取值；

$x_{i5}$表示农业第 $i$ 产业的亿元产值人均现金收入指标取值。

则第 $i$ 产业的综合评价模型为：

$$F_i = \sum_{j=1}^{5} \alpha_j x'_{ij} \tag{7}$$

其中 $x'_{ij} = \frac{x_{ij} - \bar{x}_j}{s_j}$为 $x_{ij}$的标准化，$\bar{x}_j = \frac{1}{4}\sum_{i=1}^{4} x_{ij}, s_j^2 = \frac{1}{4}\sum_{i=1}^{4}(x_{ij} - \bar{x}_j)^2$。如果能够确定评价模型中的权值 $\alpha_j$，则可以得到第 i 产业在给定的选择竞争下的综合得分，根据评价综合得分的大小，可以为主导产业的选择提供依据。由于上述 5 个竞争指标之间存在较大的相关性，为消除其相关性的影响，采取因子分析的方法确定其公共因子，利用公共因子进行综合评价。

因子分析的主要目的是浓缩数据，通过研究众多变量的内部依赖关系，探求观察数据中的基本结构，并用少数几个假想变量来表示基本的数据结构，这些假想变量可以反映原变量所代表的主要信息，称这些假想变量为因子①。通过进一步将原始观察变量的信息转换成因子的因子值，利用因子值可以进行转换评价。

因子分析的基本步骤主要包括②：

（1）计算所有变量的相关系数矩阵，并对相关系数矩阵进行因子分析方法应用是否合适进行检验。

（2）提取因子，提取因子包括确定提取因子的方法和提取因子的个数。提取因子的方法主要有主成分分析法，公因子分析法等；因子个数的确定准则主要特征值准则，碎石检验准则。

（3）进行因子旋转，使因子的实际意义更加容易解释。

（4）计算因子值，进行应用。

①② 郭志刚：社会统计分析方法——SPSS 软件应用［M］. 北京：中国人民大学出版社，1999.

表 2-36 基准指标原始取值数据表

| $x_{ij}$ | $x_{i1}$ | $x_{i2}$ | $x_{i3}$ | $x_{i4}$ | $x_{i5}$ |
|---|---|---|---|---|---|
| $x_{1j}$ | 1.100 | 0.9749 | 1.113 | 2.2869 | 1.6156 |
| $x_{2j}$ | 0.959 | 0.9570 | 0.9594 | 0.5744 | 0.3787 |
| $x_{3j}$ | 1.279 | 1.0934 | 0.9741 | 0.7046 | 1.4665 |
| $x_{4j}$ | 1.504 | 0.9747 | 0.9532 | 0.2471 | 0.3036 |

利用计算公式 $x'_{ij}=\frac{x_{ij}-\bar{x}_j}{s_j}$ 得到标准化数据为：

表 2-37 基准指标原始取值标准化数据表

| $x'_{ij}$ | $x'_{i1}$ | $x'_{i2}$ | $x'_{i3}$ | $x'_{i4}$ | $x'_{i5}$ |
|---|---|---|---|---|---|
| $x'_{1j}$ | -0.4693 | -0.3995 | 0.1490 | 1.4660 | 0.9690 |
| $x'_{2j}$ | -1.0682 | -0.6844 | -0.0534 | -0.4165 | -0.8079 |
| $x'_{3j}$ | 0.2909 | 1.4866 | -0.0340 | -0.2733 | 0.7548 |
| $x'_{4j}$ | 1.2466 | -0.4027 | -0.0616 | -0.7763 | -0.9158 |

计算得到变量的相关系数矩阵为：

表 2-38 变量的相关系数矩阵

| | $X_1$ | $X_2$ | $X_3$ | $X_4$ | $X_5$ |
|---|---|---|---|---|---|
| $X_1$ | 1.000 | | | | |
| $X_2$ | 0.283 | 1.000 | | | |
| $X_3$ | -0.332 | -0.163 | 1.000 | | |
| $X_4$ | -0.430 | -0.131 | 0.993 | 1.000 | |
| $X_5$ | -0.171 | 0.552 | 0.727 | 0.754 | 1.000 |

从相关系数矩阵看，变量之间存在较强的相关性，因此可进行因子分析。故利用 SPSS 统计软件，采取主成分分析方法进行因子分析，按特征值大于 0.7 的原则选择因子，得统计结果如下：

表 2-39 各主因子对应特征值及方差贡献率

| | 全体因子对应特征值及方差贡献率 | | | 提取主因子对应特征值及方差贡献率 | | |
|---|---|---|---|---|---|---|
| 主因子 | 特征值 | 方差贡献率% | 累计方差贡献率% | 特征值 | 方差贡献率% | 累计方差贡献率% |
| 第一因子 | 2.821 | 56.419 | 56.419 | 2.821 | 56.419 | 56.419 |
| 第二因子 | 1.502 | 30.031 | 86.450 | 1.502 | 30.031 | 86.450 |
| 第三因子 | 0.677 | 13.550 | 100.00 | 0.677 | 13.550 | 100.00 |
| 第四因子 | 5.039E-16 | 1.008E-14 | 100.00 | | | |
| 第五因子 | -2.44E-16 | -4.88E-15 | 100.00 | | | |

表 2-40　　各主因子原始变量载荷矩阵

| | 主因子 | | |
|---|---|---|---|
| | 第一主因子 | 第二主因子 | 第三主因子 |
| 市场竞争指标（$X_1$） | -0.482 | 0.528 | 0.700 |
| 影响力系数指标（$X_2$） | 2.394$E$-02 | 0.954 | -0.299 |
| 感应系数指标（$X_3$） | 0.957 | -0.110 | 0.268 |
| 纯收入指标（$X_4$） | 0.982 | -0.116 | 0.149 |
| 现金收入指标（$X_5$） | 0.841 | 0.536 | -6.97E-02 |

为了能够更好地对变量载荷值进行解释，对因子进行旋转，在此旋转的方法是方差极大正交旋转，旋转后的因子载荷矩阵为：

表 2-41　　旋转后的因子载荷矩阵

| | 主因子 | | |
|---|---|---|---|
| | 第一主因子 | 第二主因子 | 第三主因子 |
| 市场竞争指标（$X_1$） | -0.201 | 0.118 | 0.972 |
| 影响力系数指标（$X_2$） | -7.18$E$-02 | 0.985 | 0.156 |
| 感应系数指标（$X_3$） | 0.989 | -7.26$E$-02 | -0.128 |
| 纯收入指标（$X_4$） | 0.971 | -2.47$E$-02 | -0.239 |
| 现金收入指标（$X_5$） | 0.770 | 0.632 | -9.38E-02 |

按载荷系数大于0.7来看，第一主因子主要包括感应系数指标，纯收入指标和现金收入指标的综合信息；第二因子主要包括影响力系数指标的综合信息；第三因子主要包括市场竞争优势指标的信息。据此可以得到第i产业在各个因子的得分为：

$$\begin{cases} F_{i1} = -0.142x'_{i1} + 0.145x'_{i2} + 0.997x'_{i3} + 0.975x'_{i4} + 0.404x'_{i5} \\ F_{i2} = 0.152x'_{i1} + 0.971x'_{i2} - 0.0008086x'_{i3} + 0.158x'_{i4} + 0.914x'_{i5} \\ F_{i3} = 0.978x'_{i1} + 0.190x'_{i2} - 0.07854x'_{i3} - 0.156x'_{i4} + 0.03334x'_{i5} \end{cases} \quad (8)$$

以主因子的方差贡献率为权，将式（8）代入式（7）可以得到江西省农业主导产业评价模型

$$F_i = 0.47998F_{i1} + 0.37371F_{i2} + 0.14631F_{i3} \quad (9)$$

利用该评价模型将表2-10数据代入式（9）得到江西省农业产业的评价得分为：

表 2－42　各产业综合评价得分

| 产业 | 种植业 | 林业 | 畜牧业 | 渔业 |
|---|---|---|---|---|
| 综合评价得分 | 1.2789 | －0.9796 | 0.7311 | －1.0304 |

从对各个产业的主导产业基准得分的综合评价来看，种植业和畜牧业目前仍旧是江西省农业的主导产业。

## 四、结论

通过以上对江西农业生产系统的主导产业基准分析，并结合对产业发展趋势和产业产品的需求趋势的定性分析，本文认为，当前江西农业产业结构调整的主导思想应是通过对江西畜牧业内在产品结构的优化，提升江西畜牧业的市场竞争能力，在确保粮食生产的前提下，大力发展畜牧业，以畜牧业的发展促使农业结构的整体优化，将种植业和畜牧业作为江西省农业生产系统的主导产业。这也印证了目前江西省农业发展的重点仍旧是在种植业，而推动江西农业进一步发展的后劲在畜牧业发展的观点，即“重点在田，后劲在畜”。

### 参考文献

1. 关爱萍，王瑜：区域主导产业的选择基准研究［J］. 统计研究，2002（12）：37－38.

2. 郭剑雄，张路：农业现代化的结构含义［J］. 青岛科技大学学报（社会科学版），2002（3）：30－34.

3. 杨林娟：美国，日本农地制度对中国农业现代化的启示［J］. 甘肃农业，1999（4）：37－39.

4. 弗里德里希·李斯特：政治经济学的自然体系［M］. 北京：商务印书馆，1997.

5. 胡振华，熊建：投资：畜牧业经济增长和结构优化的动力［J］. 江西社会科学，2001（7）：41－44.

6. 郭志刚：社会统计分析方法－SPSS 软件应用［M］. 北京：中国人民大学出版社，1999.

7. 江西省统计局，江西省投入产出办公室 .2002 江西省投入产出表［M］. 南昌：2004.

# 第三章　中部自然资源与生态经济

## 第一节　珠、赣、湘江源头区域的生态环境保护和建设*

随着经济发展，在曾经制约社会经济发展的交通、电力和资金等瓶颈被一一冲破后，水资源正成为社会经济发展的新的瓶颈。作为水资源的承载区域，流域生态环境安全问题凸显出来了。因此，流域中不同地区的合作成为了一个新的课题。流域统筹发展创新已成为确保水资源安全稳定和流域区内社会经济可持续发展的重要内容。

### 一、流域生态环境安全已成为当今发展的重要问题

所谓流域，就是以水为主体的、动态的生态系统，是水系的干流和支流所流过的整个区域，如黄河流域、长江流域。流域内所有的非生物、生物、人及其彼此互相作用构成了流域生态环境。水的流动性把流域的上下游之间构成了有机的统一体。因此上中游的生态环境安全状况直接影响下游地区的生态质量和社会发展。

流域生态环境安全其最终目标是实现水的安全。水安全包括自然型水安全，如干旱、洪涝、河道变化等；以及人为型水安全，如水量大小、水体质量、水环境状况；水安全其外延就是诸如粮食安全、经济安全和国家安全、国际安全等内容，这是水安全核心意义所在。进入现代社会，水安全主要涉及：一是产业安全，保证经济安全的最低用水；二是基本生活用水；三是生态用水，保证地下水位不下降，河流不断流，湖泊不干涸。中国占世界22%的人口，淡水仅占世界的8%，世界人均水平的1/4，是世

---

* 基金项目：江西省社会科学规划课题"'红三角'建设生态经济强区整体战略研究"和赣州市社会科学规划课题"泛'珠三角'视野下赣现经济跨越式发展与生态安全研究"。

撰稿人：熊小青，赣南师范学院政法系/赣粤闽湘边区经济研究所。

界13个贫水国之一，并且分布不平衡。近年来，由于各地盲目发展，一味追求GDP等原因，导致水污染事件频繁发生，流域生态环境安全状况非常严峻。比如长江水体质量下降就是一例。国家水文局2005年2月份的监测资料显示，长江流域现在一二类水体的比例只占31%，三类水占34%，其余都是四类、五类和劣五类水。五年后，长江70%左右的水体都变成三类以下水体，是完全有可能的。进入21世纪，水资源短缺问题更加严峻，有人认为缺水有可能成为新的贫困——脏渴（水脏、水少）的问题已经凸显。因而从总体上看，目前中国已迈入水安全危机初期阶段，部分区域已进入中期阶段。水安全成为国家安全的重要组成部分，保护水资源环境是国家安定的重要保证，也是我国经济高速发展的基本前提。

生态环境直接决定了流域水体质量和水安全。造成水体质量和水安全问题主要是环境破坏和环境污染，其产生既有自然界灾害因素，如火山爆发、地震等；也有人为因素，如生产生活中的排污和环境破坏行为，如造成长江水体质量下降就是人为所致：据国家环保总局统计，2004年，长江流域废水排放总量已达167.5亿吨，其中工业废水排放量76.6亿吨，生活污水排放量90.9亿吨；常年在长江运营的船舶有21万多艘，这些船舶每年向长江排放的含油废水和生活污水达3.6亿吨，排放生活垃圾7.5万吨。今天水安全问题几乎都是属于人为原因。

流域生态环境一旦遭受破坏，其危害非常大，表现在：范围大、涉及的地区广、接触污染的对象普遍、作用时间长；造成的损害巨大，甚至是不可能恢复的；治理的费用大、代价高；极易引发社会性问题如恐慌、骚乱等。澳籍华裔科学家刘光钊对长江水质下降曾说，如果长江70%左右的水都变成四类、五类和劣五类水，首先带来的灾难就是长江中部水生生物将面临灭绝危险，长江的生物多样性会被破坏，食物链会断裂，蓝藻等会大面积暴发，生态平衡会被彻底打破，长江也将变成一江死水。如果如刘所说，它对中国社会所造成的负面冲击将是不可估量的。因此，流域生态环境安全已成为发展中的重要问题。

## 二、“红三角”作为流域源头的生态环境安全现状

“红三角”地区，即位于南岭东麓的赣南的赣州市、位于南岭南麓的粤北的韶关市、位于南岭北麓的湘南的湖南郴州市三地及其相互连接的广大区域，总面积7.72万平方公里，占粤赣湘三省总面积的13.87%。该区域是赣江、湘江、珠江（北江、东江）的源头，其流域面积覆盖三省

70%多国土和三省所有经济中心区域。珠江水系虽由西江、北江和东江组成，但对“大珠三角”起重要资源作用是东江水系和北江水系。东江水系发源于江西省赣南的寻乌、安远和定南三县，北江水系发源于湖南郴州和广东韶关地区。生命之源的“红三角”在三省的经济社会发展当中无疑具有十分重要的作用。赣江自南而北流贯江西全省，流域面积达8.35万平方公里，对赣州盆地、吉泰盆地和鄱阳湖平原等江西省内工农业生产和全省经济社会发展具有十分重要的地位。赣江源头的贡水和章水均发源于赣州。郴州市境内湘江流域面积14 575.7$km^2$，占75.3%；珠江流域面积4 289$km^2$，占22.1%；赣江流域面积501.8$km^2$，占2.6%。韶关市境内河流主要属珠江水系的北江流域。北江自北向南贯穿全市，大小河流密布，有浈江、武江、南水、翁江等；还有东江水系的部分水流。在水资源紧张的情况下，“红三角”生态环境安全状况将直接决定了三省尤其是“大珠三角”的发展。但是，由于“红三角”区域经济社会的发展需要，这一区域的生态环境安全也存在着许多问题，主要表现在：

### 1.“红三角”经济社会发展中造成的水体污染破坏日趋严重

“红三角”是典型的欠发达地区。从人均GDP来说，2004年“三地”人均不足千美元，其平均数低于全国水平。在长三角、珠三角的直接辐射及拉力下，快速发展对这一地区已变成了外在压力和内在动力，因而，促进经济快速发展是该地区的共同目标。在资金、技术、人才不足的情况下，依靠本地丰富的资源发展经济成为该区域的共同选择。因此，传统资源性产业在该区域占据了举足轻重的地位，比如2003年，郴州的工业支柱为：有色工业总产值48.86亿元，贡献率45.6%；能源工业的总产值37.28亿元，贡献率19.8%；建材工业总产值16.59亿元，贡献率6.2%；化工工业总产值10.9亿元，贡献率5.5%，四大产业合计112.92亿元，贡献率达到77.1%。韶关工业总产品（人民币）达10亿以上的行业是煤炭开采和洗选业（12.1亿元），有色工业（113.6亿元），机械制造业（60.6亿元），烟草食品业（24.96亿元）。赣州工业支柱产业也是在煤炭开采、有色工业和烟草食品业。“三地”的工业总产值中，资源性行业起了独当一面的作用。我们知道，一个区域过分倚重矿产资源采掘和原料工业，资源采挖当中引发的环境破坏和资源消耗当中引发的环境污染是不可避免导致水体问题。重金属水污染压力日趋严重。2005年就出现了韶关北江特大污染事件和赣州801厂（有色金属冶炼）重金属污染章江事件，由此造成的损失难以估计，仅就当时流域内居民停水和不能下河所引发的恐慌、混乱而言已经够大了。加上近年来城市迅速扩大所带来的生活污水的直排，水体质量下降已是一个不争的事实，这已经影响流域生活、工业、农业用水安全。

**2. 过度开采引发环境破坏造成的损失日益显现**

三地素有“有色金属之乡”“世界钨都”“稀土王国”美誉，资源性支柱产业有其必然性。但由于重效益、重产值、重对 GDP 贡献，出现了盲目、过度开采，导致了水土流失、植被毁坏日益严重。赣江源区的大余县，素有“钨都”之称，由于种种原因出现“环保欠账，如今水源已遭受严重污染”“在大余县西华山矿区的牛岗地拦沙坝记者看到，此坝上游的山坡上都堆满废矿渣，山上植被大多被破坏”“山下的小河里沉积大量从上游冲下来的山石”“部分重点污染源超标排放，导致地表尤其是县城附近的地表水在枯水期氨氮、总砷总镉、总铅含量超过三类水质标准，重金属污染和生态破坏加重”。这一状况可以说是整个“红三角”资源开采中的一个缩影。再如郴州原汝城钨矿尾砂库坝造成两条河流河道堵塞，河床淤积，污染严重，水质浑浊不清（当地人戏称“一碗水，半碗泥”）；附近 4 个乡镇共有 6 400 亩耕地受害，其中被砂石完全覆盖，无法恢复耕作的稻田近千亩。1995 ~ 2002 年，郴州境内共出现暴雨降水过程 34 次，其中就有 13 次洪灾造成直接经济损失 71 亿元以下，平均每次 5.5 亿元，造成人员死亡 300 人，最多 1 次死亡 99 人，伤亡惨重，与 1980 年以前相比，无论经济损失和人员伤亡明显加重。这固然与暴雨降水有关，但和这一地区生态环境破坏状况应该是有关系的。

由于资源的过度或保护不力而引发的水体污染问题所带来的后果表现为：（1）水土流失严重。这主要是由于破坏地表植被所致。截止 20 世纪 90 年代末，郴州水土流失面积为 4 131.61km$^2$，占郴州总土地面积的 21.36%。赣南截止到 2001 年，水土流失总面积达 1 210.24 公顷，占赣南全部土地面积的近 1/3（30.73%）。（2）水安全日益严峻。近几年，随着这一地区有色工业规模的扩大和城市的扩大，工业废水和生活污水直排和超标排放日益严重，由于水污染而断水现象的次数持续增加。比如处于北江源头的韶关市 2003 年废水排放总量就达 20 448.35 万吨，其中生活污水排放量达 6 106 万吨，工业废水的排放达标率仅为 78.48%。

### 3. 保护“红三角”源头水安全所带来的经济和社会发展压力逐年增大

“大珠三角”的经济龙头地位及其香港特殊政治内涵，决定了流域水源区水安全的极端重要性所在。因此“大珠三角”“生命之源”的东江、北江的水质安全成为了“红三角”区域各级政府的重要任务。尽管韶关、郴州、赣州分属广东、湖南和江西三省，但是三省政府都非常重视此项工作。比如广东省在2002年出台了《广东省东江水系水质保护条件》，2003年江西省出台了《关于加强东江源区生态环境保护和建设的决定》，湖南省人大常委会在2002年专门制定和颁布了《湖南省东江湖水资源保护条例》。但由此带来的，就是为保护东江、北江水系的“红三角”地区所付出的经济发展不快、社会进步慢的巨大代价。为保护三省尤其是“大珠三角”的“生命之源”，三省对“红三角”区域的矿产资源开采、森林资源利用、冶金工业建设都采取了一系列的限制措施。比如江西省为了确保东江源头水质达到I和II类标准，在东江源区内的寻乌、安远、定南关闭了234个稀土采矿点，并严格矿山准入条件。韶关、郴州、赣州素有“有色金属之乡”、“世界钨都”、“稀土王国”之称，但由于保护水源使当地丰富的矿山资源不能利用，拖延了经济发展的步伐。2003年，“红三角”人均生产总值仅723.2美元，而珠三角为5 207.7美元，后者是前者的7倍多。当然，这里面原因有很多，但同这一地区的保护生态环境应该是有联系的。仅就东江源区的安远、寻乌、定南，前两个是国家贫穷县，后一个是江西省贫穷县；2004年，三县人均国民生产总值仅为2 899元（人民币），不到全国平均水平的四成，三县人均收入仅为1 519元（人民币），不到全国农村人均收入的65%。由此可知，“红三角”区域在流域生态环境保护当中面临当地社会经济发展的压力是很大的。

## 三、流域统筹发展视野下的生态环境安全模式的构建

党的十六大把“可持续发展能力不断增强，生态环境得到改善，资源利用率显著提高，促进人与自然和谐，推动整个社会走上生产发展、生活富裕、生态良好的文明发展道路”确定为全国建设小康社会宏伟目标的重要内容。胡锦涛总书记在2005年3月12日中央人口资源环境工作座谈会上强调指出，彻底转变粗放型的经济增长方式，使经济增长建立在提高人口素质，高效利用资源、减少环境污染、注重质量效益基础上，努力建设资源节约型、环境友好型社会。构建社会主义和谐社会，流域统筹发

展是其重要内容。这就要求把流域作为一个整体而纳入到经济发展当中，依据各自的资源禀赋及优势构建出一个分工合作、互惠互利的双赢共同体。其主要内容包括流域水环境功能区划、流域规划、水量保证、流域总量控制、流域利用整合、流域统一监管等方面，其最终落脚点就是通过流域生态环境保护达到水资源的有效稳定安全利用。水体的流动性决定了流域内的各个区域之间的唇齿关系。因此，流域生态环境安全模式的构建在今天水资源缺乏的情况下就显得非常重要。

“红三角”地区既是三省尤其是“大珠三角”的“生命之源”的发源地，也是三省的大后方。为保证三省尤其是“大珠三角”的水资源安全和“红三角”区域快速发展，“红三角”作为珠江、湘江和赣江的水源区与其中下游流域建设一个共同体不但是必要的，而且是完全可能的，其理由在于地区之间经济的互补性。在这当中，特别强调“大珠三角”是由于“红三角”地区为保证“大珠三角”的水安全而受到的政策限制多并由此所付出的代价也很多。围绕这些，区域共同体应从以下几个方面入手。

### 1. 极力打造“红三角”生态经济强区

生态经济是能够满足于我们的需求而不危及到后代满足于其需求的经济形态，它强调人口、资源、环境与社会经济在发展中的相互依存性，也就是对环境的不污染和不破坏性。“红三角”之所以应打造生态经济强区，主要在于：

（1）能确保三省尤其是“大珠三角”水资源安全及流域生态环境保护。“红三角”是水源区，一方面需要保持较好的植被以保证土壤的含水量和流水量；另一方面需要水源区水质的无污染。打造生态经济强区就是始终把经济与环境协商起来。“红三角”凭借自身优势重点发展“生态农业、生态旅游和生态制造业”；在资源性开采业当中，尽可能做到合理、有序，把开采和生态补救统一起来，这样就能最大限度地保证水源区的生态环境安全。

（2）流域统筹发展的内在需求。流域共同体的发展必须建立在各成员的分工协作、互利的基础上。“红三角”区域作为经济欠发达地区和远离三省经济发展中心的边缘地区（远离三省省府达400～500公里），在资金、人才和技术积淀水平等资源都不足之下，其自身发展受到许多客观因素制约。“大珠三角”作为中国目前最具经济活力的经济发展龙头地区之一，“红三角”依附与“大珠三角”经济圈毗邻的地理优势，积极融入其中并参与其分工合作，通过利益分配机制获得自己的比较效益是最佳之选择。但比较效益必须凭借比较优势才能获得。“红三角”区域比较优势体现在良好的生态环境、优良的生态农副产品和特殊的地理气候条件以及地理资源，这是“大珠三角”区域所缺乏的[5]。港、澳几乎没有第一产业，珠三角面积有4.5万平方公里，仅为“红三角”的一半多一点，面积小，耕地少，近几年发展工业当中的污染比较严重，发展生态农业、生态旅游的空间受到制约。“红三角”与“大珠三角”经济圈之间构成了经济互补、产业互补，奠定了东江、北江流域经济统筹合作发展的现实基础，也从中显现出“红三角”在“大珠三角”乃至整个东南亚经济区域中生态产品、生态服务、生态休闲为特征的生态经济的角色定位。

（3）“红三角”自身经济发展优势的需要。“红三角”经济圈拥有优势的生态资源：在生态自然资源上，三地同属亚热带气候区域，雨量充沛，水资源非常丰富；物种丰富，生长极为旺盛；三地区山多地广，山林地总面积达75%，森林覆盖率接近70%；区域内以农业为主，工业污染程度小，空气、土壤、水源、植物基本上保持自然生存状况，具有作为发展大区域生态经济尤其是生态农业基地的条件。“红三角”利用这些生态条件和绿色食品资源最终形成特色生态农业、生态旅游，正好与毗邻的珠三角、长三角在产业上构成互补，从而为“红三角”融入发达地区尤其是珠三角找到了切入点，解决了这一地区社会经济发展与环境保护互动的现实渠道。

### 2. 加强流域下游经济发展中心区对“红三角”的辐射、扶植力度

生态环境安全总是与经济发展状况相联系的。从国外发展经验可以看出，只有经济发展到一定程度时，环境与经济发展才能有效地统一起来。“红三角”正处于经济发展的环境问题的高发期、多发期。表现在资源浪费严重，污染程度加重，森林植被破坏加剧。改善这一状况，应该尽快提升这一区域的经济发展实力和经济总量水平，其最重要的举措就在于流域下游经济中心区尤其是“大珠三角”区域加大对上游“红三角”的辐射、扶植。这是因为：一方面是“大珠三角”经济进一步发展的需求。瑞典经济学家缪尔达尔的地理性二元经济理论指出，一个地区的产业集中超过一定限度时，往往会出现规模报酬递减现象。这样，在市场规律作用下，这一地区的资源（资金、人才和技术等）就会流向、扩散到其他欠发达地区，以获取更好的发展机会。“大珠三角”正处于土地资源有限、劳动

力成本上升、市场竞争激烈的状况，产业的转移扩散已经出现。“红三角”地域作为“大珠三角”的毗邻地区，天时、地利、人和即地缘、文化传统等都相近，尤其是“大珠三角”向内地扩展的首经之地，必然成为“大珠三角”产业转移的首选；另一方面，也是“大珠三角”的长期稳定、繁荣的需要。“红三角”地区就目前来说，已经成为了以“大果园、大菜园、大花园”主要内容的“大珠三角”的大后方。2002 年，三地共接待旅游人数近千万人，其中 2/3 都来自于大珠三角地区。近两年这一数字正在快速上升。基于此，“大珠三角”区域主要应注意以下几点：(1）流域区域内各级政府应加大对流域水源区的对口帮扶力度，尤其重视水源区的产业帮扶。(2）制定优惠措施，鼓励企业与“红三角”进行合作，包括联合办厂、直接投资、资金或技术扶植等。当然，江西、湖南、广东三省应从政策上及财政上对“红三角”地区给予支持。

### 3. 以循环经济理念建立流域生态效益补偿机制

循环经济是以系统论和生态学系统为基础，以从生态系统中取得自然资源来支撑社会、经济和环境等诸子系统，从而使各子系统之间互相作用、互相影响，达到动态平衡的经济样式。因此，循环经济理念承认环境保护是一种正外部性很强的公共产品。任何区域或经济主体都可以分享其带来的利益，并且一个任何区域或经济主体都有责任使其对环境的影响行为最小化、内部化，最终达到经济的可持续发展。流域生态补偿就是通过一定的政策手段实现生态环境保护外部性的内部化，实现生态环境保护的经济效益化、社会化，减少流域生态环境保护的公共性、流动性所导致的“搭便车”行为。流域生态环境保护效益的外部性内部化，客观地反映了自然成本与社会成本，环境损耗与代价，价值与机会成本。具体说，流域生态环境补偿机制就是通过下游地区（由于享受到上游保护生态的好处）对上游做出贡献地区的补偿，从而使生态环境保护所形成的代价由全体受益者共同承担，促进了社会分配公正和财政转移，从根本上解决生态环境保护利益的外部化所出现的失范现象，使生态环境保护成为一项具有现实利益回报的实业，从而调动流域生态环境保护的积极性。

《国务院关于环境保护若干问题的决定》（1996 年）明确规定，“污染者付费、利用者补偿、开发者保护、破坏者恢复”，并指出有关部门应“建立完善有偿利用自然资源和恢复生态环境的经济补偿机制”。在这里，实质上就是对于环境代价的补救和承担的原则规定。客观地说，某一地区或某一群体过多或过重地承担环境代价必然影响其环境保护的积极性。对“和谐的生态环境”这一公共产品的消费，如果“搭便车”现象太多，环境投资者或环境保护者其利益回报就无法得到保证。人类可持续发展必须建立在务实且公正的基础上才得以实现。国家出于全局利益通过进行行政手段使欠发达地区自然资源大量流向发达地区，欠发达地区得到仅仅是非等价的资源价值，而其资源以外的生态价值和环境价值根本没有得到体现。比如香港、珠三角的“生命之源”的东江源头的江西省的寻乌、安远、定南三县为确保东江三源头水质为Ⅰ至Ⅱ类标准而对源头区的矿产资源开采、森林砍伐的严格限制带来当地经济落后（安远、寻乌是国家贫困县、定南是江西省贫困县）①。这一切都表明了环境代价承担和补偿机制的重要。

“红三角”区域对珠江、赣江、湘江水系的保护客观上提供了下游地区的江西南昌、湖南的长沙地区尤其是“大珠三角”地区的社会经济的坚实的物质基础，但也使“红三角”地区发展由于保护受到了限制。根据国务院关于环境保护的有关规定，也从流域统筹发展及市场经济的公正公平原则，在目前应建立“大珠三角”经济区对“红三角”区域的生态环境补偿机制已显得十分迫切。当然，江西的南昌经济区域、湖南的长沙经济区域在经济上升到一定程度时也应承担起对“红三角”地区的扶植、补偿职责。为此，应明确：

首先，大珠三角应明确流域生态环境补偿是双方互惠互利的有效机制。一方面大珠三角经济圈可以少量的代价获得稳定的水质资源；另一方面“红三角”区域通过生态环境保护的经济补偿，能增强“红三角”区域环境保护的积极性，提高保护的实力。

其次，政府应着手建立实施细则，如补偿原则，补偿的主体、对象，补偿的标准，补偿的计算方法以及补偿基金的使用监控等；受益地区也应制定出具体实施细则，真正地把补偿体现在生态环境保护的代价上；明确双方职责及其相应的失职惩罚。

最后，应建立有效的现代流域生态环境监控体系，尤其是流域的水体

① 赣州市长王昭悠今年7月1日在中国香港举办的“生态东江源香港论坛”上对此曾描绘道，为了保护源头生态，东江源区安远、定南、寻乌三县付出不少代价。三县富含稀土、钨矿，可谓挖地即可得宝。但为防止水土流失，当地关闭了330多个矿点，以及一批木材厂、焦油厂、活性炭厂，招商引资也拒绝高污染、高能耗的项目。同时，源区全面禁止天然林砍伐、运输和销售，为减少烧柴伐林，推广“沼气代柴”。资源优势不能利用，也拖慢了东江源区经济发展的步伐。安远、寻乌是国家级扶贫县，定南是省级扶贫县。

监控体系，这里包括环境监测，控制网络；实现水土保持、生态动态变化和农业面源污染综合防治等常态化监控、报告，使水体质量在源头上、根本上得到保证，为生态环境补偿提供直接的数据依据。

### 参考文献

1. 熊小青、朱昌彻：构筑“珠三角”经济圈农产品强势供应基地［J］. 湘南学院学报，2004，（6）：6－8.

## 第二节　粮食生产与畜牧业协调发展研究*

### 一、引言

长期以来福建省农业生产中种植业系统和畜牧业系统如何协调发展，一直是福建省农业生产的一个瓶颈问题，也是福建省农业学术研究中争论的一个焦点问题。因为福建省是我国人均耕地面积最少的省份，2005 年其人均耕地面积仅 0.032$hm^2$。由于耕地面积少，因而福建省粮食短缺问题一直十分严重，1990 年其粮食缺口为 $236\times10^4$t，而 2000 年其缺口则达近 $600\times10^4$t①。但在畜牧业发展方面，福建省却在大力发展猪肉、禽肉、蛋类等耗粮型畜牧业生产，其产量由 1990 年的 $67.74\times10^4$t、$10.88\times10^4$t 和 $15.16\times10^4$t 分别上升到 2005 年的 $152.83\times10^4$t、$35.58\times10^4$t 和 $43.91\times10^4$t，而且耗粮型畜牧业占畜牧业总产量的比重一直都在 90% 以上，比重最高为 1998 年的 94.58%，最低为 2004 年的 90.03%②。任继周院士研究认为③，我国传统“以粮为纲”的农业生产模式，加之所形成的粮——猪系统是导致我国农业系统相悖的根本原因。具体表现在：在植物生产层中，只重视谷物的生产和利用，而农作物秸秆、牧草等其他植物资源则被弃之不顾。我国是贫粮的国家，但在其动物生产层中却只重视耗粮型畜牧业生产，节粮型畜牧业被弃之不顾。因而植物生产层和动物生产

---

* 基金项目：福建省自然科学基金（D0610013）；福建省科技厅重点支柱项目（2005Z087）。本文对中部自然资源利用有一定参考价值特选入。

撰稿人：姚成胜，南昌大学中国中部经济发展研究中心。

① 张文开、朱鹤健：福建省耕地优化利用［M］. 北京：中国农业出版社，2003.

② 福建省统计局：福建统计年鉴（1991～2006）［M］. 北京：中国统计出版社，1991－2006.

③ 任继周：节粮型畜牧业大有可为［J］. 草业科学，2005，22（7）：44－48.

任继周、南志标、林慧龙：以食物系统保证食物（含粮食）安全——实行草地农业，全面发展食物系统生产潜力［J］. 草业学报，2005，14（3）：1－10.

层的自然耦合机制被割裂，出现了人－畜争粮、粮食缺口不断加大、农牧系统发展极不协调和农业生产效益低下等各种局面。

结合福建省粮食生产和畜牧业发展的实际情况以及任继周等人的观点，可以定性判断福建省粮食生产和畜牧业发展应处于不协调的系统相悖状态，在福建省粮食缺口不断加大的情况下，耗粮型畜牧业的进一步发展，至少会导致以下两个方面的问题：（1）耗粮型畜牧业生产的过度发展，会产生对粮食的过度需求，进一步加大粮食缺口，加重人－畜争粮的局面（因为目前可以通过粮食的大量进口来缓解这种局面，因而人－畜争粮这种局面未被人们所认识），放大福建省粮食安全问题，不利于政府的宏观调控。（2）粮食缺口不断加大及粮食安全问题的放大，必将会加重耕地生产粮食的压力，然而福建省耕地资源极其有限，依靠增加耕地面积来提高粮食产量的可能性很小，因此只有依靠提高单位耕地面积的粮食产量，来增加粮食总产量。其结果必然促使人们大量使用化肥、农药、农膜等各种工业辅助能，因而必将导致农业生产环境的进一步恶化。鉴于此，笔者拟对1991年以来福建省粮食生产和畜牧业发展的协调状况作一定量分析，并从时空两个方面来说明其变化情况，以期为福建省农业的可持续发展提供一定的科学依据。

## 二、粮食生产与畜牧业发展协调状况的计算方法

根据任继周等人的观点，笔者认为耗粮型畜牧业发展的基础应为种植业系统中能生产出足够的粮食，不但能满足人们直接粮食消费的需求（口粮需求），也能满足耗粮型畜牧业发展的需求，这样才不至于发生人－畜争粮、粮食缺口不断加大的局面。也就是说，为有效协调粮食生产和畜牧业发展之间的关系，种植业系统所生产的粮食必须先满足人们的直接粮食需求（口粮需求），所剩余的粮食才能用于发展耗粮型畜牧业。因此，我们可以根据种植业系统中剩余粮食数量（粮食总产量扣除粮食的直接消费量），与耗粮型畜牧业生产所需消耗粮食数量之间的匹配情况，来分析粮食生产和畜牧业发展之间的协调状况。鉴于福建省耗粮型畜牧业产量占畜牧业总产量一直都维持在90%以上的水平，因此粮食生产和耗粮型畜牧业之间的协调程度总体上可以说明粮食生产和畜牧业发展的协调状况。鉴于此，笔者构建福建省粮食生产和畜牧业发展之间的协调关系指标，并将该指标定义为粮畜生产协调度（Coordination Degree between Grain Production and Animal Husbandry，*CDGPAH*），以定量分析福建省粮

食生产和畜牧业发展之间的协调关系，*CDGPAH* 的具体计算公式如下：

$$CDGPAH_i = (SGA_i - GACAH_i) / GACAH_i \tag{1}$$

式中，$CDGPAH_i$ 为福建省 $i$ 年或福建省 $i$ 地区（按福建省 9 个地级市进行分析）粮畜生产协调度，$SGA_i$ 为 $i$ 年或 $i$ 地区种植业系统中的剩余粮食数量（粮食总产量扣除粮食直接消费量）（Surplus Grain Amounts，*SGA*），$GACAH_i$ 为 $i$ 年或 $i$ 地区耗粮型畜牧业猪肉、禽肉、蛋类生产所消耗的粮食数量（Grain Amounts Consumed in Animal Husbandry，*GACAH*）。*SGA* 和 *GACAH* 应为同一计量单位，即统一按“万吨粮食”表示，笔者将该单位称为“粮食当量”。

$CDGPAH_i$ 理论上的取值范围为（$-\infty$，$+\infty$），但实际上各国或各地区基于自身粮食安全考虑，其粮食总产量一般都能满足直接粮食消费的需求，即 *SGA* 基本上都为正；同时鉴于当前各国或各地区耕地资源拥有量以及粮食生产的实际水平，*SGA* 高出 *GACAH* 两倍以上水平的情况也相对较少，因而现实中的 *CDGPAH* 的取值范围基本上维持在［$-1$，$+1$］之间。$CDGPAH_i < 0$，说明福建省在 $i$ 年或福建省的 $i$ 地区种植业系统中所提供的剩余粮食数量（$SGA_i$）无法满足其耗粮型畜牧业生产的需求，即耗粮型畜牧业生产规模过大，此时要使粮食生产和畜牧业协调发展，就必须压缩耗粮型畜牧业生产规模；而且 $CDGPAH_i$ 越小（$CDGPAH_i < -1$ 则说明 $SGA_i < 0$，即粮食生产尚无法满足直接粮食消费的需求），说明 $i$ 年或 $i$ 地区粮食生产和畜牧业发展之间的关系越不协调。$CDGPAH_i = 0$，说明福建省在 $i$ 年或福建省的 $i$ 地区所提供的剩余粮食数量（*SGA*），刚好能满足其耗粮型畜牧业生产的需求，粮食生产系统和耗粮型畜牧业系统中的物质和能量均得到充分利用，两系统之间达到了良性耦合状态。$CDGPAH_i > 0$，说明福建省在 $i$ 年或福建省的 $i$ 地区所提供的剩余粮食数量（$SGA_i$）不但能满足其耗粮型畜牧业生产的需求，而且尚有剩余，耗粮型畜牧业生产的规模偏小，此时要使粮畜生产协调发展，就必须扩大耗粮型畜牧业生产规模或将多余的 $SGA_i$ 输出系统，而且 $CDGPAH_i$ 越大，说明 $i$ 年或 $i$ 地区粮食生产和畜牧业发展之间的关系越不协调。

参考城市化与生态环境耦合度的划分标准及其耦合关系的判断模式[5, 6]，笔者将粮畜生产协调度（*CDGPAH*）化分为：（1）当 $-0.20 < CDGPAH < 0.20$ 时，为粮食生产与畜牧业发展的耦合协调模式。此时种植业系统所提供的剩余粮食（*SGA*）与耗粮型畜牧业生产规模匹配良好，粮食生产和畜牧业发展相互协调（当 $CDGPAH = 0$ 时，*SGA* 与畜牧业生产规

模完全匹配)。(2) 当 $0.20 < CDGPAH < 0.50$ 或 $-0.50 < CDGPAH < -0.20$ 时，为粮食生产与畜牧业发展的基本协调模式。此时前一种情况说明种植业系统中有过量的剩余粮食(SGA)，耗粮型畜牧业生产规模偏小；后一种情况说明种植业系统中的剩余粮食(SGA)不能满足耗粮型畜牧业发展的需求，耗粮型畜牧业生产规模偏大。(3) $0.50 < CDGPAH < 0.80$ 或 $-0.80 < CDGPAH < -0.50$ 时，为粮食生产与畜牧业发展的冲突模式。此时前一种情况表明种植业系统提供的剩余粮食(SGA)远大于耗粮型畜牧业生产规模，系统尚存在较多的剩余粮食(SGA)；后一种情况说明种植业系统提供的剩余粮食(SGA)远不能满足耗粮型畜牧业生产的需求，系统需要进口大量粮食。(4) 当 $CDGPAH > 0.80$ 或 $CDGPAH < -0.80$ 时，为粮食生产与畜牧业发展的相悖模式。前一种情况表明，种植业系统尚存在大量的剩余粮食(SGA)可以发展耗粮型畜牧业生产；后一种情况表明耗粮型畜牧业生产规模大大超过种植业系统所提供的剩余粮食(SGA)，耗粮型畜牧业生产所需的粮食基本完全依赖于外界粮食的进口。

对于公式(1)中的剩余粮食数量($SGA_i$)，采用如下公式计算：

$$SGA_i = TGO_i - TDGC_i \tag{2}$$

式中，$TGO_i$ 为福建省 $i$ 年或福建省 $i$ 地区的粮食总产量(Total Grain Output, TGO)，$TDGC_i$ 为福建省 $i$ 年或福建省 $i$ 地区的直接粮食消费总量(Total Direct Grain Consumption, TDGC)。

对于粮食的直接消费量 $TDGC_i$，采用如下公式计算：

$$TDGC_i = AGCUP_i \times TUP_i + AGCRP_i \times TRP_i \tag{3}$$

式中，$AGCUP_i$ 为福建省 $i$ 年或福建省 $i$ 地区城镇居民的人均粮食消费量(Average Grain Consumption of Urban Population, AGCUP)，$TUP_i$ 为 $i$ 年或 $i$ 地区城镇居民人口总数(Total urban population, TUP)，$AGCRP_i$ 为福建省 $i$ 年或福建省 $i$ 地区农村居民人均粮食消费量(Average Grain Consumption of Rural Population, AGCRP)，$TRP_i$ 为 $i$ 年或 $i$ 地区农村居民人口总数(Total Rural Population, TRP)。

对于公式(1)中的耗粮型畜牧业猪肉、禽肉、蛋类生产所需消耗的粮食数量 $GACAHS_i$，则采用如下公式计算：

$$CACAH_i = \sum_{j=1}^{3} TMO_{ij} \times W_j \tag{4}$$

式中，$TMO_{ij}$ 为福建省 $i$ 年或福建省 $i$ 地区猪肉、禽肉、蛋类三类肉产品的总产量（Total Meat Output，*TMO*），$W_j$ 为猪肉、禽肉、蛋类三类肉产品的折粮系数（即生产 1kg 肉产品所需消耗的粮食数量①）。折粮系数 $W_j$ 采用中国农业科学院提出的肉料比②进行折算，其中猪肉为 4.3∶1、禽肉和蛋类为 2.7∶1。

## 三、数据来源及处理

本文所使用的粮食总产量、猪肉、禽肉、蛋类总产量、城镇和农村居民的人均粮食消费量、城镇和农村居民人口总数等各种数据来自于《福建省统计年鉴》（1992～2006）、《福建农村经济年鉴》（2002～2006）、《福建农村调查年鉴》（1997～2006）以及福建省各地市的统计年鉴（2006 年）。粮食和耗粮型畜牧业的总产量均指福建省区域内的产量，不包括任何区外来源。需要指出的是，统计局统计的粮食总产量和农村居民的粮食消费量是按原粮形态计算的，而城镇居民粮食消费量则是指成品粮的购买量③，因此对于粮食总产量和农村居民粮食消费量按照 0.85 的通用折算系数④，将原粮转化为成品粮后，才能参与计算。经过折算后，通过公式（2）～（4），便可将 $SGA_i$ 和 $GACAH_i$ 的单位统一为粮食当量（万吨粮食），再根据公式（1）计算出福建省粮畜生产协调度。

## 四、粮畜生产协调度的时空变化分析

### 1. 粮畜生产协调度的时序变化分析

根据以上计算方法，分别计算出 1991～2005 年福建省的 $TDGC_i$、$SGA_i$ 和 $GACAH_i$，然后根据公式（1）计算出其粮畜生产协调度（$CDGPAH_i$），并将其编制成图，如图 2－14 所示。

从图 2－14 可以看出福建省粮食生产和畜牧业发展关系存在以下两个特点：

第一，福建省粮畜生产协调度（$CDGPAH_i$）总体上由 1991 年的

① 陆伟国：对我国饲料用粮数量的测算［J］. 中国粮食经济，1997，（3）：38－40.

② 中国农业科学院：中国粮食之研究［M］. 北京：中国科技出版社，1989.

钟太洋，黄贤金，马其芳等：区域人均基本农田需求面积测算模型及应用——以江苏省为例［J］. 自然资源学报，2006，21（5）：717－726.

③ 封志明，史登峰：近 20 年来中国食物消费变化与膳食营养状况评价［J］. 资源科学，2006，28（1）：2－8.

④ 许世卫：中国食物发展与区域比较研究［M］. 北京：中国农业出版社，2001.

-0.66 下降到 2005 年的 -0.96，下降幅度绝对值为 45.45%，年均下降 3.03%。造成粮畜生产协调度下降的主要原因是福建省耕地面积逐年减少，导致粮食总产量不断下降，因而种植业系统所能提供的剩余粮食数量（SGA）也不断减少；而与此同时，耗粮型畜牧业生产规模却急剧加大。表现在福建省耕地面积由 1991 年的 123.45 万 $hm^2$ 下降到 2005 年的 112.90 万 $hm^2$，粮食总产量也相应由 1991 年的 756.20 万吨下降到 2005 年的 607.90 万吨。在此期间虽然随着人们生活水平的提高，直接粮食消费量也由 1991 年的 632.95 万吨下降到 2005 年的 570.85 万吨，但粮食直接消费量下降幅度远低于粮食总产量的下降幅度，因而种植业系统所能提供的剩余粮食数量（SGA）也相应由 1991 年的 123.25 万吨下降到 2005 年的 37.05 万吨。而与此同时耗粮畜牧业的生产规模却由 1991 年的 361.59 万吨粮食当量上升到 2005 年的 871.79 万吨粮食当量。CDGPAH 不断下降表明，福建省粮食生产和畜牧业发展之间的关系越来越不协调，粮食生产和畜牧业相悖发展的趋势越来越严重。

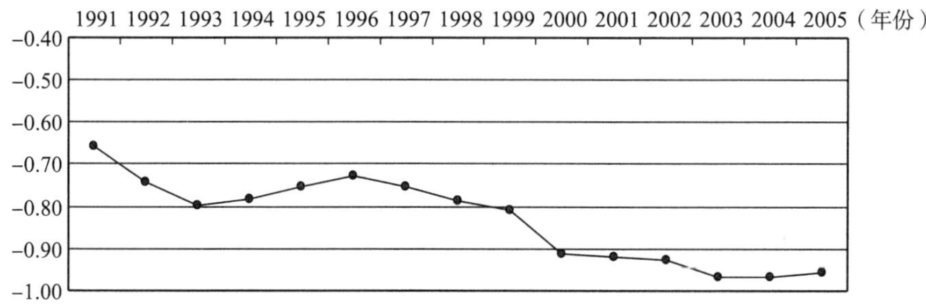


**图 2-14　1991～2005 年福建省粮畜发展协调度变化**

第二，粮畜生产协调度（$CDGPAH_i$）的下降可以分为两个阶段：第一阶段为 1991～1999 年，其值由 -0.66 呈波动起伏状态下降到 -0.81，下降幅度绝对值为 22.73%，年均下降 2.53%。$CDGPAH_i$ 在此时段呈波动式下降的主要原因是由于粮食总产量的波动，以及在此期间耗粮型畜牧业发展速度相对较缓所引起的。该阶段福建省粮食生产和畜牧业发展整体上处于粮食生产与畜牧业发展的冲突模式，即表明在该段时间内福建省种植业系统所能提供的剩余粮食数量（SGA）远远无法满足耗粮型畜牧业生产的需求，耗粮型畜牧业生产规模已明显过大。第二阶段为 1999～2005 年，CDGPAH 由 -0.81 一直下降到 -0.96，下降幅度绝对值为 18.52%，年均下降2.66%，尤其是进入2000年以后，农牧系统耦合协调度一直都维持在［-0.91，-0.97］之间。在此期间 $CDGPAH_i$ 不断下降的主要原因是粮食总产量快速下降，导致剩余粮食数量（SGA）不断下降，以及在此期间耗粮型畜牧业发展较快的综合作用而导致的。具体表现在剩余粮食数量（SGA）由1999年的124.46万吨下降到2005年的37.05万吨，而耗粮型畜牧业则由644.26万吨粮食当量上升到871.79万吨粮食当量。该阶段粮食生产和畜牧业发展一直处于相悖的发展模式，即表明在该段时间内福建省耗粮型畜牧业生产得以维持，其所需粮食几乎完全依赖于外界粮食的进口。

综上所述，福建省是典型的贫粮省份，其粮食生产只能满足粮食直接消费而略有剩余（表现在其剩余粮食数量已由1991年的123.25万吨下降到2005年的37.05万吨），因而根本不适宜大规模发展耗粮型畜牧业。但事实上福建省耗粮型畜牧业的发展不但大大超过其种植业系统所提供的剩余粮食数量（SGA），而且其生产量的增长量和增长速率也远超过了其消费量的增长量和增长速率。表2-43显示了1991~2005年福建省耗粮型畜牧业猪肉、禽肉、蛋类三种食品的生产和消费情况的增长量和增长速度。

**表2-43　　1991~2005年福建省猪肉、禽肉和蛋类生产量和消费量的增长量和增长速率**

| 项目 | 年均生产量 $(P)/10^4t$ | 年均消费量 $(C)/10^4t$ | P/C | 生产量年均增长率（Pr）/% | 消费量年均增长率（Cr）/% | Pr/Cr |
|---|---|---|---|---|---|---|
| 猪肉 | 105.88 | 53.85 | 1.97 | 8.37 | 5.03 | 1.66 |
| 禽肉 | 22.99 | 17.93 | 1.28 | 15.13 | 11.62 | 1.30 |
| 蛋类 | 32.91 | 15.12 | 2.18 | 12.64 | 6.63 | 1.91 |

从表中可以看出1991~2005年福建省猪肉、禽肉和蛋类三种食物的年均生产量明显大于其年均消费量，分别为年均消费量的1.97倍、1.28倍和2.18倍；而生产量的年均增长率也明显大于消费量的年均增长率，分别为消费量年均增长速度的1.66倍、1.30倍和1.91倍。因此无论从哪方面讲，福建省耗粮型畜牧业都存在过度发展的事实。可见耗粮型畜牧业的过度发展，严重的割裂了植物生产层和动物生产层的自然耦合机制，是导致福建省粮畜生产协调度（$CDGPAH_i$）不断下降，使粮食生产和畜牧业相悖发展趋势日益严重的根本原因。

### 2. 粮畜生产协调度的空间变化分析

根据公式（2）~（4），分别计算出2005年福建省9个地市（福州、厦门、莆田、三明、泉州、漳州、南平、龙岩、宁德）的剩余粮食数量（SGA）和耗粮型畜牧业生产所消耗粮食数量（GACAH），如表2－44所示。

**表2－44　2005年福建省各地市的SGA、GACAH和CDGPAH**

| 项目 | 福州 | 厦门 | 莆田 | 三明 | 泉州 | 漳州 | 南平 | 龙岩 | 宁德 |
|---|---|---|---|---|---|---|---|---|---|
| SGA/$10^4$t | 14.5 | －10.99 | 3.83 | 71.71 | 4.64 | 20.71 | 74.10 | 51.89 | 15.33 |
| GACAH/$10^4$t | 152.09 | 33.5 | 64.88 | 72.6 | 120.95 | 114.28 | 95.53 | 178.09 | 40.04 |
| CDGPAH | －0.90 | －1.33 | －0.94 | －0.01 | －0.96 | －0.82 | －0.22 | －0.71 | －0.62 |

从表2－45中可以看出，剩余粮食数量（SGA）以南平市最多，达74.10万吨；其次分别为三明、龙岩、漳州、宁德、福州、泉州、莆田。而厦门市的剩余粮食数量（SGA）为－10.99万吨，这表明厦门的粮食生产尚不足以满足其直接粮食消费的需求，其直接粮食消费缺口为10.99万吨。耗粮型畜牧业生产规模（折算成粮食当量）则以龙岩为最大，为178.09万吨粮食当量，其次分别为福州、泉州、漳州、南平、三明、莆田、宁德和厦门。若将福建省分成闽东南（福州、厦门、莆田、泉州、漳州）和闽西北（三明、南平、龙岩和宁德）两个地区，则可以看出剩余粮食数量（SGA）主要集中在闽西北地区，其总量为213.02万吨，闽东南地区只有32.69万吨。而耗粮型畜牧业生产（GACAH）则主要集中在闽东南地区，其生产总量为485.70万吨，闽西北为386.28万吨。根据SGA和GACAH的数据，利用公式（1）分别计算出福建省9地市的粮畜生产协调度（表2－45）。

从表2－45可以看出，粮畜生产协调度（CDGPAH）以三明市最高为－0.01，已近似达到0的最佳水平，表明其粮食生产与耗粮型畜牧业发展的规模最相匹配，耗粮型畜牧业发展所需粮食可以完全由种植业系统所提供，因而其生产效益最高（仅就两粮食生产和畜牧业发展的耦合协调关系而言，不考虑畜牧业生产技术、区位等其他因素）。而厦门市粮畜生产协调度最低为－1.33，表明其粮食生产与畜牧业发展处于极为严重的相悖状态，耗粮型畜牧业生产所需粮食全部依赖于外界进口，其生产成本要明显高于其他地区，因而其生产效益也最低。各地市粮食生产和畜牧业发展的协调关系由好到差（CDGPAH）的顺序依次为：三明 > 南平 > 宁德 > 龙岩 > 漳州 > 福州 > 莆田 > 泉州 > 厦门。

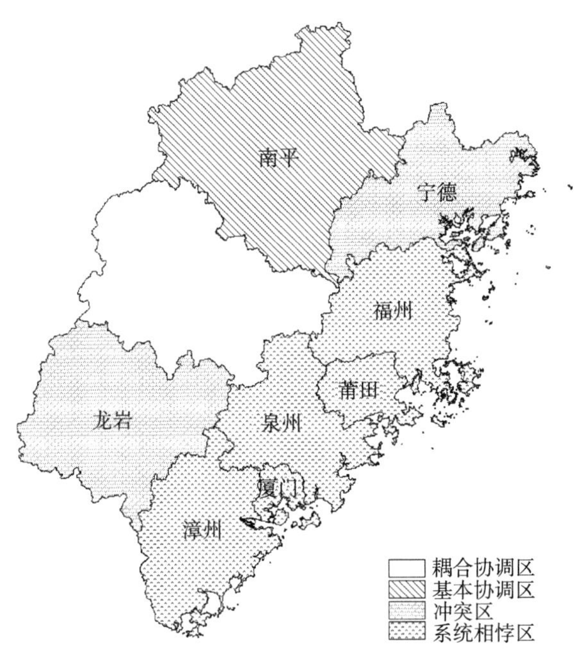


**图 2－15　福建省粮畜生产协调度分区**

由表 2－45 还可以看出，闽东南地区的粮畜生产协调度均处于 CDGPAH < －0. 80 的范围，根据对粮食生产和畜牧业发展协调度的划分可知，闽东南地区均属于粮食生产和畜牧业发展的相悖模式，因而可以将闽东南地区定义为粮畜生产相悖区。宁德和龙岩则两市的粮畜生产协调度则处于 －0. 80 < CDGPAH < －0. 50 的范围，属于粮食生产和畜牧业发展的冲突模式，因而该两地市称为粮畜生产的冲突区。南平市粮畜生产协调度则处于 －0. 50 < CDGPAH < －0. 20 的范围，为粮畜生产的基本协调模式，因而该地区称为粮畜生产基本协调区。三明市粮畜生产协调度则处于 －0. 20 < CDGPAH < 0. 20 的范围，为粮畜生产的耦合协调模式，因而该地区称为粮畜生产耦合协调区。各地市粮食生产和畜牧业发展的协调关系分区如图 2－16 所示。

粮畜生产协调度（CDGPAH）的空间分析表明，经济最为发达的闽东南地区是福建省粮食生产和畜牧业发展严重相悖的地区，其原因是由于近年来闽东南地区经济和城市化的快速发展，耕地大量面积减少，粮食总产量也不断下降；同时由于其经济和城市划的快速发展，各地人口不断向其聚集，再加上其本身人口的不断增加，因而粮食直接消费总量也不断增加，两者综合结果使闽东南地区剩余粮食数量（SGA）不断减少（甚至出现负值，如厦门市）；而另一方面闽东南的耗粮型畜牧业却在不断发展，并占据了福建省耗粮型畜牧业的绝大部分，因而总体上导致了闽东南地区粮畜生产协调度（CDGPAH）下降，粮食生产和畜牧业发展处于系统相悖的发展模式。根据闽西北 SGA = 213.02 万吨和 GACAH = 386.28 万吨，可以计算出闽西北地区整体的粮畜生产协调度 $CDGPAH_{闽西北}$ = -0.49，属于基本协调的发展模式：但其区域内部存在着巨大差异，龙岩和宁德两地市耗粮型畜牧业仍存在过度发展的趋势，因此该两地区仍需要压缩一部分耗粮型畜牧业。

## 五、结论及建议

### 1. 结论

（1）1991 ~ 2005 年来，福建省粮畜生产协调度（CDGPAH）由 -0.66 下降到 -0.96，表明其粮食生产和畜牧业发展的关系越来越不协调。同时，粮畜生产协调度（CDGPAH）下降可以分为两个阶段：第一阶段为 1991 ~ 1999 年，CDGPAH 值由 -0.66 下降到 -0.81，粮食生产和畜牧业发展总体上处于冲突的发展模式；第二阶段为 1999 ~ 2005 年，CDGPAH 值由 -0.81 下降到 -0.96，粮食生产和畜牧业发展总体上处于相悖的发展模式。

（2）福建省粮畜生产协调度（CDGPAH）的空间变化分析表明，三明市粮食生产和畜牧业发展之间的关系最为协调，而厦门市最不协调；各地市粮食生产和畜牧业发展之间的协调关系由好到差依次为三明 > 南平 > 宁德 > 龙岩 > 漳州 > 福州 > 莆田 > 泉州 > 厦门。进一步分析表明，可将福建省划分为闽东南（福州、漳州、泉州、厦门、莆田）的粮畜生产相悖区和闽西北（三明、南平、宁德、龙岩）的粮畜生产基本协调区；而闽西北内部又存在差异，其中宁德和龙岩两市属于粮畜生产冲突区，南平市属于粮畜生产基本协调区，而三明市则属于粮畜生产的耦合协调区。

### 2. 协调粮食生产和畜牧业发展的对策建议

（1）加强耕地保护力度，提高复种指数和粮食产量。

粮畜生产协调度下降的重要原因之一就是近年来福建省粮食总产量快速下降，而粮食总产量下降的根本原因则是耕地面积的不断减少。相关研究表明，人均耕地面积和人均粮食占有量在18个影响福建省农业可持续发展的障碍因素中，分别居第1位和第3位①。因此，福建省应采取切实有效的行政、法律和经济手段，严格控制各种土地开发项目，切实保护极其有限的耕地资源，并大力实行土地整理，缓解人多地少的矛盾。福建省拥有“四季常青”的气候条件，是全国土地生产潜力最高的区域之一，但现有耕地粮食平均产量只有生产潜力的55.21%，复种指数只有150%～200%，耕地冬种面积不及25%②。因此应充分挖掘耕地生产潜力，大力提高耕地的复种指数，以缓解粮食产量逐年下降的趋势。同时因提高农业基础建设投资在总建设投资的比例，加强农业基础设施建设，提高农业的抗灾能力。

（2）压缩耗粮型畜牧业，大力发展节粮型畜牧业。

耗粮型畜牧业的过度发展，乃是造成福建省粮食生产和畜牧业发展相悖的根本原因之一。因此，福建省应压缩耗粮型畜牧业的发展，大力发展节粮型畜牧业，因为福建省存在着发展节粮型畜牧业的优越的草山、草坡资源，大面积的果园以及大量的冬季农闲田，适宜节粮型畜牧业的发展③。因此，为促进节粮型畜牧业的快速发展，福建省应加快对各种草山、草坡资源的开发，并将其承包给农户，为节粮型畜牧业发展奠定基础。同时要加快制定各种有效的财政政策，设立草地开发基金，对草地资源开发予以支持，并给以相应的配套。拓宽农民贷款渠道，对农民贷款发展节粮型畜牧业予以一定的优惠政策，并给予相应的补贴。由于闽东南是农牧系统相悖最为严重的地区，而该地区又存在大面积的果园，适合发展农－果－牧的经营方式④。因此可以在闽东南地区大面积的推广这一经营模式，从而使节粮型畜牧业能有较大规模发展。

---

① 姚成胜，朱鹤健：区域农业可持续发展的生态安全评价——以福建省为例［J］. 自然资源学报，2007，22（3）：380－388.

②③ 朱鹤健：可持续农业的“四重”策略——以福建省为例［J］. 自然资源学报，1998，13（增）：68－73.

④ 曹文志，朱鹤健：福建省农业系统的特征与调控［M］. 北京：中国农业出版社，2000.

## 参考文献

1. 张文开，朱鹤健：福建省耕地优化利用［M］. 北京：中国农业出版社，2003.

2. 福建省统计局：福建统计年鉴（1991～2006）［M］. 北京：中国统计出版社，1991－2006.

3. 任继周：节粮型畜牧业大有可为［J］. 草业科学，2005，22（7）：44－48.

4. 任继周，南志标，林慧龙：以食物系统保证食物（含粮食）安全——实行草地农业，全面发展食物系统生产潜力［J］. 草业学报，2005，14（3）：1－10.

5. 刘耀彬，李仁东，宋学锋：中国城市化与生态环境耦合度分析［J］. 自然资源学报，2005，20（1）：105－112.

6. 刘耀彬，宋学锋：城市化与生态环境的耦合度及其预测模型研究［J］. 中国矿业大学学报，2005，34（1）：91－96.

7. 陆伟国：对我国饲料用粮数量的测算［J］. 中国粮食经济，1997，（3）：38－40.

8. 中国农业科学院：中国粮食之研究［M］. 北京：中国科技出版社，1989.

9. 钟太洋，黄贤金，马其芳等：区域人均基本农田需求面积测算模型及应用——以江苏省为例［J］. 自然资源学报，2006，21（5）：717－726.

10. 封志明，史登峰：近20年来中国食物消费变化与膳食营养状况评价［J］. 资源科学，2006，28（1）：2－8.

11. 许世卫：中国食物发展与区域比较研究［M］. 北京：中国农业出版社，2001.

12. 姚成胜，朱鹤健：区域农业可持续发展的生态安全评价——以福建省为例［J］. 自然资源学报，2007，22（3）：380－388.

13. 朱鹤健：可持续农业的"四重"策略——以福建省为例［J］. 自然资源学报，1998，13（增）：68－73.

14. 曹文志，朱鹤健：福建省农业系统的特征与调控［M］. 北京：中国农业出版社，2000.

15. 朱鹤健，何绍福：农业资源开发中的耦合效应［J］. 自然资源学报，2003，18（5）：583－588.

# 第四章　中部科技创新与人力资源开发

## 第一节　长三角统一技术市场及其运行机制*

我国改革开放30年来的经济高速发展，促成了众多不同规模城市群的形成。就长江三角洲（长三角）而言，虽然近年来科技创新成果众多，技术成果成交量大，但仍然存在着技术合同的履约率低、技术成果转化率低和产业化难等问题。长三角内各城市的技术市场自成体系，相互之间缺少联系和互动，影响和制约着整个长三角区域的技术交易效率。因此需要在统一的区域创新系统框架下构建统一的跨区域技术市场，为创新主体提供良好的技术市场环境，增强技术交易信息的共享，降低技术交易的成本，推动技术创新成果的流动和技术扩散，从而增强区域创新体系的创新功能与效率，更好地发挥区域经济在国家经济社会发展中的重要作用。

### 一、长三角技术交易市场的聚类分析

本文所讲的长三角包括上海、南京、苏州、无锡、常州、镇江、扬州、南通、泰州、杭州、宁波、湖州、台州、绍兴、嘉兴、舟山16座城市，根据技术交易的特点和数据可获得性，我们确立了如表2－45所示的聚类分析指标体系。

表2－45　　聚类分析指标体系

| 聚类分析指标 | 指标含义 |
| --- | --- |
| 技术合同数（X1） | 直接反映地区技术交易数量。 |
| 技术合同成交额（X2） | 直接反映地区技术交易规模。 |

* 基金项目：国家自然科学基金资助项目（70573072）；国家“985”二期工程哲学社会科学创新基地——上海交通大学中国都市圈发展与管理研究中心（RCMRC）资助项目。

本文对中部科技开发有较大相关性特选入。

撰稿人：谢富纪，上海交通大学安泰经济与管理学院；庞业涛，上海交通大学安泰经济与管理学院。

续表

<table>
<tr><th colspan="2">聚类分析指标</th><th>指标含义</th></tr>
<tr><td colspan="2">专业技术人员（X3）</td><td>科技活动的中坚力量，间接促进技术交易。</td></tr>
<tr><td colspan="2">高等教育学校（机构）数（X4）</td><td>促进技术创新成果的产生或培养技术人才，间接促进技术交易。</td></tr>
<tr><td colspan="2">科技经费筹集总额（X5）</td><td>反映地区对技术活动的支持，影响技术成果产出，间接影响技术交易。</td></tr>
<tr><td colspan="2">科技经费支出总额（X6）</td><td>反映地区对技术活动的支持，影响技术成果产出，间接影响技术交易。</td></tr>
<tr><td colspan="2">专利申请量（X7）</td><td>反映技术成果的产出量，是技术交易发生的基础。</td></tr>
<tr><td colspan="2">专利授权量（X8）</td><td>反映获得正式认可的技术成果产出。</td></tr>
<tr><td colspan="2">科技机构数（X9）</td><td>促进科技成果的产生，间接影响技术交易。</td></tr>
<tr><td colspan="2">科技活动人员（X10）</td><td>进一步反映科技机构对科技成果产生的间接影响。</td></tr>
<tr><td rowspan="6">大中型工业企业科技活动情况</td><td>科技经费筹集额（X11）</td><td>反映大中型工业企业科技活动的规模。</td></tr>
<tr><td>科技经费内部支出（X12）</td><td>反映大中型工业企业科技活动的规模。</td></tr>
<tr><td>研究与试验发展经费支出（X13）</td><td>反映大中型工业企业科研活动投入，直接影响科技成果产出。</td></tr>
<tr><td>技术引进经费支出（X14）</td><td>反映大中型工业企业参加技术交易的规模。</td></tr>
<tr><td>消化吸收经费支出（X15）</td><td>反映大中型工业企业参加技术交易的规模。</td></tr>
<tr><td>购买国内技术支出（X16）</td><td>反映大中型工业企业参加技术交易的规模。</td></tr>
</table>

资料来源：《上海统计年鉴 2006》、《江苏统计年鉴 2006》、《浙江统计年鉴 2006》、《中国城市统计年鉴 2006》、《长江和珠三角及港澳统计年鉴 2006》、16 城市统计年鉴、搜数网（http：//www. soshoo. com. cn）、CNKI 中国宏观统计数据挖掘分析系统及各类文献资料。

根据聚类分析结果，可以把长三角 16 城市技术交易状况大致分为 3 类。其中上海市以明显的优势居于第一类，南京、杭州、无锡、苏州、宁波 5 个城市居第二类，其余城市居第三类。产生目前聚类差异的原因来自于多个方面。

第一，聚类差异与地区的经济发展状况有关。上海市经济发展一直处于都市圈首位，企业规模较大，资金充足；处于第二类的城市，经济发展迅速，涌现出大量的高技术企业，资金实力也相对充实；处于第三类的城市经济发展相对薄弱，技术交易相对较少。

第二，聚类差异与各城市在长三角发挥的功能有关。上海作为长三角的核心城市，集中了生产制造业、金融业、服务业行业内顶尖的人才，科技创新活动密集，引领区域内尖端技术发展方向，具有很强的号召力；第二类城市中的苏州近年来在生产制造领域飞速发展，大规模引进外资，大量的生产活动推动着区域的技术创新活动，进而引发技术交易行为。而第三类城市，虽然目前来看在长三角中的作用并不明显，但是它们为长三角提供了资源流动与聚集的空间。

第三，与地区利用外资的程度有关。上海、苏州等地外资注入量大。随着外资在这些地区的投入加大和更多研发总部在这些地区的设立，地区产业体系日趋完备，外资企业的投资加快了当地高新技术产业的发展，也通过竞争、模仿、人员流动等方式产生了技术外溢。

## 二、长三角技术交易存在的主要问题

在整个长三角内，技术交易目前还存在诸多问题，主要有：

1. 技术交易履约率低。目前长三角内跨城市的技术交易还没有专门的统计数据，而对于技术交易合同的履约也很难进行测量，但是根据现有的文献资料了解到，目前长三角技术交易的履约率在60%左右，也就是说很大一部分技术合同在签订后，并没有真正达到技术转移的效果。同时，跨区域技术交易的沟通协作不畅，中介服务体系不完善等也对技术交易履约产生影响。

2. 缺乏统一的市场监管体系。目前技术交易的监管主要由地方政府来完成，技术交易行为主要还是依据现有的法律和条款进行。而各地政府的具体规定不尽相同，且并非所有中介都能提供完善的相关政策咨询服务。在这种情况下，技术交易双方的利益就很难得到保障，在技术交易过程中发生合同条款缺陷或违约等情况，很难追究责任人，这就造成了技术交易方在进行交易时存在许多不规范的行为，同时面临着除技术交易本身特征所导致的其他不确定性风险。监管措施的不规范、不统一，相关立法的不完善，使技术交易方对技术交易存在很多的顾虑。

3. 中介服务体系不够完善。技术中介作为技术交易的纽带，其发展状况往往能够反映市场的成熟程度。虽然近年来上海市的技术交易活动较为活跃，但其他城市的技术中介机构相对冷清很多；虽然近年来江苏和浙江在技术中介的建设方面取得了一定的进步，但省级的交易中介覆盖范围有限，技术交易方在进行信息搜索时成本仍然比较高。另外，目前的技术中介建设还是处于各成体系的状态，在长三角内没有统一的中介组织运行机制，服务的类别不规范，在跨区域的技术交易中，难以树立起良好的信誉。

4. 城市之间联系强度不够。目前长三角内城市之间联系强度不够，长三角还缺乏完善的跨区域经济技术合作机制。

## 三、长三角统一技术市场模型

在长三角地区，创新主体及其相互之间的沟通并不局限在单个城市之中，跨区域统一技术市场的构建，则能够解决长三角内技术交易受地域性限制的问题，加强跨地区的技术交易信息沟通，实现整个长三角地区技术交易信息共享，促进技术创新成果在长三角内的顺利转移。同时发挥中介联结异地交易方的功能，降低异地技术交易方的搜寻成本。跨区域统一技术市场的有效运作还需要有完善的法律法规来约束技术交易主体的行为以保证交易主体的权益。鉴于此，本文提出长三角统一技术市场模型（见图2－16）。该模型结合了目前长三角技术交易现状的层次结构，包含了市场环境和市场交易主体的存在形式。

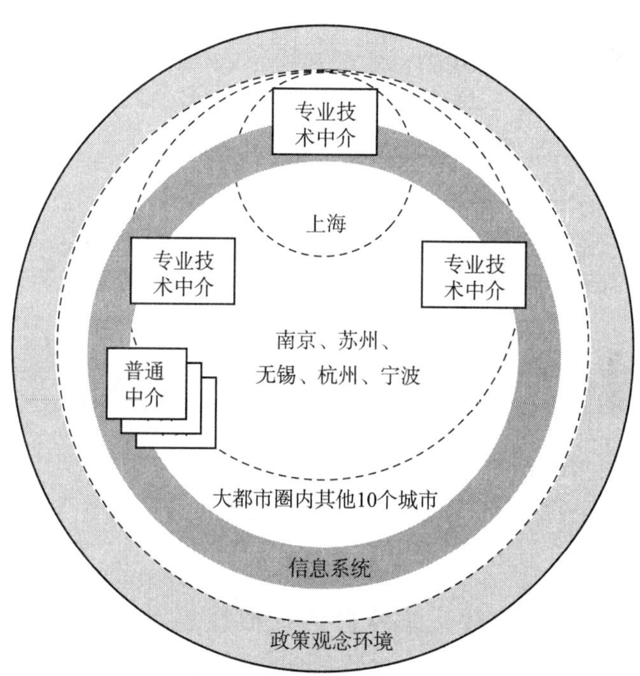


**图2－16　长三角都市圈统一技术市场结构模型**

### 1. 目前技术交易效率的层次结构

根据对长三角技术交易现状的分析，本文将长三角16座城市分为了三个层次。图2－17中的虚线体现了这种分层。这个分层的方式是设计技术交易中介组织形式，进行技术中介分工的基础。

### 2. 技术交易市场环境

本文将技术交易的市场环境分为软件环境与硬件环境。其中软件环境指对技术交易起到规范或制约作用，但不直接影响技术交易的市场环境因素。图2－17中，外围的政策环境是指与技术交易相关的知识产权保护、技术交易规则、技术交易主体行为约束、惩罚措施等法律法规体系。完善的法律法规体系是统一技术市场环境非常重要的一个方面，它从整体上影响统一技术市场的构建与运行。硬件环境指外在于技术交易主体及其行为，但能够对技术交易产生直接影响的环境因素。如图2－17，贯穿统一技术市场三个层次的灰色环状区域，代表的是统一技术市场的信息系统。它是联结整个长三角技术中介和技术交易方的纽带，是实现跨区域统一技术交易的关键。

### 3. 技术交易主体

技术交易主体主要包括技术交易中介机构和技术交易方。技术交易中介通过信息系统联结，是为了方便实现跨地区的技术交易，降低搜寻成本。为了降低技术交易逆向选择的影响，提高技术中介服务的质量和专业化水平，需要设立专业性技术中介。专业性技术中介对人才、资金、设备的要求较高，而且由于一些专门技术的苛刻要求，一个专业性技术中介不可能覆盖所有的技术。所以在长三角内设立几个专业技术中介，提供专业的技术检测、技术评估和技术咨询等服务。考虑资金、人才、设备投入能力，专业性技术服务中介设在技术交易一、二类城市。普通中介和专业性技术中介配合提供完整的中介服务。技术交易方分布在整个三角洲内，他们对技术交易中介发送交易需求，由中介进行交易匹配。

## 四、长三角统一技术市场的运行机制

长三角统一技术市场结构模型包含了市场环境、技术市场主体以及在长三角内的结合方式等内容。在该结构模型的基础上，我们进一步分析统一技术市场是如何运行的。

### 1. 交易主体行为制约机制

技术交易不同于一般商品，由于技术交易中的许多因素，如信息的非对称性，不确定性，代理方（一般为技术交易卖方）努力程度的不可观测性和不可证实性等，会导致道德风险或机会主义行为，从而加大履约的难度，降低履约率。所以，要创造一种有利于技术合约履行的激励机制或制约机制。在这里，建议采用正式制约与非正式制约相结合的方法。正式制约的存在为技术交易合约的执行提供了权威和强制力。正式的法律体制的创立为处理更为复杂的争端提供了方便，它有助于贯彻和增进非正式制约的有效性，它们会降低信息、监督和实施成本，因而为非正式制约解决更为复杂的交换提供了可能。所谓非正式制约是一个社会制度结构中的非正式或不成文的部分，主要指行为规范、行为准则、风俗习惯等。有效的正式的规则和制度，是技术合约履行的基础和前提。但是，由于技术交易中固有的不确定性、信息非对称性等问题，又严重制约和限制了正式制约在解决技术交易中存在问题的作用。正式制约只是为技术合约的达成和履行提供了一个好的制度背景和环境，而有效的非正式制约是保证技术合约履行的关键。

### 2. 技术中介组织机制

目前长三角内的技术交易中介种类很多，而且运行模型各异，没有统一的服务规范。一方面，技术中介的繁荣促进了技术交易的发生，长三角内技术合同项目数量，技术合同交易额都有了提高，如果仅从技术交易合同签订的角度来看，目前的技术交易可谓发展迅速；但是另一方面，由于技术交易合同本身的复杂特性，导致技术交易双方信息不对称，技术合同履约难以控制，而技术中介服务方式不一，技术交易流程没有规范化，很多技术中介的服务在技术交易双方签订合同后就结束了，很多技术合同签订后，没有合理的机制和手段来促进技术合同的履约，造成了技术合同履约率低、产业化难的现状。由于长三角技术市场的跨地域性和信息量庞大的特点，技术交易方又经常处于不同的城市中，技术中介要担负起信息沟通、交易匹配、规范流程、合约咨询、监督实施等多项任务，所以需要改变或优化现有的技术中介资源，打造适合跨区域统一技术市场的新型中介服务模式。具体可以包括：纵向一体化的中介服务机制；横向一体化的中介联合机制；专业化技术中介机构与普通技术中介相结合的网络状中介服务机制。

### 3. 统一信息系统运行机制

统一技术交易信息系统是整个长三角统一技术市场构建中关键的一环。它在跨区域技术交易信息共享、技术中介跨区域信息匹配以及跨区域的专业性中介与普通中介的合作中具有重要的联结、共享、记录、监管工具等作用。

目前在长三角地区，已经有初步成形的网上技术交易系统，如上海技术交易网，在网站上公开发布技术交易信息，有技术交易需求的交易方可以在网站上搜索技术信息。但是仅有技术交易信息的沟通是不能够完全改变目前技术交易现状的，长三角的技术交易需要技术中介服务模式的改变。统一技术中介服务体系的构建，需要一个运行在技术中介服务体系中且能够联结技术服务中介的信息系统，以作为为技术中介合作提供完整服务的纽带。长三角统一技术市场需要整合现有的信息系统资源，包括硬件设施、网络环境、信息资源等，但是需要新的运行机制，以发挥新的系统功能。统一信息系统的功能主要通过信息发布机制和交易检索机制发挥出来。

### 4. 统一市场监管机制

由于长三角统一技术市场突破了各地政府对技术交易的监管范围，所以一个跨行政区域的统一监管机构是必不可少的，它能够为技术交易的统一监管提供保障。这个监管机构应该由各地政府共同设立并独立于地方政府。该机构必须是一个具有操作权利的权威机构。首先，本身须有一定的财力和投资建设能力，这种能力使它可以负责统一技术市场建设的前期准备工作。其次，具有一定的权力，例如对中介组织建设、设备人员投入等资金的分配权、专业性技术中介及普通技术中介设立的审批权或监督实施权、对下层规划的否决权、区域性贷款投资的倡议权等，使其具有一定的调控能力，以实现跨区域统一技术市场利益的优先发展。总体上讲，该监管机构的职能主要包含两个方面，即市场交易主体行为合规性监督和交易纠纷的调解。

### 参考文献

1. 安玉琢，杨钊：对我国常设技术市场建设与运行的思考［J］. 科学管理研究，2001，(8)：30－33.

2. 高汝熹：大上海都市圈经济发展研究［J］. 城市，2004，(3)：14－18.

3. 李晓钟，张小蒂：江浙区域技术创新效率比较分析［J］. 中国工业经济，2005，(7)：57－64.

4. 钱亦杨，谢守祥：长三角大都市圈协同发展的战略思考［J］. 华东经济管理，2004，(8)：4－7.

5. 谢富纪：技术转移与技术交易［M］. 北京：清华大学出版社，2006.

## 第二节　江西农村公共服务人员的能力建设*

《中共中央、国务院关于积极发展现代农业扎实推进社会主义新农村建设的若干意见》中提出，要“提高农村公共服务人员能力”。农村公共服务人员主要是指农村基层干部、农村教师、乡村医生、计划生育工作者、基层家技推广人员及其他与农民生产、生活相关的服务人员①，是为农村政治、经济、文化等各项事业发展提供服务并具有一定知识技术或管理能力的人才队伍。农村公共服务人员既是农村重要的人力资源，更是新农村建设重要的人才资源，是建设社会主义新农村建设的中坚力量。加强农村公共服务人员的能力建设，将为推进新农村建设提供强大的人才智力支持。

### 一、提高农村公共服务人员能力的重大意义

#### 1. 提高农村公共服务人员的能力，是密切党同人民群众联系的需要

农村公共服务人员是党和政府联系农业、农村、农民的桥梁和纽带，在新农村建设中发挥着承上与启下的重大作用。一方面，党的路线、方针、政策要靠农村公共服务人员去宣传、贯彻、落实，另一方面，农民的困难、愿望和要求要通过农村公共服务人员来了解、收集和反映。如果农村公共服务人员能力不强、素质不高，在理解党的路线、方针、政策时就可能不深不透，甚至出现偏差；在宣传党的路线、方针、政策时就可能不着边际，甚至把“经”念歪；在贯彻党的路线、方针、政策时就可能走

* 撰稿人：贺喜灿，中国井冈山干部学院/南昌大学理学院管理科学与工程系；

基金项目：本文为教育部2007年人文社会科学重点研究基地重大项目《中部地区农民增收长效机制研究——农村人力资本提升与科技服务体系的构建》的阶段性成果。

① 中共中央国务院：关于积极发展现代农业扎实推进社会主义新农村建设的若干意见［N］。

样，甚至本末倒置。同时，他们在倾听民声方面就可能片面，在了解民情方面就可能肤浅，在反映民意方面就可能主观。这样，中央的路线方针就难以深入人心，中央的政策举措就难以落到实处，改革开放的成果就难以惠及于民，人民群众的呼声就难以正常反映。

**2. 提高农村公共服务人员的能力，是推进农村政治、经济、文化建设的需要**

从党委政府推进新农村建设的要求来看，加快农村政治、经济、文化建设，推进小康进程，需要一大批能力强、素质高的农村公共服务人员来宣传群众、组织群众、带领群众、服务群众。比如，加强思想政治工作，深入开展农村形势和政策教育，认真实施公民道德建设工程，积极推动群众性精神文明创建活动，开展和谐家庭、和谐村组、和谐村镇创建活动，引导农民崇尚科学，抵制迷信，移风易俗，破除陋习，树立先进的思想观念和良好的道德风尚，提倡科学健康的生活方式，在农村形成文明向上的社会风貌①，等等，这些工作都要靠农村基层干部去组织。同时，对农民实施义务教育靠农村教师去实施，农业新品种、新技术、新技能的咨询、推广和指导靠乡镇农技人员去落实，农民的健康教育和疾病防治靠乡村医生去宣传。农村公共服务人员成为了新农村建设中的排头兵和“孺子牛”。从农民的利益需求来看，农民希望深入了解党的路线、方针、政策，需要政策法规的宣传员；农民希望参与农村政务的管理，行使正当的政治权力，需要民主权力的维护员；农民希望学习科学文化知识，需要知识技能的辅导员；农民希望发财致富，需要致富奔小康的领航员；农民希望有一个和谐的生产、生活环境，需要矛盾纠纷的调解员；农民希望身体健康长寿，需要治病良医和健康卫士。所有这些，都正是农村公共服务人员在日常工作中所担任的角色。因此，加强农村公共服务人员能力建设，改善农村公共服务人员队伍结构，增强农村基层组织的战斗力，已成为加快农村小康社会建设的重要任务。

**3. 提高农村公共服务人员的能力，是农村人力资源开发的需要**

社会主义新农村建设面临的最大难题是资金和人才问题，但归根结底还是人才问题。按照“生产发展、生活富裕、乡风文明、村容整洁、管理民主”②的要求，建设社会主义新农村既需要一大批管理型人才，又需

①② 中共中央国务院：关于推进社会主义新农村建设的若干意见［N］。

要一大批知识型人才，还需要一大批技能型人才。只有建设一支数量充足、素质优良、立足本土、结构合理的农村公共服务人才队伍，让他们成为促进农村产业开发、推动农村经济发展、带领群众增收致富的骨干力量，才能促进农村经济社会全面发展，实现新农村建设的目标任务。农村人力资源开发眼光不能只向上、向外，完全依赖于外援，而主要应该向下、向内，面向基层，面向农村公共服务人员。农村基层干部是新农村建设的具体组织者和实施者，是带领群众发展农村经济、构建和谐社会的骨干力量；基层农技推广人员植根于农业生产第一线，具有一定的知识或技能，在推广农业技术、引导产业结构调整、带领劳动力外出务工和增收致富等方面发挥着重要作用；农村教师、乡村医生、计划生育工作者等专业技术人员直接服务于农业、农村和农民，肩负着发展农村教育、推广农业科技、传播先进文化、保障农民健康的重要职责。因此，我们必须通过教育培训等方式，对现有的公共服务人员进行人力资源开发，提高他们的能力和素质，让他们能够担负起建设新农村的重任，发挥领头雁和生力军的作用。同时，建设现代农业，最终要靠有文化、懂技术、会经营的新型农民。必须发挥农村的人力资源优势，大幅度增加人力资源投入，全面提高农村劳动者素质，为推进新农村建设提供强大的人才智力支持①。而对农民进行人力资源开发，很大程度上依靠农村的公共服务人员去实施，只有全面提高了农村公共服务人员的能力和素质，才能更好地发挥他们在农村人力资源开发中的作用，提升农村人力资源开发的质量，全面提高广大农民的知识、智能、技能、技术、体能，以取得农村公共服务人员人力资源开发与被开发的双重成效。

## 二、农村公共服务人员能力建设的现状及问题

近年来，各级党政组织围绕农村经济社会发展的需要，加强了农村公共服务体系建设，加大了农村公共产品的投入力度，农村公共服务人员的能力有了明显提高，但仍然存在一些矛盾和问题。

**1. 农村公共服务人员结构不尽合理，素质亟待提高。**

以江西省××县为例，农村公共服务人员结构存在“五多五少”的

① 中共中央国务院：关于积极发展现代农业扎实推进社会主义新农村建设的若干意见［N］。

现象。一是低学历人员多，高学历人员少，公共服务人员的文化和业务素质较低。该县 3 486 名农村公共服务人员中，大专以上学历的 1 339 人，仅占 38.4%，中专、高中以下学历的 2 147 人，占 61.6%。该县 13 个乡镇 416 名卫生技术人员中，中专、高中及以下学历占 55.8%，大专以上学历的仅占 44.2%。该县××镇 18 名村支书中，初中及以下学历 12 人，占 66.7%，大专学历的只有 1 人，高中学历的也才 5 人。二是初级职称人员多，高级职称人员少，专业技术水平较低。该县 3 486 名农村公共服务人员中，初级职称人员达 2 676 名，占 76.8%，高级职称人员 186 名占 5.3%。该县有乡村医生执业资格的人员 139 个，有执业助理医师以上资格的人 39 个，仅占乡村两级卫生人员总数的 41.3%。全县 109 名计生服务人员中，有 72.5% 的计生服务人员只能是做些查环、查孕和上环等简单技术服务，不能独立开展人流、引产和结扎等较复杂手术。三是教育、卫生专业人才多，经济类、理工类及一些新兴农业技术等专业人才少。该县 3 486 名农村公共服务人员中，教育、卫生专业人员 2 652 名，占 76%，经济类、理工类及一些新兴的农业技术人才仅 174 名，占 4.99%。四是中老年人多，年轻骨干少。部分专业和经济一线专业人才青黄不接，后继乏人。就农技推广人员来说，全县 57 名乡镇农技服务人员中，35 岁以下人员只有 11 名，仅占 37%。该县××乡连续 5 年没有新增一名农技专业对口的人员，有一个乡 12 个村共有村支书、村主任和报账员 36 名，50 岁以上的有 29 个，平均年龄达 56 岁，村干部年龄老化的现象比较普遍。五是村级干部中，男性比例多，女性比例少。该县××乡 36 名村干部中，女性只有 3 名，仅占 8.3%。在当前农村留守妇女逐步担当起家庭和农村经济社会生活的主角，在新农村建设中发挥着举足轻重作用的情况下①，这种男女比例的失衡显得很不协调。

**2. 农村公共服务人员的人力资源开发严重滞后**

对农村公共服务人员的培养、学习、锻炼等培训教育的机制还不够健全，渠道和内容单一，手段落后，投入不足。以上述江西××县为例，该县共有 2 138 名农村教师，县教育部门每年都只会组织新教师、班主任、学科骨干教师、学校财务人员等在县教师进修学校进行一周或半个月的培

① 贺喜灿：留守妇女：新农村建设的重要力量［N］，《人民日报》，理论版 2007.9.12（F）。

训，总人数一年约400人，占农村教师总数的18.7%。一半左右的乡教办、乡镇中学会在暑期自行组织教师2~3天的短期培训。2003年以来，教师极少参加脱产一学期以上的较长时间和较高层次的公费培训学习，也没有参加业务知识以外的综合素质培训。该县××镇共有农村教师123名，每年参加市级以上教育部门短期培训的教师仅5人，约占教师总数的4%，除此之外，没有参加任何业务之外的学习培训，乡镇一级财政用于教师培训的经费几乎为零。该县13个乡镇416名卫生技术人员，参加县级卫生部门培训的人数每年仅有189人，约占45.4%，参加市级以上卫生部门进修培训的人数每年仅16人，约占3.85%，自2003年以来到大专院校进行相关专业脱产进修的人数年均仅7人，约占1.68%。乡村教师和卫生技术人员的教育培训在该县还算纳入了经常化、制度化的轨道，其他农村公共服务人员的教育培训的情况比此还糟糕。农村公共服务人员的知识、技能、技术不断折旧却长期得不到更新，成为制约提高农村公共服务人员能力的主要瓶颈。

### 3. 农村公共服务人员流失比较严重

由于农村环境苦、条件差、报酬低、创业平台有限，大中专毕业生不愿回乡、外出务工人员不愿返乡也成普遍现象，“孔雀东南飞”的现象在农村也产生了较大的影响，有文化懂技术的农村公共服务人员向城市集中、向沿海发达地区外流呈上升态势，导致农村公共服务人员的知识结构和年龄结构更加失衡，使农村公共服务人员队伍出现青黄不接，无疑给本来就人才资源短缺的农村雪上加霜。从农村中小学教师队伍来看，为了改善自己的生活和工作条件，很多年轻、优秀的教师一是通过考试或其他途径不断向县内城镇集中，即村所在地学校的教师往镇所在地的学校集中，乡镇教师向县城或城郊学校集中；二是通过研究生考试、公务员考试、外出打工等渠道离开本地向县外流动。这样一来，使教师的资源配置在县内城乡之间、在全国范围内的区域之间严重不平衡，影响了教育的均衡和谐发展。以上述江西××县为例，该县从2003年以来农村教师由于公务员考试、研究生考试、外出务工、县直单位借调以及自主创业等情况流失情况呈逐年递增发展的态势（见图2-17）。

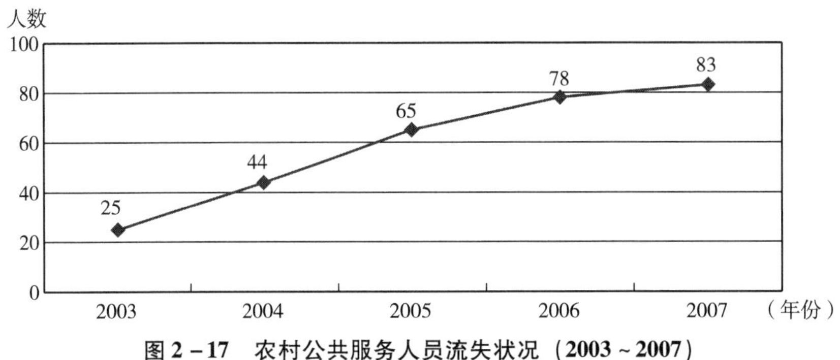


**图 2-17　农村公共服务人员流失状况（2003～2007）**

## 三、农村公共服务人员能力建设的途径与措施

### 1. 整合资源，形成合力

要形成党委牵头抓总、部门密切协作、上下配合互动的农村公共服务人员能力建设的机制。要制定农村公共服务人员的能力建设规划，明确各部门的工作目标和职责，编制经费预算，真正把这一工作纳入各级党政组织和相关工作部门的重要议事日程。要充分发挥组织人事部门的综合协调作用，与农业、科技、教育、卫生等涉农部门通力合作，发挥整体效能，形成部门齐抓农村公共服务人才队伍建设工作的新格局。要把涉及农村公共服务人员能力建设的师资、资金、设施、设备、场所等统一开发利用，使农村教师、医师、计划生育工作者、农技推广人员以及农村干部在培训、管理、使用等能力建设的各个环节能实现资源共享、开发同步、效能同显。

### 2. 加强培训，增强素质

一是要建立健全农村公共服务人员定期培训工作机制。乡镇党政正职由市委负责培训，乡镇领导班子其他成员和村党支部书记、村委会主任由县委负责培训，村“两委”其他成员和乡镇站所干部由乡镇党委负责培训，每年要对乡村基层干部普遍轮训一遍；市县两级干部教育培训机构要把其他农村公共服务人员纳入干部教育培训的范围，提高他们的政治素质；教育、卫生、农业、计生等行政部门要积极创造条件，组织乡镇教师、医师、农技员、计生员等公共服务人员到县本级和市级甚至更高层次的业务培训或进修学习，提高他们的专业水平。二是要加强培训内容的针对性。要按照“党的事业需要什么就培养什么，缺什么就补什么”的原则，注重对农村公共服务人员进行形势任务、政策法规、实用技术、科学文化知识等方面的培训，做到每次培训围绕一个主题，力争解决一两个突出问题。三是要注重培训方法的灵活性。除了参加专题培训班学习培训外，还要根据农村的实际情况，注重发挥农村现代远程教育网络、农函大、刊大的作用，采取请进来和走出去的办法，通过专题报告、案例剖析、现场指导、跟班学习、项目合作、参观考察等形式，对农村公共服务人员进行全方位的教育培训。

**3. 搭建平台，促进锻炼**

要积极创造条件，发挥农村公共服务人员在新农村建设中的骨干作用，使他们在工作实践中锻炼提高。要以“把农村优秀的致富能手培养成党员，把党员培养成致富能手，把党员中的优秀致富能手培养成村干部，造就一大批带头致富、带领群众致富的先进典型，推动农村经济又好又快发展”为内容的“三培两带”活动[4]为载体，培养造就一大批懂技术、会管理、善经营，带头致富，带领群众致富的农村公共服务人员队伍。要选用一批致富能力强、政治素质好、工作能力强的农村公共服务人员进入乡村领导班子，发挥他们在农村经济建设中的带头示范作用。要组织农村公共服务人员进村入户，倡导新风尚，宣传新政策，传播新知识，推广新品种，运用新技术，广泛开展科技、卫生、文化“三下乡”活动，上门对农民提供服务。要充分发挥乡村教师在农村教育中的引领作用，利用义务教育阶段的师资与资源，对农民进行科技文化知识的辅导，提高农民的文化素质、生活技能和艺术素养，丰富农村精神文化生活，培育良好的乡风村规，实现农村义务教育、职业教育与成人教育资源共享。

**4. 优化环境，提供保障**

一是优化舆论环境。要通过各种宣传媒体，广泛宣传农村公共服务人员在农村经济社会发展中的地位和作用，营造理解、尊重、关心、爱护农村公共服务人员的良好社会氛围。二是优化政策环境。对农村公共服务人员在工资待遇、社会保障等方面给予一定的政策倾斜，地方政府可允许农村公共服务人员在完成本职工作任务的前提下，兼职兼薪，不转关系，长期或定期、不定期地为受聘单位工作等。关于报酬也可形式多样，可实行协议工资制、年薪制、岗位工资制等多种分配方式[①]，促进更多的人员愿意到基层工作、现有人员能够安心基层工作。要通过利益导向引导和鼓励高校毕业生面向基层，到农村基层从事支教、支农、支医和扶贫工作，充分运用掌握的知识和技能为基层群众服务，促进农村基层教育、农业、卫生、扶贫等社会事业的发展[②]。要进一步转换乡镇事业单位用人机制，积极探索由受益农民参与基层服务人员业绩考核评定的相关办法。加大城市教师、医务人员、文化工作者支援农村的力度，完善大专院校和中等职业学校毕业生到农村服务的有关办法，引导他们到农村创业[③]，形成良好的政策氛围。要加强农村基层干部队伍建设，着力拓宽农村基层干部来源，提高他们的素质，解除他们的后顾之忧，调动他们的工作积极性[④]。有条件的地方，可选拔大专院校和中等职业学校毕业生到乡村任职，改善农村基层干部队伍结构[⑤]。三是优化激励环境。要进一步加大对农村公共服务人员的激励力度。在评模、评先方面，要把农村公共服务人员置于优先序列，放在突出地位，对长期在基层工作的农村公共服务人员设立专项奖励基金，对其中有突出贡献者要给予表彰奖励，要给予农村公共服务人员足够的荣誉。各级县乡党委、政府在进行农村工作决策时，要积极征求和听取农村公共服务人员的意见和建议，鼓励他们积极为农村经济的发展和社会的进步进言献策，尊重他们的政治地位和民主权力。四是优化成长环境。对德才兼备的农村公共服务人员中要进行重点培养，及时列入后备干部管理，条件成熟的优先提拔重用；对在专业技术岗位上表现突击的人员，在职称评聘、学习进修中要给予特别关照，提供更多的机会；对村级干部经济上要提高工资报酬，并要让他们在医疗救助、社会保险等方面得到更多保障。要畅通从优秀村干部中选拔乡镇公务员的渠道，让现有的村级干部工作安心、对前途有信心，并以此来吸引更多的高校毕业生到农村工作，到工作环境艰苦地区工作。五是优化投入环境。各级财政要把农村公共服务人员的能力建设经费纳入财政预算，并确定固定的增长比例，要建立农村公共服务人员培训教育基金，增加农村公共服务人员人力资源开

① 朱建军、吕雪莉、王勉：吸引外来人才用好现有人才［N］.《大众科技报》，2006. 3. 16（D）。

② 中共中央办公厅国务院办公厅；关于引导和鼓励高校毕业生面向基层就业的意见。http：//www. hnedu. cn/web/0/200809/04165855421. html。

③⑤ 中共中央国务院：关于积极发展现代农业扎实推进社会主义新农村建设的若干意见［N］。

④ 中共中央：中国共产党第十七届中央委员会第三次全体会议公报。http：//news. xinhuanet. com/misc/2007 – 10/21/content_6917382. htm。

发的投入，特别是农村义务教育和职业教育体系建设的投入，确保农村公共服务人员的能力建设有足够的资金。

## 参考文献

1. 中共中央国务院：关于积极发展现代农业扎实推进社会主义新农村建设的若干意见［N］.

2. 中共中央国务院：关于推进社会主义新农村建设的若干意见［N］.

3. 贺喜灿：留守妇女：新农村建设的重要力量［N］.《人民日报》，理论版 2007. 9. 12（F）.

4. 中共江西省委组织部：关于在全省农村实施“三培两带”工程的意见［Z］；赣组发［2003］15 号；2003.

5. 朱建军、吕雪莉、王勉：吸引外来人才用好现有人才［N］.《大众科技报》，2006. 03. 16（D）.

6. 中共中央办公厅国务院办公厅；关于引导和鼓励高校毕业生面向基层就业的意见。http：//www. hnedu. cn/web/0/200809/04165855421. html.

7. 中共中央：中国共产党第十七届中央委员会第三次全体会议公报。http：//news. xinhuanet. com/misc/2007 – 10/21/content_6917382. htm.

# 第三部分

# 中部地区经济发展大事记

# 第一章　大事记简介

（2008 年 1 月 ~2008 年 12 月）

1. 2008 年 1 月 11 日，国务院同意建立促进中部地区崛起部际联席会议制度。

2. 2008 年 1 月 18 日，安徽省专门设立服务业发展引导资金，加大财政投入力度，建设了马鞍山钢铁市场、铜陵铜材交易市场、亳州中药材交易市场、安徽粮食交易中心。

3. 2008 年 3 月 3 日，经历一场罕见的冰冻和暴风雪考验后，位于我国腹地的中部地区一扫阴霾，在无限春意中重现勃勃生机，中部地区经济社会步入高质量发展轨道。

4. 2008 年 4 月 18 日，为落实温家宝总理在今年的政府工作报告中提出的编制和实施中部崛起规划这一项重要的工作任务，国家发展改革委正会同有关部门和中部六省开展规划的编制工作。

5. 2008 年 4 月 21 日，国家发改委批准武汉城市圈和长株潭城市群为全国资源节约型和环境友好型社会建设综合配套改革试验区，不仅引起了湖北、湖南两省的高度重视，也引起了各地的关注。

6. 2008 年 4 月 21 日，随着“促进中部地区崛起”战略的稳步推进，我国中部地区的湖北、湖南、山西、安徽、江西、河南六省正利用优势的教育资源和科技力量，把发展高新技术作为经济增长新的突破口，全力提升产业竞争力。

7. 2008 年 4 月 23 日，近年来，随着中部崛起战略的实施，湖北、湖南、山西、安徽、江西、河南六省，在新一轮产业转移中，越来越吸引世人的关注。其中，外向型经济已成为拉动“中部崛起”的重要力量。

8. 2008 年 4 月 26 日，第三届中国中部博览会在武汉举行——王岐山出席开幕式及“万商西进”高峰论坛。

9. 2008 年 4 月 26 日，第三届中部投资与贸易博览会“万商西进”高峰论坛在武汉国际会展中心举行。

10. 2008年4月28日，第三届中博会在武汉闭幕——中部六省共吸引外资161亿多美元。

11. 2008年4月26～28日，第三届中国中部投资贸易博览会在湖北武汉召开，来自113个国家和地区及中国各地近6万名客商云集江城，中部六省签下了161亿多美元的外资投资项目和2 450多亿元的内资投资项目。随着海外和东部沿海地区产业转移的加速，正在形成新一轮潮涌中部之势。

12. 2008年5月15日，国家发改委副主任杜鹰日前表示，中部崛起要避免走先污染后治理的老路，同时要解决好粮食生产问题。

13. 2008年5月15日，国家发展改革委推进职能转变（中部片）座谈会在郑州召开。

14. 2008年5月29日，第三届中部六省省会城市统计局长联席会议在长沙召开，长沙市统计局承办了此次会议，武汉、郑州、合肥、太原、南昌、长沙六个省会城市的近20位代表参加了会议。湖南省统计局副局长张世平、长沙市人民政府副市长虢正贵到会致辞。

15. 2008年6月10日，随着近几年安徽东向发展和长三角区域合作的深入，安徽参与“泛长三角”的发展分工日趋成熟。

16. 2008年6月27日，实现中部地区经济崛起，既是中部地区经济社会发展的迫切要求，也是中国区域发展总体战略的重要组成部分。对此，中部各省因地制宜，采取了多种重大举措。在这当中，城市群的建设问题还应引起高度重视，并采取相应的对策。

17. 2008年7月15日，简论中部地区发展模式。

18. 2008年8月17日，安徽县域经济成为发展亮点。

19. 2008年8月18日，在刚刚结束的“2008湖北就业市县长论坛”上，武汉、宜昌、荆州等地的50位市县长签署“荆州宣言”，承诺将实施促进农民工走进城镇平等就业、生活的一系列措施。

20. 2008年9月10日，长江干线沿岸的七省二市，是我国重要的农产品基地、工业基地、科技高地，并且连接我国东中西三大地带，具有广阔的内陆腹地和发展空间，所以要构筑支撑中部崛起的长江产业带。

21. 2008年9月13日，中部地区要实现崛起的目标，需要增强开放意识、创新意识、市场意识、协调意识、环保意识和法制意识。

22. 2008年9月26日，第二届“中部崛起法治论坛”在太原举行。中国法学会会长韩杼滨到会讲话，省委副书记薛延忠致辞。

23. 2008年9月28日，2008年上半年中部地区工业经济保持快速增长“三个基地、一个枢纽”建设进程加快。

24. 2008年9月27日，湖北省人民政府在洪山礼堂召开新闻发布会，正式公布经国务院正式批复同意的武汉城市圈资源节约型和环境友好型社会建设综合配套改革试验总体方案的主要内容。

25. 2008年9月26日，由中部六省省会城市国税部门共同发起的第二届中部省会城市国税工作交流会，在合肥市召开。合肥、太原、南昌、郑州、武汉、长沙六市国税部门的代表参会。合肥市市长吴存荣、安徽省国税局副局长洪治社等出席会议并讲话。

26. 2008年9月23～29日，江西省学习考察团从南昌到内蒙古“呼包鄂金三角”，从内蒙古到安徽合肥，再从合肥回到江西省抚州。

27. 2008年10月17日，据中国人民银行网站消息，中国人民银行和中国银监会日前联合发布《关于加快农村金融产品和服务方式创新的意见》（以下简称《意见》），决定在中部六省和东北三省选择粮食主产区或县域经济发展有扎实基础的部分县、市，开展农村金融产品和服务方式创新试点，促进金融机构进一步改进和提升农村金融服务，积极满足多层次、多元化的“三农”金融服务需求，大力支持和促进社会主义新农村建设。

28. 2008年10月17日，洛阳成为中部六省唯一新材料国家高技术产业基地。

29. 2008年11月3日，中部六省联合举办“高校毕业生就业服务月”活动。

30. 2008年11月3日，江西、河南、山西、湖南、湖北和安徽中部六省组织人事部门在第三届“中国·中部崛起人才论坛”上，针对中部人才问题，正式签订了六省人才开发合作的3个协议：《进一步加强中部六省人才合作的意见》、《中部六省高层次专业技术人才培养合作协议》和《中部六省联合举办高校毕业生就业服务月活动协议》。

31. 2009年1月14日，湖北省去年贸易总额位居中部六省之首。

32. 2009年1月19日，山西省国税收入首次在中部六省居第一。

33. 2009年1月21日，河南上市公司达62家为中部六省第二，仅次于湖北。

# 第二章　大事记主要内容

1. 2008 年 1 月 11 日，国务院正式批复国家发展和改革委员会有关建立促进中部地区崛起部际联席会议制度的请示报告，同意建立由发展改革委牵头的促进中部地区崛起工作部际联席会议制度。

据了解，促进中部地区崛起工作部际联席会议制度的主要职能是贯彻落实党中央、国务院关于促进中部地区崛起的重大部署；研究促进中部地区崛起的有关重大问题，向国务院提出建议；协调促进中部地区崛起的重大政策，推动部门间沟通与交流；完成国务院交办的其他事项。

上述联席会议由发展改革委、教育部、科技部、财政部、国土资源部、建设部、铁道部、交通部、水利部、农业部、商务部、人民银行、国资委、海关总署、税务总局、环保总局、民航总局、林业局等 18 个部门和单位组成。联席会议可根据工作需要，邀请其他相关部门参加。联席会议由发展改革委主任担任总召集人，发展改革委分管负责同志担任召集人。

2. 2008 年 1 月 18 日，在财力并不充裕的情况下，安徽省专门设立服务业发展引导资金，加大财政投入力度，建设了马鞍山钢铁市场、铜陵铜材交易市场、亳州中药材交易市场、安徽粮食交易中心。目前，全省市场服务设施体系日趋完善。

作为全国第一个农村商品流通改革和市场建设试点省，目前安徽省累积建成农资和日用消费品农家店 11 651 个，配送中心 220 个，重点培育了 25 个省级标准化农产品批发市场，20 个农产品绿色批发市场。据悉，2006 年安徽省服务业增加值 2 458. 7 亿元，增长 10. 7%，占全省生产总值的 40. 2%，对经济增长的贡献率达 36. 1%，服务业从业人员 1 187 万人，占全社会就业人数的 31. 7%，比 2000 年提高 7. 1 个百分点，已经成为吸纳就业的主要渠道。在较快发展的基础上，服务业结构不断优化，旅游、金融、信息等新兴服务业快速发展，传统服务业得到提升，连锁经营、物流配送等新兴业态的比重稳步提高。

安徽省副省长孙志刚说，安徽省资源禀赋得天独厚，服务业的发展战略在地缘上依托上海、南京、武汉这些大城市的辐射，依托长三角和长江经济带，努力向东扩展，向外发展。

孙志刚表示，当前发展服务业要特别强化政策支持。安徽省规定，凡是向外资开放的领域，都要向内资开放；凡是对本地区企业开放的领域，都要对外地企业开放。在消除产业政策差异方面，3 年内逐步实现服务企业用电、用水、用气、用热等与工业企业同价。对列入国家鼓励类的服务业，在供地安排上实行政策倾斜。

在服务业对外开放方面，鼓励合肥及沿江城市积极承接国内外服务业转移，在金融、通信、商务服务等领域取得突破，鼓励承接信息管理、数据处理等国际服务业外包业务。

3. 2008 年 3 月 3 日，经历一场罕见的冰冻和暴风雪考验后，位于我国腹地的中部地区一扫阴霾，在无限春意中重现勃勃生机。

湖北、湖南、山西、安徽、江西、河南六省承东启西、辐射八方。短短数年间，随着“促进中部地区崛起”战略的稳步推进，中部地区经济社会正逐渐步入又好又快发展的轨道。

（1）区域崛起吸引人才“回流”。长期以来，中部地区一直为东部发达地区充当“人才输出地”的角色。

但在武汉市的几场人才招聘会上发现，沿海企业遭遇了招工难。2 月 23 日，在浙江、上海等沿海省市多家企业特意组团举办的招聘会上，场面远比往年冷清。

中南民族大学工商学院院长孙松发认为，湖北高校集中，每年都有 20 多万高校毕业生，因此吸引了许多外地企业前来招贤引智。但近年来湖北经济发展迅速，每年新增就业岗位 70 万个以上，因而可就地吸纳大量的人才。

正是由于经济社会的持续健康发展，使中部各省开始吸引一批批人才和劳动力回流，增添了发展的后劲。在湖南，近些年回乡创业的人才可以获得政府信贷担保，一些地方主动为回乡创业者提供价格优惠的土地资源，推出了税费返还和减免措施。

在此背景下，全省 2007 年“回流型”企业达到 3.3 万多个，吸纳了近 120 万农村劳动力，“劳务湘军”回乡创业已成气候。

政策环境的逐步完善，为创业成长提供了广阔空间。与此同时，中部六省自 2006 年起就开始积极谋划人才一体化战略，加快建立区域性人才服务合作机制，努力营造“人才辈出、人尽其才、才尽其用”的良好环境，逐步将人才优势转化为产业竞争优势。

（2）发展提速催生“资金凹地”。新年伊始，客户数排名日本第二的日本瑞穗实业银行便正式启动年内在武汉设立分行的计划。此前，武汉已设有兴业银行、汇丰银行和东亚银行3家外资银行分行。据悉，渣打银行也将武汉列入了重点发展城市。

湖北省商务厅副厅长张早阳说，中部崛起战略的实施，使中部地区吸引外资数量和外贸总额年年高速增长，仅2007年，湖北省就新增外商投资企业300多家。

值得一提的是，中部省份招商引资在观念上也发生了巨变。从2007年年初开始，湖南就在洞庭湖畔掀起了一轮环保风暴，一举关停了环湖234家小造纸厂。这些企业中，有不少是过去费尽心机请进来的企业。

关停高耗能、高污染的小造纸厂，并没有阻挡纸业资本的进入。2007年底，泰格林纸集团投资达25.7亿元、年产40万吨含机械浆印刷纸项目在岳阳启动。

记者了解到，这一投资巨大的项目吨纸耗新鲜水、综合能耗、废水排放量很低，可以循环利用废纸和废弃物。

湖南在洞庭湖纸业招商引资中先做“减法”，再做“加法”，最终的结果是洞庭湖COD总量很快从15万吨锐减到5万吨，多年不见的江豚、小银鱼重新回到了湖中。湖区数以百万亩计的速生杨树、芦苇，被高产出、低消耗和低排放的大型企业利用。

（3）试验探索造就新引擎。2007年岁末，国务院正式批准武汉城市圈和长株潭城市群作为全国资源节约型和环境友好型社会建设综合配套改革试验区，以探索在资源环境压力日益加大的趋势下区域经济发展的新模式，为中部经济崛起打造新的引擎。

武汉城市圈和长株潭城市群是我国重工业和制造业集中的老工业基地。武汉与周边百公里范围内的8个城市构成的区域经济联合体，是中部崛起的战略支点。长沙、株洲、湘潭城市群是湖南经济的核心增长极。

随着全球经济一体化步伐加快，中部地区正在成为承接发达国家和东部沿海地区产业转移的重要区域。

武汉大学经济管理学院教授、博士生导师伍新木认为，加快转变经济发展方式已成为关系我国国民经济发展紧迫而重大的战略任务，我国东部地区在未来经济发展中不能再走西方发达国家走过的老路，同样，正在崛起的中部地区也不能重复东部地区发展的老路。国家把资源节约型和环境友好型社会建设综合配套改革试验区放在中部，对中部地区来说既是机遇又是挑战。

湖北省省长李鸿忠认为，中国特色的社会主义道路是通过试验一步步走出来的。在建立资源节约型、环境友好型社会过程中，我们要大胆试验、率先突破。

4. 2008 年 4 月 18 日，温家宝总理在今年的政府工作报告中提出，编制和实施中部崛起规划。为落实这一项重要的工作任务，国家发展改革委正会同有关部门和中部六省开展规划的编制工作。

编制和实施促进中部地区崛起规划，是全面推进落实区域发展总体战略的重要措施，有利于中部地区经济与社会、城市与乡村、人与自然的全面协调发展，促进实现整体崛起；有利于统筹解决经济社会发展中跨地区的重大问题，协调区域分工，优化资源配置；有利于充分发挥中部地区比较优势，调整产业结构，提升产业层次，增强整体竞争力；有利于促进有效建立区域协调互动机制，深化区域经济合作，形成东中西互动、优势互补、相互促进、共同发展的新格局。

为与社会各界保持沟通与互动，提高规划编制工作的科学性和可操作性，我们在国家发展改革委门户网站上开设了促进中部地区崛起规划编制专栏，主要目的：一是建立建言献策平台，广泛听取社会各界对规划和规划编制工作的意见和建议；二是搭建开放互动的桥梁，对于公众的意见和建议，我们将有选择地刊登在本网站上，并在规划编制工作中予以吸收和借鉴。

5. 2008 年 4 月 21 日，国家发改委批准武汉城市圈和长株潭城市群为全国资源节约型和环境友好型社会建设综合配套改革试验区，不仅引起了湖北、湖南两省的高度重视，也引起了各地的关注。因为，“两型社会”本身就是科学发展的具体体现。

武汉城市圈和长株潭城市群，都是我国重工业和制造业集中的老工业基地。如何走出一条低投入、高产出，低消耗、少排放，能循环、可持续的发展道路，这既是两个老工业基地的个性问题，也是各地面临的共性问题；既是一个努力的方向，也是一个正在试解的新课题。

（1）过去比谁“快”现在看谁“好”。

“关于经济增长目标。今年生产总值增长 10%，这只是一个预期性、指导性的目标，实际工作中不片面追求增长速度，要引导各地切实在优化结构、提高效益、降低消耗和保护环境的基础上加快发展。”

“关于节能和环保目标。单位生产总值能耗下降4%和主要污染物排放总量减少2%，是必须完成的约束性指标。要严格节能、降耗、减排、节约用地等工作目标考核，对完不成目标任务的县（市、区），要停止审批新的工业项目，停止审批新的工业用地；新建项目未通过环评的一律不准开工，在建项目环保设施不配套的一律不准投产。”

这是2007年湖北省政府工作报告中的两个“标志性”指标：一个是指导性目标，一个是约束性指标；一软，一硬，导向十分明确。

可贵的是，这种导向的原则，并非始自今日。6年前，湖北省委就明确指出：“不搞经济数字的目标责任制。”“要有目标，但不能压指标；要比较，但不能盲目攀比；要有紧迫感，但不能浮躁。”

在这样的思想指导下，过去的5年，是改革开放以来湖北发展最好最快、人民群众受益最多的5年。2007年上半年，湖北单位能耗同比下降了3.56%，降幅快于全国0.78个百分点；规模以上工业增加值能耗同比下降6.2%，降幅快于全国2.32个百分点，化学需氧量和二氧化硫排放量同比分别下降0.16%和2.72%，降幅分别快于全国0.4个和1.84个百分点。而2007年，恰恰也是湖北近20年来经济增长最快的一年。

说起山西，人们马上想到煤炭；提起河南，人们知道那里有电解铝……在中部六省，高耗能、高污染的产业，往往是当地的经济支柱。在“积极承接东部产业转移”的浪潮中，在渴望发展的强力冲动下，中部，会不会成为污染企业的新“洼地”？

山西鲜明地提出：不要污染的GDP！着力推动煤炭、焦炭、冶金和电力行业的新型化进程。围绕大型煤焦企业，山西建设了10个循环工业园区。过去白白排掉的、严重污染环境的焦炉煤气，如今成了“香饽饽”。经过26道工艺的综合处理，煤焦油摇身变出了20多种产品，附加值提高了近5倍。交城县焦炭企业的煤气，直接供应给冶金、玻璃等企业作燃料，每年节约标准煤200万吨，减少二氧化硫排放60万吨。交城县环保局局长张乃忠说：“现在80多个企业的二氧化硫排放量，只相当于过去一个焦化厂的排放量。”

武汉市青山区是钢铁、化工、热电等大型企业的聚集地，年工业产值近千亿元，武汉七成工业三废排放物源出于此。现在，通过企业间能量、资源的循环利用，全区工业固体废物综合利用率超过99%，废气利用率达96%。

湖北宜昌三新磷酸有限公司自主创新的世界首套3万吨窑法磷酸装置，攻克了低品位磷矿直接利用的世界性难题。中国工程院院士余永富指出，窑法磷酸工艺简单，对延长矿山寿命、节能降耗、保护环境具有革命性的意义。

（2）过去产业结构偏重现在产业结构追轻。

中部地区传统工业基础深厚，但不同程度地存在产业结构不尽合理，缺乏具有国际竞争力的优势产业等问题。比如湖北省，以钢铁、石化等为工业支柱，工业结构偏重。为此，他们一边调整和优化重工业，一边大力发展新兴产业。

这些年，武汉钢铁集团实施了一批重大技改项目，一般的钢铁产品产量降低了，而特种钢硅钢产量达142万吨。去年，武钢高附加值、高技术含量的“双高”产品，占到了武钢所有产品的83%。东风汽车公司与多家跨国公司合资合作，实现了产品结构由卡车为主向轿车为主的历史性转变。

在提升传统制造业水平和发展农产品加工业之外，湖北将“建成中部乃至全国重要的高新技术产业基地、现代物流基地和综合交通运输枢纽”作为中部崛起战略的重要一环，突破性地发展以电子信息、生物技术与新医药、新材料、光机电一体化等为重点的高新技术产业。目前，光电子、服务外包等产业，已渐成湖北经济的亮点。去年，武汉市的服务业增加值达1 572.35亿元，GDP占比首次突破了50%。去年，富士康、中芯国际等一批高科技企业相继开工，“十一五”末，电子信息产业将成为湖北新的千亿元产业。

河南在高新技术产业、新型服务业领域里，重点扶持了一批发展潜力大，市场竞争力强，但现在规模还不太大的企业。在产业布局中，除食品工业、汽车、化工等传统优势产业外，河南还提出大力发展文化、旅游、金融及中介机构等现代服务业，特别是发掘黄帝文化、黄河文化、牡丹文化、少林武术等文化遗产，鼓励投资、积极整合，提升河南“软实力”等。煤炭大省山西确定的七大重点产业发展目标中，也增添了旅游文化和服务产业的内容。山西将在抓好五台山、平遥古城等十大景区发展的同时，抓紧规划和开发东西中三条红色旅游精品线路，加快文化产业的联合重组，并积极发展新兴服务行业，力争使全省的服务业占GDP的比重，每年提高1个百分点。

（3）工农城乡互动　区域协调发展。

湖北和河南、湖南、安徽、江西等中部省份一样，都是农业大省，湖北的油菜和淡水鱼产量全国第一，湖南的水稻产量全国第一，河南的小麦产量全国第一……诸多的“第一”，决定了中部是我国重要的产品粮基地。

中部经济与东部沿海的差距之一，是县域经济不够发达，城乡差别更大。专家指出，中部地区的县域经济，一定要以当地的农业优势为依托，发展农业工业。

4月，记者走进湖北省宜昌市夷陵区龙泉镇，不仅玉米地里一派繁忙，湖北稻花香集团的玉米浆饮料包装车间里也是一样，工人们正在对刚下线的产品紧张地进行检测、包装。“我们采用‘公司+基地+农户’的产业化经营模式，我们不愁原料，农民种粮不愁销路，不仅公司实现产值16.12亿元，我们还带动农业增收4 000多万元。”董事长蔡宏柱说。近年来，随着水稻、油菜、水产、棉花、茶叶等订单农业的蓬勃兴起，湖北建起了一系列优势特色农业板块基地，一批农业产业化龙头企业迅速做大做强，涌现出了“稻花香”、“国宝桥米”、“德炎”等一批农业精品名牌。

中部农业，正在从单一的农产品种植，逐渐向加工、销售环节延伸，产业链不断拉长，附加值不断提高，农业已成为中部各省优势产业和新的经济增长点。粮食生产大省河南，日渐从“大粮仓”走进了“大厨房”，食品加工业让人刮目：2007年，全省规模以上食品工业销售收入达到2 600亿元。河南人自豪地说：“现在国内市场上每3.5袋方便面中，就有1袋是河南生产的；每2根火腿肠中，就有1根出自河南；每2个速冻水饺中，有1个也是来自河南。”

与农业产业化伴生的是，农村的城镇化和区域经济的协调发展。这些年，湖北坚持一手抓武汉城市圈建设，一手抓县域经济发展，全省县域经济呈现出蓬勃发展的势头。去年，武汉城市圈内县域规模以上工业增加值，增幅高出全省平均水平4.2个百分点。如今，湖南长株潭城市群、河南中原城市群、安徽江淮城市群、江西环鄱阳湖城市群、山西晋中城市群等都以强劲的发展势头，有力地推动着城乡一体化和区域经济一体化的进程。

湖北宜昌通过实施“飞地经济”，引导不宜发展工业的山区县市，到沿江等重点开发区域集中办厂，市、县和园区所在区，按照4∶4∶2的比例，进行税收分成，找到了一个较好的区域协调发展的平衡点，建立了开发式生态补偿的路径，实在、有效，也可操作，促进了城与乡、发达与欠发达地区之间的均衡发展，体现了科学发展的新要求。

6. 2008年4月21日，随着“促进中部地区崛起”战略的稳步推进，我国中部地区的湖北、湖南、山西、安徽、江西、河南六省正利用优势的教育资源和科技力量，把发展高新技术作为经济增长新的突破口，全力提升产业竞争力。

作为我国第一代冷轧硅钢产品的专业生产企业，武钢集团长期占据国内同类产品的半壁江山，其中绝大部分用在家电行业上。2006年7月1日，欧盟实施《电气、电子设备中限制使用某些有害物质指令》给全球电子电器行业带来了巨大影响，美的、格兰仕、海尔等国产家电品牌顿时面临出口危机。

为突破这一新的贸易壁垒，武钢自2006年底迅速推进“六价铬转化为三价铬”等核心技术的研发，最终成功建立了无取向硅钢产品有害物质管控体系，并于不久前通过国际权威检测和认证机构——SGS国际公证行的第三方认证。

中部六省汽车工业产销量占全国1/5以上，仅次于长三角区域，地位举足轻重。知名汽车市场研究专家、武汉理工大学教授胡树华认为，面对国际汽车制造业转移带来的产业机遇、中国区域经济协调发展带来的政策机遇和汽车市场持续增长带来的市场机遇，中部六省正以东风汽车为龙头，带活多个企业联动，通过技术创新平台和管理创新平台的支撑，在做大基础上实现做强的目标。

多年来，中部六省不断深化科研院所管理体制改革，有力促进了科研院所主动将技术优势转化成生产力，成为提升中部产业竞争力“助推器”。湖北省科技厅政策法规处处长李述武说，改制后，科研院所更加重视科技投入，有的省份的研发投入占总收入比例已超过10%，成功开发出许多具有市场前景的新产品。像山西省化工所的聚氨酯筛板系列产品填补了国内空白，湖北中航精机开发的“手柄式板簧调角器”和“无间隙手轮式调角器”，则迅速占领了行业制高点。

据了解，安徽省合肥市是目前我国唯一的科技创新型试点市。合肥市副市长杜平太介绍说，目前全市正在构建一个以市场为导向，以企业为主体，以政策为引导的区域创新体系。在支持企业创新方面，合肥出台了一系列政策，并建立1亿元科技创新基金，仅2007年，就有20家企业获得总额达7 000万元的资金支持，全市高新技术产业年产值突破了600亿元。“唯楚有材，于斯为盛”，千年学府岳麓书院的这副对联，道出了湖南省长久以来的人才优势。长沙高新科技开发区是中部地区唯一的国家级软件产业化基地和国家授牌的“国家动漫游戏产业振兴基地”，聚集了湖南省主要的软件信息、动漫游戏企业。目前，湖南三辰卡通公司的原创产品“蓝猫”品牌是我国动漫行业唯一的“中国驰名商标”，原创动画年产量达5万分钟，占全国总产量的40%。而位于武汉的“中国光谷”，由于具有集聚600多家研发机构的独特优势，一直是中部地区发动科技引擎的杰出代表。经过7年快速发展，在这个国家级光电子产业基地里，高新技术企业已发展到2 000多家，平均每个工作日可以产生8项专利，产业结构演变呈现出与国际同步的特征。

相关数据显示，2007年“中国光谷”的企业总收入突破了1 300亿元，同比增长30%。其中，光通信产业、移动通信产业、能源环保产业、现代装备制造业收入均突破百亿元大关，两大新兴产业——软件外包、消费类电子也迅速站在了“百亿军团”的门口。引人注目的是，集成电路、半导体照明等新兴产业还在不断向“中国光谷”扎堆。据了解，国务院办公厅新近已出台政策对中部六省26个老工业基地城市的工业结构调整给予支持，其中包括“支持技术创新能力建设，加大对高技术产业发展的支持力度，促进形成优势高技术产业集群”。

7. 2008年4月23日，随着中部崛起战略的实施，湖北、湖南、山西、安徽、江西、河南六省，在新一轮产业转移中，越来越吸引世人的关注。其中，外向型经济已成为拉动“中部崛起”的重要力量。

（1）世界巨头抢滩中部热土。

中部地区开放开发的浪潮，风起云涌。从中，人们看到了越来越多的世界企业巨头的身影。

16年前，中法最大的轿车合资合作企业——神龙汽车有限公司在武汉近郊破土动工，拉开中部地区汽车业与世界接轨的序幕。如今，神龙公司年产轿车20万辆，并与上海大众、一汽大众并列为中国三大合资轿车生产基地。

美国康明斯公司将分销服务中心和东亚研发中心落户湖北武汉后，又在武汉建成在北美以外的第一个燃油系统生产基地；总投资达9 900万美元的加拿大威斯卡特工业（中国）有限公司，也同时建成投产，并成为威斯卡特在中国投资的首家独资企业。

在湖南长沙，德国博世集团投资430万欧元的现代化物流中心，已于2008年2月破土动工。在安徽合肥，世界500强企业、国际贸易和零售业巨头德国麦德龙，与合肥市政府签订了建立农副产品全球生产基地的框架性协议。安徽将成为麦德龙未来农副产品生产及采购基地。

放眼中部地区，这样的合资合作不断涌现。康明斯、日产、通用、雪铁龙等汽车制造业巨头纷纷来合资设厂，微软、西门子、富士康等高新技术企业也紧随其后；沃尔玛、家乐福、麦德龙等零售业“巨无霸”在中部省会城市站稳脚跟之后，正向中等城市进军。

据介绍，目前全球最大的500家跨国公司，已有80家在湖北投资，5家外资金融机构在湖北设立了分行或代表处。

对于目前外商投资中部的热潮，西门子全球副总裁郝睿强表示：“中国中部地区有足够的吸引力，我们会将更多的注意力转向中部地区，寻找更多的合作契机。”

（2）中部地区利用外资实现跳跃式发展。

面对境外资本蜂拥而至，中部六省积极探索多种方式和契机，利用外资实现跳跃式发展，其规模、水平和质量不断攀升。

近年来，中部六省利用外资跳跃式增长。2007年，湖南全年实际利用外资32.71亿美元，同比增长26%；河南全年实际利用外资30.62亿美元，同比增长60%；山西吸引外资同比增长了88.6%。湖北、河南、安徽、江西等地利用外资数量也迅速增长。

山西省省长孟学农表示，近两年来，山西通过“港洽会”、“第二届中博会”、“珠洽会”、“第一届煤炭博览会”四场招商活动，吸引境外资金31.02亿美元，境内省外资金481.42亿元人民币，超过山西“十五”时期引资总额，77.8%的项目为非煤产业，非常有助于山西煤炭产业实现集约发展、绿色发展。

据悉，即将举行的第三届中国中部投资贸易博览会，也吸引了200多家世界500强企业的关注，其中西门子、百胜、可口可乐等36家跨国公司已报名参会，预计与会外商将突破1万人。

值得注意的是：与过去招商以港澳台资金为主不同，在新一轮的产业转移中，来自大型跨国公司的直接投资明显增多。

（3）打造全方位对外开放格局。

近年来，中部地区已经加快了与世界经济融合的步伐。来自湖南、湖北的数字，反映了中部地区对外开放的深度与广度：2007年湖南共完成进出口总额96.9亿美元，同比增长31.8%，比全国平均增幅高8.3个百分点；湖北省今年1季度进出口总值45.8亿美元，同比增长50.6%，增幅高出全国26%。

中部地区对外开放，不仅仅体现在经济方面，文化、教育交流与合作也日益密切。湖北武汉、安徽安庆、湖南长沙、山西平遥等众多城市与其他国家城市建立了友好关系。

目前，在武汉工作的法国人已超过 800 人，有 68 家法国企业落户，武汉向法国选派留学生数量正逐年增加。

中部地区在对外开放与合作中不断崛起，对世界经济的影响力也不断增强。美国财富五百强企业康明斯公司在湖北襄樊建立的合资工厂，已成为这家公司遍布全球 40 多个工厂中效益最好的一个。日前，工厂总经理刘晓星自豪地告诉记者："过去康明斯总部开会是以美国本地时间为准，我常常半夜三更爬起来参加视频会。这几年，由于襄樊工厂业绩突飞猛进，现在总部开会时间已改为以北京时间为准了。"

世界关注着中国中部地区，中国中部地区也正向世界敞开怀抱。

8. 2008 年 4 月 26 日，第三届中国中部投资贸易博览会在武汉开幕。中共中央政治局委员、国务院副总理王岐山出席开幕式及"万商西进"高峰论坛。他强调，大力促进中部地区崛起对于推动区域协调发展，加快全面建设小康社会进程，具有重大意义。2008 年是改革开放 30 周年，希望中部六省认真贯彻党的十七大精神，全面落实科学发展观，在新的起点上，开拓进取，努力开创中部地区发展新局面。

王岐山指出，党中央、国务院对中部地区发展高度重视。近年来，中部地区经济发展不断加快，对外开放不断扩大，城乡面貌不断改观，人民生活水平不断提高。实践证明，党中央、国务院关于促进中部地区崛起的战略决策是完全正确的。

王岐山强调，实现中部崛起，首先要在更新思想观念，创新体制机制上有更大的突破。中部地区要不断适应国内外形势发展变化，进一步强化改革意识、创新意识、开放意识、市场意识、法治意识，把握国内外产业转移和中部地区经济发展的规律，破解发展中的各种障碍和难题。全面推进各领域的改革，进一步扩大对外对内开放。

王岐山说，中部地区正处于加快发展时期，要把这个良好的势头保持下去，必须坚持好字优先，推动科学发展。坚持走中国特色新型工业化、城镇化和农业现代化道路，绝不能以牺牲环境为代价换取一时的发展，绝不能走高消耗、高排放、盲目铺摊子的老路。坚持以人为本，更加重视保障和改善民生，促进社会和谐。

王岐山要求，中部六省发挥承东启西、连南通北的区位优势，承接好国内外产业转移，积极引进外来资金、人才和技术，促进东中西部地区协调发展。充分利用能源、农业、人文、旅游等资源优势，加快建设能源和重要原材料基地、商品粮基地，打造特色文化和旅游基地。加强铁路、公路、水运等基础设施建设，加快建设服务型政府，为海内外投资者营造公平竞争的市场环境、法制环境，提供更加优质的服务。

香港特别行政区行政长官曾荫权、澳门特别行政区行政长官何厚铧、湖北省委书记罗清泉、商务部部长陈德铭及中部六省政府和国务院有关部门负责人出席了开幕式。湖北省省长李鸿忠、商务部副部长马秀红分别主持了开幕式和论坛。

9. 2008 年 4 月 26 日上午，第三届中部投资与贸易博览会“万商西进”高峰论坛在武汉国际会展中心举行。与会人士普遍认为，目前，国际产业梯度转移和沿海产业梯度转移不可逆转。中部地区区位优势明显、市场广阔、能源丰富，劳动力充足、商务成本低，承载产业转移和经济辐射空间巨大，正在成为承接产业转移的“桥头堡”。

快速崛起的中部地区给跨国公司带来巨大机遇，跨国企业高管竞相看好“中部行情”。在与跨国公司的见面暨午餐会上，中部六省共同向跨国巨头们发出真诚的邀请，并得到热烈回应。截至 2007 年底，世界 500 强企业已有 84 家来湖北投资。

韩国 SK 集团是世界 500 强企业，在能源、电信、化学等领域处于领先地位。该集团中国区总裁金泰振介绍，目前，SK 已有 90 多家在华投资企业，投资总额达 15 亿美元，其中在中部六省的累计投入达 4 亿美元。

有着 125 年历史的 PPG 涂料有限公司是财富 500 强公司之一，为全球市场提供油漆、涂料、化学品等产品。去年，PPG 开始在安徽建厂，并融入奇瑞汽车的供应链大军。首次参加中博会的 PPG 全球副总裁凯思琳惊讶此次中博会规模之大、规格之高、组织之细密。凯思琳认为，过去中部只被认为是中国主要的粮食产区，而今大家已充分认识到这里的综合优势，现在中部崛起的机会已经来临。

万商西进，蔚然成潮。抢抓中部崛起机遇的不仅仅是世界五百强企业。与会的香港特区政府代表团人士表示，为鼓励港商，考虑将生产线转移到中西部地区，特区政府商务及经济发展局局长于 2007 年 8 月及 12 月与业界分别到湖南郴州及江西赣州考察。以赣州为例，截至目前已有超过 1 600 家港资企业在那里设置生产线。这证明产业转移转型是可行的。

10. 2008 年 4 月 28 日，第三届中博会在武汉闭幕——中部六省吸引外资161亿多美元。

第三届中国中部投资贸易博览会28日在湖北省武汉市闭幕。本届中博会共签约外商直接投资项目673个，吸引外资161.69亿美元；签订内资项目766个，吸引资金2 451.19亿元。

第三届中博会的主题是“承接产业转移，促进中部崛起”，全国26个省（区、市）、6个副省级城市及香港、澳门特别行政区组团。

据大会组委会常务副主任、湖北省副省长田承忠介绍，到会中外客商和来宾10万余人，其中有113个国家和地区的境外客商1.3万余人，以及众多政要、商界人士、专家学者。328家世界500强企业和322家中国500强企业的参会是本届中博会的一大亮点。

本届中博会以物流、金融、汽车、旅游、节能环保、高新技术、光电子等行业为重点，首次将中部论坛与中博会同时举办，同期还举办了第六届“中国光谷”国际光电子博览会暨论坛、第四届华中旅游博览会和东湖论坛等一系列活动。

据介绍，中博会期间中部六省还签订出口成交合同14.82亿美元，内贸合同30.57亿元；同时新签了一批对外承包工程项目、劳务合作项目、设计咨询项目，以及对外投资项目；此外还签订旅游合同24个，投资总额60多亿元，旅游互换合作项目16个，互换人数2 000多万人。

商务部副部长马秀红说，本届中博会内容丰富、客商云集、成效显著，充分展示了中国中部地区的强大吸引力，说明中部地区已经有了很好的基础，还有很大的发展空间，中部崛起大有希望。

位于中国中部的河南、安徽、江西、山西、湖南、湖北六省，面积占全国的10.7%，人口占全国28.1%，是全国重要的粮食、能源原材料输出地。随着国家中部崛起战略的实施，特别是去年底武汉城市圈和长株潭城市群被国家确定为资源节约型和环境友好型社会建设综合配套改革试验区，中部六省已引起国际社会的广泛关注。

中博会由商务部、税务总局、工商总局、广电总局、国家旅游局、中国贸促会、全国工商联、中国工业经济联合会及山西、安徽、江西、河南、湖北、湖南六省人民政府联合主办。

11. 2008年4月26~28日，第三届中国中部投资贸易博览会湖北武汉召开，来自113个国家和地区及中国各地近6万名客商云集江城，中部六省签下了161亿多美元的外资投资项目和2 450多亿元的内资投资项目。随着海外和东部沿海地区产业转移的加速，正在形成新一轮潮涌中部之势。

与海内外产业巨头投资中部的热情相契合的是，在全球经济一体化的推动下，促进中部地区崛起，把中部打造成为新的增长极，已成为“国之所谋，民之所愿”。

2005年，党中央、国务院提出了促进中部地区崛起的发展战略。2006年4月，中共中央、国务院印发《关于促进中部地区崛起的若干意见》，确定了这一区域经济发展的政策框架。

作为承东启西的节点区域，中部地区山西、河南、安徽、江西、湖北、湖南六省的人口和经济总量分别占全国的28%和20%以上，是中国重要的粮食主产区，又是国家综合运输网络的中心区域和重要的能源、原材料基地，却一度在中国区域发展的版图上呈现“塌陷”之势。

中部地区正在摆脱“塌陷”的困境。2006年，中部地区部分省份在全国的竞争力就开始提升；2007年，中部地区初步呈现整体崛起的势头，产出增长、投资增长等指标开始超过全国平均水平，其中中部地区工业增长速度达到22.4%，超过东部地区18.3%的平均水平；GDP增速也赶上了全国水平。

科学发展彰显后发优势，中部营商环境改善和产业的聚集，为迎接千帆竞发的产业转移大势做好了准备。2007年，湖南全年实际利用外资32.71亿美元，同比增长26%；河南全年实际利用外资30.62亿美元，同比增长60%；山西吸引外资同比增长了88.6%。湖北、河南、安徽、江西等地利用外资数量也迅速增长。

空前规模的第三届中博会是中部崛起正在加速推进的一个信号。随着社会经济的发展和各种利好政策效应的释放，中部的整体崛起已不是模糊的目标。

承接产业转移对中部地区来说是机遇，也是挑战。河南省省委书记徐光春表示，中部正处在工业化、城镇化快速推进阶段，在今后相当一段时期内将处于建设用地高峰，而作为国家粮食主产区，基本农田保护面积大、建设用地预留空间少，供需矛盾日益突出。

湖北省省长李鸿忠认为，梯度转移不等于把污染企业搬到中部，而是在技术升级、节能环保前提下的转移。中部承接产业转移要一步到位，不能因为追求经济效益而降低对“进门”产业的选择标准。

无疑，中部崛起已经处在一个加速推进的新起点上。

12. 2008年5月15日，国家发改委副主任杜鹰日前表示，中部崛起要避免走先污染后治理的老路，同时要解决好粮食生产问题。

杜鹰指出，国家批准湖北武汉城市群、湖南长株潭城市群为全国资源节约型和环境友好型社会建设综合配套改革试验区，是对重点突破、综合配套整体改革的重要部署和重大举措，在中部地区进行两型社会综合配套改革试点，意义深远。“中部崛起要注意解决两个问题，一个是粮食问题，一个是环境保护问题。希望中部地区在工业化早期就能走出一条新路来。”杜鹰说，作为欠发达地区，中部地区要避免走发达地区先污染后治理的老路；作为粮食主产区，要确保国家粮食安全。

目前，武汉城市群两型社会综合配套改革试验总体方案正在研究制定中。

13. 2008 年 5 月 15 日，国家发展改革委推进职能转变（中部片）座谈会在郑州召开。国家发改委党组成员、副主任解振华，国家发改委党组成员、国家物资储备局局长苏波，省委常委、常务副省长李克出席会议。

解振华说，国家发改委在学习贯彻党的十七届二中全会精神和国务院机构改革方案的过程中，决定以这次机构改革为契机，结合“三定”方案制订工作，进一步统一思想、提高认识，增强加快推进职能转变的主动性和自觉性，更好地为党中央、国务院做好经济工作当好参谋助手，为地方、部门和企业做好服务。

李克向与会代表介绍了河南省省情。他说，近年来，国家发改委深入贯彻落实科学发展观，在加强和改善宏观调控，调整经济结构，转变增长方式，加强薄弱环节，深化改革开放等方面做了大量富有成效的工作，为促进经济社会又好又快发展做出了重要贡献。在正确履行职能，不断推进职能转变方面，国家发改委始终坚持以科学发展观统领全局，引导经济社会步入科学发展轨道；积极推动经济结构调整，促进发展方式转变；深入推进改革开放，进一步增强经济社会发展的动力和活力；不断推进职能转变，始终重视和加强自身建设，值得地方认真学习。国家发改委积极推进职能转变，专门召开会议，听取地方意见，这种做法为我们提供了很好的借鉴。同时，对国家发改委对河南经济社会发展给予的大力支持表示感谢。

山西、安徽、江西、湖北、湖南、河南等中部六省发改委、经贸委、物价局的负责同志参加会议。

14. 2008 年 5 月 29 日，第三届中部六省省会城市统计局长联席会议在长沙召开，长沙市统计局承办了此次会议，武汉、郑州、合肥、太原、南昌、长沙六个省会城市的近 20 位代表参加了会议。湖南省统计局副局长张世平、长沙市人民政府副市长虢正贵到会致辞。

张世平对联席会议的成功召开表示热烈祝贺，他简要介绍了湖南省的人文资源和统计工作情况。

虢正贵代表长沙市人民政府向与会城市来宾表示热烈的欢迎和诚挚的感谢，并简要介绍了长沙市城市基本情况、经济发展概况、文化旅游资源状况，他希望在“中部崛起”战略的指引下，中部省会城市要加强信息交流与合作，共商建立城市统计信息资源共享的机制和方案，促进区域经济合作，实现经济社会健康快速发展。

与会代表畅所欲言，先后就统计工作中取得的成绩和经验、遇到的困难和挑战进行了深入沟通与交流。大家一致认为，中部六个省会城市要紧密加强合作与交流，针对市委、市政府重视和加强统计工作的举措、反映县域经济发展的统计指标、统计分析资料和统计工作动态等方面内容进行经常性的交流沟通，实现取长补短、共同进步。

会议期间与会代表还参观考察了长沙市的经济建设和城市发展情况。

15. 2008 年 6 月 10 日，随着近几年安徽东向发展和长三角区域合作的深入，安徽参与“泛长三角”的发展分工日趋成熟。

（1）从“东向”到“入泛”。

2008 年初，中央领导在安徽视察工作时指出，安徽要充分发挥区位优势、自然资源优势、劳动力资源优势，积极参与泛长三角区域发展分工，主动承接沿海地区产业转移，不断加强同兄弟省份的横向经济联合和协作。虽然只有短短几十字，但对安徽来说却意味深长。一位学者分析，安徽自 2005 年提出“东向发展”战略以来，至今已三年。三年时间，无论对于安徽还是对于长三角来说都发生了巨大变化，今后“东向”怎么深化？

安徽迅速行动起来。今年 3 月 6 日，参加十一届全国人大的安徽代表团以集体表决的方式，通过了向全国人大递交的 4 项代表团建议案，其中之一就是将泛长三角区域合作与分工纳入国家战略。“赶在长三角区域规划出台之前，让其有‘泛长三角’的表述和安徽等周边地区的声音，这对安徽下一步的工作有利。”安徽省发改委副主任吴劲松说。

最近，安徽省政协组织召开了“积极参与泛长三角区域发展分工”论坛，来自国家部委领导、沪苏浙皖的相关政府部门负责人、专家学者与国内外企业家，围绕泛长三角的合作发展进行第一次系统性研讨。紧接着，在由安徽省政府主办的2008中国国际徽商大会上，泛长三角合作发展也成为主题之一。“泛长三角”，无疑成为安徽热议的话题之一。

（2）当好长三角腹地。

善弈者谋势合肥市委书记孙金龙认为，合肥对于长三角十分有吸引力。他举例说，为什么海尔2000年就开始在合肥布点？为什么这几年可口可乐、青岛啤酒、统一、伊利等著名品牌都把合肥作为全国战略布局的重要节点？打开地图不难发现，以合肥为圆心，方圆500公里物流圈内，覆盖了七省一市4.8亿最具消费力的人口，特别适合面向内需的加工制造业发展。长三角加工制造业转移，合肥无疑是首选地之一。

不仅具有区位好、成本低、人力资源丰富等优势，安徽还蕴藏着巨大商机。近年来安徽全面实施“861行动计划”，预计总投入超过万亿。仅国家支持的皖北地区“煤、电、盐、化一体化工程”，就将投资千亿元左右。未来10年，铁道部将与安徽共同投资1 000亿元，把安徽建成全国重要的铁路枢纽。这些都必将拉动加工制造业、交通运输业、能源、化工等产业的快速发展。

更重要的是，安徽与长三角经济合作已有坚实基础。目前，安徽55%的省外投资来自长三角，60%的劳务输出集中在长三角，70%以上的省际物流和通讯面向长三角，每年向长三角输出电力100亿千瓦时以上。随着合宁高速、申苏浙皖高速、宁合铁路等10多条与长三角联系通道的建成，安徽已经具备了承接长三角产业转移的条件。

区域经济专家诸大建说，长三角要与世界大城市群比肩，势必要寻找合适的腹地，安徽无疑是首选之地。

（3）做强“皖江经济带”。

安徽的马鞍山、芜湖、滁州和巢湖的部分地区是南京都市圈成员，马鞍山正是安徽东向发展的桥头堡。马鞍山明确提出，要建成南京的“后花园”，吸引南京企业到此投资。马鞍山还与南京签订了全面合作框架协议，内容包括环保、教育、交通、旅游等7个方面，其中旅游已被纳入“宁镇扬马”旅游线路整体向外推介。与此同时，马鞍山、芜湖等城市数次向长三角城市经济协调会递交入会申请，却迟迟未果。

诸大建认为，安徽大可不必失望。从区域经济梯度转移规律看，安徽直接加入长三角俱乐部并非当务之急。作为观察员，安徽一些城市已经参与了长三角城市经济协调会的部分专题合作，比如大通关、交通等，只要分享到成果，没必要执著于名份。再者，安徽整体性参与泛长三角合作，也需要循序渐进，不如先进一步深化南京都市圈合作，再逐步向构建“宁合都市圈”发展。

吴克明说，除省会合肥外，“皖江经济带”应成为安徽参与泛长三角合作的重要地区。安徽境内长江两岸的铜陵、芜湖、马鞍山、巢湖等地聚集了如奇瑞汽车、马钢集团、有色金属集团、海螺集团等特大型企业，产业基础、配套能力在安徽首屈一指。因此，依托长江黄金水道直通长三角的天时地利，着力打造沿江产业带，培育一两个中心城市，再辐射全省，这样才能使安徽成为泛长三角区域格局中不可或缺的节点。

更何况，善贾好儒、诚信开放的徽商精神，与长三角务实包容的文化特征相契相合，从而为构筑“泛长三角”奠定了坚实的文化根基。（解放日报：2008－06－10）

16. 2008年6月27日，实现中部地区经济崛起，既是中部地区经济社会发展的迫切要求，也是中国区域发展总体战略的重要组成部分。对此，中部各省因地制宜，采取了多种重大举措。在这当中，城市群的建设问题还应引起高度重视，并采取相应的对策。

（1）制定中部地区城市群发展规划。

经济发展，城市为先。中部地区需要积极培育若干区域性中心城市和城市群，使其尽快成为该地区崛起的支撑点和增长点，以带动整个区域的发展。科学的发展规划是中部地区城市群发展目标得以实现的基本保证。城市群发展规划应分为两个层次：一是城市群发展整体规划，二是各个城市群发展的规划。该规划的制定与实施有如下要求：首先，根据城市群的发展阶段确定规划内容。不同发展阶段的城市群需要实现的目标也不同，中部城市群还处于雏形期，该时期城市群应以培育、发展、协调为主要内容，充分发挥政府推动作用，扶持社会公共事业以及优势产业，增强城市群区域的自我发展能力。其次，规划要有助于解决城市群存在的各种问题。在重点培育核心城市综合实力和辐射带动能力的同时，要通过积极调整，逐步健全城市群内部的等级结构。另外，城市群内部的城市之间还要有明确的分工，充分体现规划的前瞻性，为促进城市群健康和快速成长创造条件。

（2）促进中部城市群之间的协调发展。

中部地区的经济联系向来比较松散。在当前国内经济区域一体化进程中，中部不仅没有出现经济整合的迹象，反而出现了背离的趋势。在这种背景下，如果不加强引导，中部城市群的竞争极容易导致各自为政的局面。城市群是开放的城市经济，各大城市群唯有变各自博弈为携手共赢，才是中部崛起的正确方向和出路。具体要求有：

第一，促进生产要素自由流动。督促中部破除各省之间的行政壁垒，撤销不利于资源、要素自由流动，妨碍企业跨区域投资、商品和服务跨区域供给的地方政策，降低微观经济主体的外部成本，提高要素配置的效率。

第二，中部地区各省建立协商对话机制。促进各城市群就长期战略及规划思路、区域经济一体化发展策略、跨省市重大建设项目规划布局等进行沟通和交流，避免重复建设和同质化竞争，在保证整体利益的基础上化解矛盾。

第三，构建资源共享机制。作为经济和社会发展必不可少的公共基础设施，中部崛起需要现代综合运输体系，因此，中部各地区要统一协调，改进交通运输结构，共建交通设施，共享交通资源，以形成真正的综合交通运输枢纽。另外，依托城际间多网互联互通的信息网络，各城市群都可共享区域内的政务信息、产品供求信息、招商引资信息等，实现信息资源共享。

（3）加快中部地区城市化进程。

各城市圈客观上都需要一个“核心极”，即有一个首位度较高的城市中心。有中心，才有凝聚力和集聚功能，对周边城市经济社会发展的引导带动作用才会不断增强。因此，中部地区的城市化战略应以大城市为基点，培育武汉、郑州等区域经济中心，同时推进现有大城市向特大城市扩张，中小城市向大城市演化。

粗放型的扩张并不是发展大城市的内涵，提升城市竞争力才是城市发展的关键。在基础设施、资金、政府管理、企业管理和制度竞争力方面，中部省区的城市呈现普遍的弱势。提升中部城市竞争力的关键在于通过制度创新，促进城市自然资源、基础设施资源和城市人文资源等优化整合和市场化运营，地方政府应着力于良好制度环境、创业环境和人文环境的营造，提高在市场化机制配置要素过程中的城市引力，从而真正转变政府职能，拓宽投融资渠道，提升城市基础设施、政府和企业的竞争力，实现城市综合竞争力的进一步提升。

（4）提升城市群产业的结构层次和创新能力。

中部地区各城市群要尽快提高其综合经济实力，就必须优化产业布局，促进产业结构升级。

第一，农业不能偏废。安徽、河南、湖南都是粮食大省，发展很快，应继续扩大在农业特别是粮食生产方面的优势。中部粮食主产区应当抓住机遇，把粮食产业做大做强，发挥农村劳动力丰富的优势，弥补土地资源不足的劣势。河南是农业大省，中原城市群首先应该注重发展粮食生产，建成全国粮食生产基地，在此基础上大力发展具有明显优势的食品工业，拉伸农业产业链，做大做强。

第二，走新型工业化道路，全面提升工业竞争力。主要有三方面：一是要实施大产业战略。要根据比较优势选择主导产业，形成合理分工与发展特色，根据规模经济组织生产，并在合理分工条件下促进产业的集聚，延长产业链条，形成产业群，强化竞争力。二是要大力发展高新技术产业。要用高技术和先进适用技术改造、提升传统产业，大力推动产、学、研，科、工、贸一体化，着力支持企业科技创新体系建设。三是要实施大企业集团扩张带动战略。要深化企业产权改革，完善企业法人治理结构，建立现代企业制度，打造一批具有核心竞争力的大型企业集团。

第三，要大力发展第三产业。各城市群要大力发展金融保险、证券服务、技术咨询、会展、物流等现代服务业，并逐步建立区域性的金融、商贸、科技、物流、信息中心，使其不仅能很好地为城市工业化服务，而且成为重要的经济增长点。

17. 2008 年 7 月 15 日，改革开放以来，中国区域经济发展模式开始出现分化。东部沿海地区利用区位优势和率先开放的政策优势，逐渐走出了一条外向型发展道路，其基本特征是：以出口为导向，“两头在外，大进大出”；为了发挥中国劳动力的比较优势，主要依赖国外资本；为了弥补技术不足，采取了“市场换技术”的战略。沿海地区的外生型发展模式在对外开放初期阶段具有必要性和必然性，在发挥我国劳动力资源优势、弥补资本和技术不足方面发挥了历史性作用。但由于沿海外向型经济的层次没有及时提升，中西部的发展跟进不够，沿海的发展模式长期被锁定在这种路径之中，逐渐呈现出片面依赖国外的市场、资本、技术和资源的特征。

当前，伴随着沿海加工贸易产业向中部地区的转移，上述片面外生型发展模式也出现了向中部地区转移的均势。笔者认为，中部地区不能复制上述沿海地区的外生型发展模式，因为这种复制与我国发展方式转变、区域协调发展的要求是相悖的。中部地区复制沿海发展模式，首先必然导致污染转移。由于竞争关系的存在和攀比效应，可能导致各地竞相降低环境标准和产业进入门槛，最终使中部地区成为又一个污染避难所，而且一味承接低层次产业转移也将导致中部地区重走“先污染、后治理”、“先发展、后科学发展”的老路。其次，中部地区毕竟不具备沿海地区那样的开放条件，如果承接低层次产业，在产业层次低和开放条件相对不利的双重挤压下，中部与东部的发展差距将会进一步拉大。

笔者认为，中部地区只能采取内生型为主的发展模式，即主要依靠国内的技术、资本和市场来实现区域发展。原因在于，中部地区有着不同于沿海地区的独特区情：

首先，中部地区需要实现科学发展一步到位。沿海地区在实现率先发展、率先开放的同时，客观上形成了先发展后科学发展的“两步走”路径。中部崛起战略的提出与科学发展观的提出几乎是同步的，这就要求中部地区必须实现科学发展一步到位，具体体现在：在发展道路上做到发展好与发展快相结合，发展经济与保护环境相结合，承接产业转移与结构优化升级相结合；在发展模式上做到在充分利用国外的资源、资本、技术和市场的同时，更多开发和利用国内的资源、资本、技术和市场，探索和形成内生型为主的发展模式。

其次，中部地区的发展承载着新的使命，面临着新的约束。根据国家区域协调发展总体战略，中部地区的功能定位是建设全国重要的粮食生产基地、能源原材料基地、现代装备制造及高新技术产业基地和综合交通运输枢纽，其崛起路径是要在发挥承东启西和产业发展优势中崛起。中部地区的功能定位和崛起路径都指向了内生型发展模式。

再次，中部地区有着特殊的区位价值。中部地区具有承东启西的区位优势，发挥这种区位优势是中部崛起的必由之路。更重要的是，国家在推进发展方式整体转变的过程中，一个战略性举措就是扩大内需对经济的拉动作用，中部地区承东启西的区位优势因此有了新的内涵：一方面是国内市场枢纽；另一方面，中部地区人口密集，因而是国内市场培育潜力最大的区域。这种特征为中部地区开发国内的资本、市场、资源，形成内生型发展模式提供了广阔的空间。

中部地区的内生型发展模式应建立在下述基点上：

（1）开发本地区资源是内生型发展的基础。与沿海地区相比，中部地区拥有丰富的资源，因此，本地区资源开发是发展内生型经济的基础。在未来的探索进程中，中部地区还需进一步加大本地资源开发与精深加工力度，特别是通过发展全面创业来充分开发区域内的资本和人力资源，实现本地区自然资源、产业资源、资本资源、人力资源、文化资源的整体开发和有机整合。

（2）拓展国内市场是内生型发展的依托。如果说在过去的改革开放进程中，沿海地区在探索外向型发展模式方面具有先发优势，那么，在现阶段和今后一段时期，中部地区在探索内生型经济发展模式方面就具有后发优势。中部地区探索内生型发展模式的重要基点，就是培育市场体系，拓展国内市场，发挥市场枢纽作用。

（3）推进自主创新是内生型发展的关键。中部地区要探索内生型发展，关键是要大力推进技术的自主创新。只要加大制度创新和资源整合力度，在现有产业和市场的基础上，完全能够进一步激活科技自主创新能力，形成内生型发展的技术基础。

（4）实施三个开放是内生型发展的先导。内生型发展不等于内向型发展，更不等于封闭发展，相反，它需要更高层面的开放，即超越原有政策层面开放的体制层面的开放，如此才能实现中部地区优势资源与外部优质要素的对接，增强和发挥中部地区的特色和竞争力。一是要采用先进的市场手段，高起点建设中部地区的市场体系与物流、金融等市场服务体系。二是要加强对沿海地区的开放，与沿海地区的外向型发展模式实现有机对接和互动。三是中部各省份间也要互相开放，实现区域内的协同和协调发展。

18. 2008 年 8 月 17 日，安徽县域经济成为发展亮点。地处大别山深处的皖西南岳西县，“藏”着一个千家万户缝彩被、带动 3 万多农户 10 多万人口的家纺产业集群，年工业总产值 24 亿元，利税 3. 36 亿元。同处大别山腹地的皖西霍山县，依托“江北毛竹第一县”的资源优势，聚集起一大批竹加工企业，竹制品远销国际市场。还有皖东南的宁国、广德，皖东的当涂、皖西北的界首等地，因为各具特色工业集群的崛起，使安徽县域经济渐成大树，成为全省今年经济增长的最大亮点。

2008 年上半年，全省县域规模以上工业增加值 507. 6 亿元，县域财政收入增长 36. 4%，超过 1/5 的县财政收入增幅超过 50%。

在推进经济又好又快发展中，安徽特别注意城乡经济协调发展。省委、省政府为推进县域经济发展，在 2006 年出台的加快县域经济发展相关政策的基础上，今年再次出台《关于贯彻落实科学发展观，促进县域经济又好又快发展的若干意见》，从体制上为县域松绑，增强县域“造血”功能。同时修订县域经济考核指标，根据各县实际，分为不同类型，实行不同考核指标。

为了使县域经济更加“枝繁叶茂”，安徽特别强调突出城乡统筹和产业特色，资源节约和土地集约利用，生态建设和环境保护，民生问题和社会和谐，从宏观调控上体现科学发展观。于是，依托优势发展工业、承接城市产业配套等形成特色产业集群，成为安徽各县的共同选择。肥西县主动融入江汽、格力等大企业分工协作体系，迅速成为安徽首个规模以上工业产值过百亿的县。据统计，安徽61个县中新增规模以上工业企业1 331家，占全省的85.6%，工业产值增长27.8%，大大高出全省平均水平。

19. 2008年8月18日，在刚刚结束的“2008湖北就业市县长论坛”上，武汉、宜昌、荆州等地的50位市县长签署“荆州宣言”，承诺将实施促进农民工走进城镇平等就业、生活的一系列措施。

宣言提出，湖北省50个县市将消除所有对农民工进城就业的歧视性规定和制度性障碍，带动更多的农村富余劳动力向非农产业和城镇转移就业；培育和完善城乡统一、平等竞争的人力资源市场，为农业劳动者转移进城提供全面公共就业服务，让农民工享受与城镇劳动者同样的培训补贴和创业扶持政策；尊重和维护农民工的一切合法权益，消除农民工后顾之忧，确保他们在社会经济发展中的平等参与权和分享权；实施“迎接新市民”工程，将已进城稳定就业的农民工转为城镇居民，解决他们在城镇的居民户籍和身份问题，让农民工真正融入城镇，并享受与城镇居民同样的待遇。

湖北省劳动和社会保障厅相关负责人介绍，改革开放30年来，湖北有1 500万农村劳动力向城镇转移就业，500万农民工实现了市民化，但仍有1 000万是农民工，其中700万在省外打工，300万在本省打工。湖北省有关部门7月8日联合发文，在全省城镇实施“迎接新市民工程”，除武汉中心城区外，在湖北各县（市）和地级市、建制镇以及武汉市远城区稳定就业、并有固定住所的农村劳动者，可办理城镇落户手续，享受与城镇居民相同的就业和社会保障政策。

从2007年开始，潜江、石首、宜都、大冶、应城、宜城、汉川、京山八县市试行城乡就业统筹。农民进城务工，在户籍、社保、子女教育方面可享受“市民待遇”。2008年底试点结束后，湖北省将全面推广试点经验。

湖北加强农民工技术培训和职业教育，使越来越多的农村富余劳动力依靠“品牌”外出务工。如今“湖北海员”、“湖北电子电工”、“湖北机械加工”、“荆楚印刷工”、“建筑鄂军”、“楚天豆腐郎”、“荆楚刺绣女”等已形成了全国闻名的劳务品牌。近年来，湖北通过主打这些劳务品牌已转移农村劳动力100多万人，外出务工人员每年收入110亿元。按照劳动就业部门的规划，“十一五”期间，该省将实现劳动力转移就业400万人，其中，通过劳务输出品牌转移就业150万人。

湖北省加快户籍制度改革，让符合条件的进城农民和失地农民享受在城镇落户的权利，赋予进城落户农民与城市居民同等的就业权利和参加养老、医疗、失业等社会保障以及享受城市低保的权利，让进城落户农民的子女与城市居民子女同等接受基础教育的权利，让进城落户的农民与城市居民同等享受购买、居住经济适用房和廉租房的权利。

武汉市则结合“城中村”综合改造，为符合条件的失地农民办理养老保险和发放生活补贴。

20. 2008年9月10日，长江干线沿岸的七省二市，是我国重要的农产品基地、工业基地、科技高地，并且连接我国东中西三大地带，具有广阔的内陆腹地和发展空间。中部的长江沿岸地区包括湖北、湖南、江西、安徽四省的沿江地区和洞庭湖、鄱阳湖沿岸地区，该地区区位优势得天独厚，资源优势突出，是中部地区经济最发达、开发条件最优越的地区。当前，随着中央中部崛起战略的提出，随着产业结构调整和生产力布局的转移，随着长江洪水威胁的基本解决，中部地区的长江沿岸地区迎来了经济发展的最佳时机。

首先，中央关于中部崛起的重要决策是中部地区沿江产业带建设的强劲东风。改革开放以来，中部地区一直是政策洼地。尽管中部长江沿岸地区具有经济开发的优越条件，但一直发展缓慢，这既反映了中部地区的差距，同时也表明该地区发展潜力巨大。中部崛起的决策不仅表明了中央对中部地区经济发展的关注，也反映了我国区域经济协调发展的客观要求和经济开发由沿海向内地扩散的客观趋势。

其次，资本向内地流动是当前我国经济发展的客观趋势。随着沿海地区的发展，土地、劳动力成本低廉的优势逐渐衰减，沿海地区远离资源、市场及其发展所带来的矛盾日益突出，同时内地的投资环境不断完善，内地优势逐渐凸显，资本向内地转移已成为不以人的意志为转移的客观趋势。中部地区由于突出的区位优势和条件优越的投资环境，在接纳资本转移中首当其冲，近年来中部地区投资热潮已开始出现。2004年，安徽、江西、湖北利用外资分别达到13.6亿、20.52亿、23.56亿美元，分别增长40%、26.62%和20%，湖南1~11月实际利用外资13.34亿美元，同比增长49.41%。同时国内资本也纷纷向内地流动，安徽2004年引进省外资金526亿，增长49.41%；湖北与浙江签订协议，一次引进投资375亿，合作开发176个项目；江西与浙江签订协议，投资125亿开发205个项目。

再次，长江洪水威胁基本解决。近年来随着以三峡工程为主的一批大中型水利工程的建设和1998年洪水后的灾后重建，长江防洪格局正在由以堤防束水为主要手段，向以水库联合调度为主要手段转变，长江防洪能力大大提高，如荆江河段的防洪能力将从五至十年一遇提高到五十年一遇标准，配合分蓄洪工程可防预百年一遇的洪水。洪水威胁曾是长江中游沿岸地区经济发展和产业布局的重要制约因素。洪水威胁的基本解除将使长江地区的优势进一步凸显，使该地区的潜力得到充分的发挥。

中部崛起是我国区域经济协调发展的客观要求，长江产业带建设既是中部崛起的突破口，又是中部崛起的重要支撑。中部地区长江产业带建设应中部各省齐心协力，打破行政区划限制，整体优化、集成资源、综合布局、联动推进，分阶段实施。

首先，打破行政界限，统一规划，整体联动。中部地区长江产业带横跨中部诸省，且各省面临产业结构雷同等共同的问题，筑建长江产业带，需要各省齐心协力，统一规划，综合布局，实现资源整合。一是要构建综合运输体系。运输是现代经济发展的前提，综合运输体系是当今运输的客观要求。长江是不可多得的黄金水道，但仅有黄金水道是不够的，过去我们的一个误区就是反对修建沿江铁路、公路，致使黄金水道缺乏综合运输体系的配合，反而制约了黄金水道发挥作用。各省应通力合作，在中央政府支持下尽快修建沿江铁路和沿江沿湖高速公路，尽快形成便捷的综合运输体系。二是构建不同特色的产业集群。通过调整产业结构，根据各地情况，形成不同层次、不同特色的产业集群，加强各地之间的经济交流与协作，实现区域经济的协调发展。三是以市场为导向，打破行政区划的限制，建立按照市场经济原则组织经济的机制。尤其要强化资本、技术、人才等生产要素市场的建设，通过市场实现资源的合理配置。四是要重视生态环境的保护。项目建设要与环境保护同步设计，同步施工、实行排污许可制度，对污染严重的企业严格布局审查，以实现经济、社会、生态的协调发展。

其次，中部地区长江产业带建设是一项宏伟的工程，涉及的面积广、范围大，应按照经济发展的内在要求，按照点、轴、面逐步推进，分阶段分步骤进行。近期，从现状出发，重点建设四段沿江产业带和三个沿湖产业带。一是以武汉城市圈为基础，完善武鄂黄沿江产业带；二是以长株潭城市群为基础，构建洞庭湖沿湖产业带；三是以昌九走廊为基础，以南昌、九江、景德镇为主体，构建鄱阳湖沿湖产业带；四是以安庆、铜陵、芜湖、马鞍山为主体，构建皖江沿江产业带；五是以宜昌、荆州、岳阳为主体，构建荆江沿江产业带；六是以武汉、襄樊、十堰、南阳为主体，构建汉江沿江产业带；七是以合肥、巢湖为主体，构建巢湖沿湖产业带。各产业带应突出自身的特色，逐步形成相互协调、相互配合的有机整体。远期在各段充分发展的基础上，逐步形成以武汉为中心，以长株潭、昌九、合肥芜湖、宜荆岳、襄十南为主干的中部地区沿江产业带。

中部崛起是实现我国经济协调发展的重要战略步骤，长江产业带建设是中部崛起的关键。要通过长江产业带建设，构成我国与沿海地区珠三角、长三角、环渤海相对应的以上海为中心的长三角经济区、以武汉为中心的中部经济区和以重庆为中心的长江上游经济区，通过长江经济带的崛起实现区域经济发展的T字型格局，实现国民经济的协调发展。

21. 2008年9月13日，中部地区要实现崛起的目标，需要增强开放意识、创新意识、市场意识、协调意识、环保意识和法制意识。

中部各省存在着经济发展速度相对缓慢、“三农”问题比较突出、城市化水平偏低、自然灾害比较频繁、基础设施建设相对滞后等问题。这是中部地区的实际，中部崛起不可能脱离这个实际，更不可能回避矛盾。

促进中部崛起，首先要增强开放意识。要立足本地求发展，放眼外界寻商机；要进一步扩大开放领域，改进招商引资方式，提高服务水平，积极吸引省外、境外、国外的企业来投资；要大力引进那些效益高、无污染的高新技术产业，也要注意引进劳动密集型企业，增加就业岗位；要加快调整农产品进出口结构，积极扶植具有出口优势的农产品生产，发展创汇农业；鼓励有比较优势的企业到境外、省外投资，发展国际工程承包，扩大劳务输出。

其次，要增强创新意识。要在经济体制、分配制度、干部人事制度、管理制度等制度和体制中进行探索和实践，为经济发展和社会进步铺就全面发展之路；要大力推动技术创新，以新技术、新方法带动产业升级。

第三，要增强市场意识。要发挥市场在引导企业调整投资方向、合理配置资源方面的基础性作用；要把握市场需求变化，发挥比较优势，依靠科技进步和体制创新，把产业升级与市场前景紧密结合起来；深化产业体制改革，以市场化的方式推进大公司和企业集团的改革与发展。

第四，要增强协调意识。要十分重视城乡协调发展，高度重视和解决“三农”问题。要推动农业专业化生产和产业化经营，充分发挥民间团体和行业协会的作用，加强粮食主产区建设；针对影响农村发展的体制性因素，进一步把农村改革引向深入，培育农村经济发展新的增长点；全面免征农业税，保证农民持续增收；发挥城市对农村的带动作用，使城市和农村相互促进、协调发展，实现共同富裕。

第五，要增强环保意识。积极倡导节约能源资源的生产方式和消费方式，形成节约意识和风气，加快建设节约型社会。要大力发展生态农业、环保农业、有机农业，增强农业竞争力。在工业园区的建设过程中，也要正确处理经济发展与环境保护的关系，一方面要学习沿海发达地区的经验，另一方面也要汲取他们的教训，避免走“先发展，后治理”的老路子。

第六，要增强法制意识。要继续加强政府法治建设，推进政府管理体制的改革，转变政府职能，加强社会治理，提供公共服务，提高办事效率，努力营造良好的法制环境和重诚信、守信用的氛围。

22. 2008 年 9 月 26 日，第二届“中部崛起法治论坛”在太原举行。中国法学会会长韩杼滨到会讲话，省委副书记薛延忠致辞。

韩杼滨指出，“中部崛起法治论坛”的举办适应了实施中部崛起战略的需要，进一步加强了中部六省区域内法学界、法律界的合作与交流，在促进区域法制建设、拓展法学研究的领域、服务区域经济社会的协调发展中发挥了积极的促进作用。

韩杼滨要求与会代表和中部六省法学界，要认真学习贯彻胡锦涛总书记在全党深入学习实践科学发展观活动动员大会及省部级主要领导干部专题研讨班上的重要讲话精神，切实搞好深入学习实践科学发展观活动，要紧紧围绕中部崛起的工作大局，开展法学研究，努力为中部地区经济社会又好又快发展提供有力的法学理论支持。要不断总结经验，完善论坛机制建设，使“中部崛起法治论坛”越办越好。

23. 2008 年 9 月 28 日，上半年，中部地区支柱产业、优势产业保持快速增长态势，区位交通、自然资源、科教文化等综合优势进一步发挥。上半年中部地区进一步加大了农业综合生产能力建设投入，夏粮生产再获丰收，农产品加工业继续快速发展。能源原材料产业加快发展，山西、河南、安徽等省大型煤炭基地建设积极推进，钢铁、有色等原材料产业在稳步发展的同时加快了整合提升步伐。工程机械、电动机车、数控系统等装备制造业和信息、生物、新材料等高新技术产业快速发展。综合交通运输枢纽建设加快推进，一批高速公路、客运专线、机场扩建、港口建设等重大工程进展顺利。

24. 2008 年 9 月 27 日，湖北省人民政府在洪山礼堂召开新闻发布会，正式公布经国务院正式批复同意的武汉城市圈资源节约型和环境友好型社会建设综合配套改革试验总体方案的主要内容。

总体方案的核心内容是九大创新：创新资源节约的体制机制，建设节约社会；创新环境保护的体制机制，建设生态城市圈；创新科技引领和支撑“两型社会”建设的体制机制，增强自主创新能力，建设创新型城市圈；创新产业结构优化升级的体制机制，整合圈内产业资源，提升产业层次；创新统筹城乡发展的体制机制，促进生产要素在城乡间合理流动和公共服务向农村倾斜，不断改善民生，建设和谐城市圈；创新节约集约用地的体制机制，探索城乡集约发展新路子；创新促进“两型社会”建设的财税金融体制机制，提供财税金融服务和支撑；创新对内对外开放的体制机制，增强承接国内外资本技术和产业转移能力，打造促进“两型社会”建设的开放型平台；创新行政管理体制和运行机制，建设服务型平台。

会上，湖北省省长李鸿忠在回答记者提问时说，“两型社会”建设是党中央提出科学发展观的具体体现。围绕“两型社会”建设，以转变经济发展方式为核心，以改革开放为动力，以推进基础设施、产业布局、区域市场、城乡建设、环境保护与生态建设“五个一体化”为抓手，率先在优化结构、节能减排、自主创新等重要领域和关键环节实现新突破，率先在推动科学发展、和谐发展上取得新进展，为构建促进中部地区崛起的重要战略支点提供有力支撑。

此前，湖北省召开全省党员干部大会，动员全省加快推进武汉城市圈试验区建设。中共湖北省委书记罗清泉在讲话中强调，中央对武汉城市圈建设“两型社会”试验区赋予的主要任务和功能定位十分明确，其核心是改革创新，切入点是节约能源资源和保护生态环境，关键是转变发展方式，根本目的是实现又好又快发展，走出一条有别于传统模式的工业化、城市化发展新路。这是一项既光荣又艰巨的使命。我们必须以“开风气之先”的气魄和勇气，锐意改革创新，全面推进试验区建设。

湖北省委常委、常务副省长李宪生说，国家的批复使湖北省进入新一轮改革的前沿。目前，我们围绕总体方案，配套制定了5个专项规划、6个配套政策、5项重点工作、三年行动计划、一个重大项目清单、一个操作平台，初步形成了与总体方案相配套的实施框架体系。一批重大项目已经进入前期工作或启动。如武汉新港、青山——阳逻——鄂州大循环经济示范区、武汉临空经济区的建设和设立武汉保税物流中心等。

作为武汉城市圈投融资操作平台的湖北省联合发展投资公司也于日前揭牌。这个公司是省政府直接管理、由国资委履行出资人职责的、自主经营、自负盈亏的大型国有控股企业。公司由湖北省政府和武汉城市圈九个城市的市政府、6家大型中央企业共同出资组建，注册资本32亿元。

25. 2008年9月26日，由中部六省省会城市国税部门共同发起的第二届中部省会城市国税工作交流会，在合肥市召开。合肥、太原、南昌、郑州、武汉、长沙六市国税部门的代表参会。合肥市市长吴存荣、安徽省国税局副局长洪治社等出席会议并讲话。

吴存荣向各市参会代表介绍了合肥市情和近年来的发展概况，并指出，国税机关作为重要的经济部门和执法部门，在中部崛起中有着义不容辞的责任，也具备大有作为的空间。他说，在中部省会城市国税部门之间建立密切深入的协作关系与交流机制非常有必要，为增进中部省会城市之间的相互了解提供了一个很好的机会，必将对合肥市国税工作乃至其他各项工作起到积极促进作用。

与会代表紧紧围绕“税收·发展·崛起”主题，结合各市的经济特点和工作实际，分别就税收管理员制度，税收管理的科学化、精细化、信息化建设，企业所得税管理与反避税工作，纳税服务以及税源建设等内容发表各自观点，交流成功经验。并对促进中部崛起税收政策进行了讨论。

26. 2008年9月23~29日，江西省学习考察团从南昌到内蒙古“呼包鄂金三角”，从内蒙古到安徽合肥，再从合肥回到江西省抚州，一路上，超常规发展的“内蒙古现象”叫人赞叹，日新月异的“合肥速度”使人振奋，抚州红红火火的城市建设令人耳目一新。数千里行程中，看着中西部的兄弟省区又好又快发展，在抚州感受着江西跨越发展的铿锵步履，考察团成员们边考察边感叹、边感叹边思考、边思考边交流，解放思想、抓住新一轮发展机遇的信心更加坚定；加快发展、实现江西崛起新跨越宏伟目标的科学理念进一步增强。

一堂生动、实际、深刻的发展课后，学习考察团成员倍感千帆竞发的竞争压力，胸中奔涌起时不我待的发展激情与决心。

以大项目带动大投入、以大投入推动大发展。内蒙古、安徽等地的经验表明：经济欠发达地区只要思想解放、思路正确、措施得力，在短期内实现生产力水平的大幅提升，推动经济社会又好又快发展，是完全可以做到的，不到4天，学习考察团成员们对内蒙古的印象几乎是颠覆式的。

全区地区生产总值平均增速达20%以上，工业经济效益综合指数目前已超过300%，城镇化率超过50%。尤其令人惊叹的是，截至今年底，内蒙古近两年社会固定资产投资将超过1万亿元。

沿途所见，是众多闻名遐迩的优秀产品、让人目不暇接的重大产业项目以及一个个在市场中处于强势地位的优强企业——

创新理念，产业无中生有。在奶源并不丰富的呼和浩特，蒙牛依靠品牌扩张的力量，从无到有再到壮大成销售收入超200亿元的企业集团，前后不过9年时间，并与伊利一起占据了全国乳业的半壁江山；

依托能源优势，新兴产业生机勃勃。晟纳吉光伏材料有限公司将建成全国最大的半导体硅材料和太阳能电池硅材料的科技研发中心及生产加工基地；亿利能源重化工循环经济产业基地，建成目前世界上最大的乙炔法生产PVC项目；神华煤直接液化项目是世界上第一个大型煤直接液化项目；

开放创新，传统产业迅速升级换代。包钢2007年利润增幅达249%、实现销售收入328.49亿元；内蒙古第一机械制造集团2007年成为销售收入超100亿元企业，连续30年保持赢利；鄂尔多斯成为全国绒纺行业第一大品牌；

同样是实施项目带动战略，合肥为我们提供了不同的发展思路——做强中心城市，带动社会经济大发展。2006年3月，合肥吹响了加快现代化滨湖大城市建设的号角，城市综合承载能力、辐射能力明显加强，为实现跨越式发展提供了强有力的基础设施硬件支撑。

不到2年时间，合肥市投资181.6亿元建设了354个城市路桥项目，投资53.5亿元启动建设27项水系沟通及水环境整治工程，投资27.38亿元建设了98项城市公共基础设施工程……合肥市滨湖新区，这块东依巢湖、通江达海的“黄金宝地”，在2年不到的时间里完成120多亿元的投资，形成了基础设施完备、城市功能配套、人气汇集的核心区。我们惊叹，不仅因为合肥建设项目眼界之高、气魄之大，还因为合肥建设项目推进之快！

在合肥城市建设的宏大乐章中，处处都跳跃着魅力的美妙音符。简洁大气的建筑、宽阔雄伟的大道，彰显出合肥人锐意发展的胸怀；清新的空气中、如洗的蓝天下，合理的功能布局、优美的人居环境，使城市的吸引力大为增强……这样的城市，人们怎不会趋之若鹜？这样的城市，投资者怎不会纷至沓来？

谈项目，言必称区域、全国、全球第一；说合作，谈的都是“国字号”巨头和世界500强。这是学习考察团对内蒙古、安徽的印象。“以大项目带动大投入、以大投入培育大产业、以大产业推动大发展”。从2002～2007年，内蒙古在全国经济总量的排位，由第24位迅速上升到第16位；财政收入增长近5倍；人均GDP超过3 000美元。今年1～8月，合肥市财政收入、社会固定资产投资分别同比增长39%和55.4%。

内蒙古、安徽等地的经验表明：经济欠发达地区只要思想解放、思路正确、措施得力，在短期内实现生产力水平的大幅提升，推动经济社会又好又快发展，是完全可以做到的！

科学的发展理念需通过结合实际、真抓实干予以实践，美好的蓝图要依靠建设者过硬的执行力和操作力才能化为现实。“无功就是过、慢也是过”观念的牢固树立，为内蒙古、安徽的发展提供了强大的精神动力。

在党中央、国务院的正确领导下，中西部地区和全国一样掀起了贯彻落实科学发展观的热潮，为何各地发展快慢不均、质量高下不同？关键在于结合实际、真抓实干的水平有高下之别、建设者的执行力和操作力有强弱之分。

目前，江西省正处于新一轮发展的关键时期。内蒙古、安徽的区（省）情、发展基础与我省相似，其推进经济社会发展的工作理念与方法，尤其值得我们关注与借鉴。

2006年，合肥市为破除长期存在的“慢、小、旧”的落后思想，鲜明提出发展为上、“快”字当头，始终坚持抓投资、抓项目，尤其注重抓具体、抓细节。“让一个企业落户就是发展，让一个项目落地就是发展，让一条道路、一座桥梁早日修成就是发展，让一处拆迁尽快顺利完成就是发展。”发展对于合肥的每一名干部来说不再是抽象的概念，而是手边的工作，是身边的点点滴滴。

“今天的投资，就是明天的发展”——为打造“资本洼地”，合肥市提出“环境比投资更重要”，推出“四部会审”，对52个市直部门的353个行政审批事项进行逐项清理，一次性削减123项，并下放120多项审批权限。

“速度和效率，是区域经济竞争中最为重要的制胜之道”，“无功就是过，慢也是过”——合肥市规定：工业项目必须在 3 个月内、其他项目必须在 4 个月内办好手续，确保开工；为及时发现项目推进过程中的效能问题，该市部委办局的负责人每月必须有几天到一线去当办事员，了解工作运行的微观环节。

这几年，长虹、美的、格力、伊利、鄂尔多斯等一大批落户合肥的项目，从投资洽谈到项目建设直至投产达效，基本不超过 1 年时间，鄂尔多斯项目的建设甚至只用了 5 个月。原计划要用 2 年半的金寨路高架南二环立交，实际仅用 14 个月即告竣工。

解放思想与实际工作紧密结合，“想干事、能干事、干成事”的社会氛围深入人心——合肥市各级干部争创事业的紧迫感以及出色的执行力和操作力，给我省学习考察团留下了深刻的印象。

也就在 2006 年，合肥市被评为全国投资环境 50 优城市、跨国公司眼中最具投资价值的中国城市、浙商（省外）最佳投资城市；2007 年，合肥再获全国十大经商成本最低城市、浙商投资最佳服务城市称号。有了这些品牌，合肥打造“资本洼地”的构想自然水到渠成。

内蒙古真抓实干的本领，同样令人刮目相看。

鄂尔多斯市曾只有 4% 的宜耕宜种土地，土地贫瘠、生态脆弱。2000 年起，该市大力转移农村牧区人口，变革农牧业生产方式，大力发展林沙产业。8 年左右时间，全市植被覆盖率由 2000 年的 30% 飞速增长到 75% 以上，森林覆盖率超过 20% 。在鄂尔多斯市飞播造林现场考察时，当地同志介绍，“在鄂市，培育一颗树木的成本和精力，和抚养一个孩子差不多!”没有实干的精神，这样的业绩在降水稀少、土地贫瘠、地域辽阔的鄂市，简直无法想象。

中西部地区和沿海发达地区的差距表现在规模上，实质体现在发展的速度和质量上。实现崛起、立志赶超，如果不在效益上做文章、不在速度上求突破，必将成为空话。在这一点上，安徽、内蒙古表现出来的紧迫感和抢抓机遇的意识，给我们以深刻启示。

规模偏小、发展不够，仍然是江西当前的突出矛盾。看人家发展，学他人经验，最终要落实到行动上，体现在解放思想、切实解决发展中的突出矛盾上。

“根据全省上下在深入学习实践科学发展观试点工作中形成的共识，在充分看到我省进入新世纪以来取得的巨大发展变化的同时，走出去看看别人的发展变化，进一步开阔视野，解放思想，加快崛起步伐，努力实现胡锦涛总书记对我们提出的‘在促进中部地区崛起中有更大作为’的要求。”

“这次学习考察活动，有两个显著特点：一是不看沿海发达地区，而是看中西部两个省、区；二是把学习考察兄弟省、区的先进经验与实地参观本省的典型结合起来。这样可比性强、可学性也更强。”9月29日，在座谈赴蒙皖学习考察体会时，省委书记苏荣直接“点题”。

“地区与地区之间的竞争发展是客观的，不进则退，小进也是退。”省长吴新雄的话语中，充满加快发展的紧迫感和忧患意识。

实际上，一周时间、数千里行程中，学习考察团的成员们眼观耳闻、善问勤思，始终在震撼中寻找差距，在对比中坚定信心，在谋划未来发展中汲取经验。在现场，考察团成员提问一个接着一个；对现场考察觉得不过瘾的，活动结束后继续与地方或对口部门的同志交流。连日来，他们在接受本报随团记者采访时，抒发了自己的考察感受。这其中，有深刻的思考和剖析，有深切的自省，有善于“拿来”的智慧，更有直抒胸臆的发展雄心。

思想不断被搅动，思路越来越宽广，信心越来越坚定。9月深秋中，我们收获了沉甸甸的发展希望。9月28日下午和次日上午，两个半天的时间里，考察团座谈学习考察体会，结合工作实际热议下一步发展，发言踊跃、不尚虚言、精彩迭出。

“规模偏小、发展不够，仍然是江西当前的突出矛盾。看人家发展，学人家经验，最终要落实到行动上，体现在解放思想、切实解决发展中的突出矛盾上。”

“内蒙古、安徽的发展实践证明，省委、省政府实施的重大项目带动战略是完全符合江西发展实际的。没有项目就没有发展，没有项目就没有后劲，没有项目就难有变化，没有好的项目，优化经济结构就无从谈起。”

“基础设施是持续发展、协调发展的基础和动脉；产业升级是大项目带动的核心问题；要时刻注重研究市场的需求变化，不断提高自主创新能力。”

“我们不能盲目陶醉于自身的区域优势、生态优势，不能盲目陶醉于当前又好又快的发展势头，而应该切实强化机遇意识、危机意识和赶超意识。”

“向内蒙古、安徽学习，要坚韧不拔地学习两省区主抓重大产业项目、主抓重大基础设施建设、主抓财政增长的宝贵经验。”

“实践科学发展观，要善于选择跨越发展的路径，善于提高执行力和操作力。要围绕已经确定的大政方针，持之以恒地一任接着一任干。”

“坚持发展至上，才能后来居上。事业成功，唯在择人。”

思考中、辨析中、展望中，江西新一轮跨越发展的战略更加清晰，行动的决心更加坚定。取他山之石，攻发展之玉。在省委、省政府的正确领导下，在科学发展的康庄大道上，4 300 万赣鄱儿女必将用汗水和智慧浇灌出更为美好的明天。

27. 2008 年 10 月 17 日，据中国人民银行网站消息，中国人民银行和中国银监会日前联合发布《关于加快农村金融产品和服务方式创新的意见》（以下简称《意见》），决定在中部六省和东北三省选择粮食主产区或县域经济发展有扎实基础的部分县、市，开展农村金融产品和服务方式创新试点，促进金融机构进一步改进和提升农村金融服务，积极满足多层次、多元化的“三农”金融服务需求，大力支持和促进社会主义新农村建设。

《意见》提出，近年来中国农村金融产品和服务方式创新取得了积极成效，但是，目前中国农村不少地区金融产品少、金融服务方式单一、金融服务质量和效率不适应农村经济社会和农民多元化金融服务需求的问题仍然突出。在继续优化农村金融基层网点布局、放宽农村金融机构市场准入条件、完善农村金融服务网络、加强农村基础设施建设的同时，以推进农村金融产品和服务方式创新为着力点，目的是进一步促进金融机构加大对“三农”可持续的有效资金投入，创新和完善涉农金融服务新机制，不断满足农村多元化的金融服务需求，让农民得到更实惠、更便捷的金融服务，在更大范围和更高层次上全面提升农村金融服务水平，促进农业增产、农民增收和农村经济繁荣发展。

《意见》明确，试点的主要内容：一是大力推广农户小额信用贷款和农户联保贷款，扩大农户贷款覆盖面，提高贷款满足率；二是创新贷款担保方式，扩大有效担保品范围。原则上，凡不违反现行法律规定、财产权益归属清晰、风险能够有效控制、可用于贷款担保的各类动产和不动产，都可以试点用于贷款担保。三是探索发展基于订单与保单的金融工具，提高农村信贷资源配置效率，分散农业信贷风险。在完善订单农业和农业产业化发展模式的基础上，鼓励涉农银行业金融机构、农村信贷担保机构及相关中介机构加强与保险公司的合作，以订单和保单等为标的资产，探索开发“信贷+保险”金融服务新产品。四是在银行间市场探索发行涉农中小企业集合债券，拓宽涉农小企业的融资渠道。五是改进和完善农村金融服务方式，提高涉农金融服务质量和服务效率。积极推进农村金融服务电子化、信息化和规范化。

《意见》提出了支持试点的六项配套政策措施：一是综合运用多种货币政策工具，建立推进农村金融产品和服务方式创新的正向激励机制；二是通过银行间市场发行资产证券化产品和信用衍生产品，拓宽涉农金融机构的资金来源，分散农业贷款的信用风险；三是加快农村支付体系建设，提高农村地区支付结算业务的便利度；四是加强农村信用体系建设，改善区域金融生态；五是按照“宽准入、严监管”和“区别对待”的原则，完善和实施农村金融产品和服务方式创新的市场准入扶持政策；六是发挥财政性资金的杠杆作用，增加金融资源向农村投放的吸引力。

《意见》强调，试点工作要坚持三个原则：一是市场化和政策扶持相结合的原则，以市场化为导向，以政策扶持为支撑，健全和完善正向激励机制，充分调动和激发各类市场主体内在积极性和创造性；二是因地制宜原则，根据农村经济社会发展变化实际特点，积极探索、创新适合当地实际、可操作性强的金融产品与服务方式，重在实际效果；三是优化服务和风险可控原则，积极运用现代商业网络信息技术和现代化管理手段，改进和提升面向“三农”的金融服务，审慎稳健开展金融创新，合理分散金融风险。

《意见》要求，试点从2008年下半年起，在中部六省和东北三省各选择2~3个有条件的县、市，开展试点工作，每个省集中抓好2~3个金融产品创新和推广。试点地区的中国人民银行省级分支机构会同当地银监局统筹协调组织本省的试点工作，试点县的人民银行分支机构和当地银监会派出机构要加强与当地财政、保险和农业管理等部门的协作配合及信息沟通交流，加强试点工作管理，加强试点效果动态跟踪监测和及时报告评估，共同努力保证试点取得预期效果。

28. 2008年10月17日，从市发改委获悉：近日在深圳举行的第十届中国国际高新技术成果交易会上，国家发改委正式向全国7个新认定的新材料国家高技术产业基地授牌。我市作为中部六省唯一入选的城市，领到了这块极具含金量的“金字招牌”。

市发改委高技术科负责人介绍，国家建设新材料国家高技术产业基地，将围绕信息、生物、航空航天、新能源和重大装备等产业发展的需求，以电力信息材料、航空航天材料、新能源材料、环保节能材料等为发展重点。

经过多年发展，我市有材料企业352家，其中新材料企业165家，新材料产业集群效应凸显，产业基地初具规模。经过近一年的争取和努力，借助我市在新材料产业上的基础和优势，今年5月，我市成功入选此次国家级产业基地。

据介绍，我市将重点发展五大新材料产业，即晶体硅半导体材料及太阳能光电产业，钼钨钛、新型耐火材料、铝镁板带、电子铜基材料等新型功能材料产业，电子玻璃、等离子玻璃基板等新型显示材料产业，聚氨酯等新型化工产业，超硬材料及制品产业。

此外，我省正在谋划建设发展工业的"两谷八基地"，我市的新材料基地成为"八基地"之一，目前相关发展规划正在制定中。

市发改委负责人表示，此次正式授牌之后，国家有望对入选的新材料产业基地出台一系列优惠政策，在项目审批、资金等方面支持新材料产业，建立有利于新材料产业集聚式发展的政策环境。以此为契机，我市将打造中西部地区最大的新材料产业基地，力争到2015年，使全市新材料产业实现工业产值1 000亿元。

29. 2008年11月2日，中部六省在南昌签署协议约定，从2009年开始，每年的第四季度联合举办"高校毕业生就业服务月"活动，共同开发人才资源，促进高校毕业生就业。

在2日举行的第三届中部崛起人才论坛上，中部六省人事厅共同签署了《中部六省联合举办高校毕业生就业服务月活动协议》，从2009年开始，中部六省将各自组织和收集本地的招聘信息，统一以网络招聘会的形式集中发布，各省人才市场在服务月期间举办一次面向高校毕业生的大型招聘会。服务月期间，中部六省将分别与本地高校建立紧密联系，广泛收集毕业生信息，扩充并更新高校毕业生人才库，帮助用人单位招聘合适人才，提高毕业生就业推荐成功率。

江西省人事厅厅长揭赣元介绍说，中部六省还约定在服务月期间开展"高校毕业生就业指导校园行"活动，采取演讲、报告会等形式宣传就业政策，提供就业指导，增强毕业生就业能力。

高层次创新创业人才普遍缺乏，是制约中部地区崛起的重要瓶颈。为此，中部六省人事厅共同签署了《关于进一步加强中部六省人才合作的意见》和《中部六省高层次专业技术人才培养合作协议》。六省还将依据用人需求，联合招聘、轮流培养高层次人才，建立高层次人才共引、共育机制，努力把中部地区打造成高层次人才创新创业的集聚高地。

中部六省约定，今后将分门别类制定农业、能源原材料、高新技术、现代装备制造和交通物流、金融等领域紧缺急需专业的高层次人才目录，统一面向社会发布，联合招聘。

30. 2008 年 11 月 2 日，江西、河南、山西、湖南、湖北和安徽中部六省组织人事部门在第三届“中国·中部崛起人才论坛”上，针对中部人才问题，正式签订了六省人才开发合作的 3 个协议：《进一步加强中部六省人才合作的意见》、《中部六省高层次专业技术人才培养合作协议》和《中部六省联合举办高校毕业生就业服务月活动协议》。

（1）高层次人才共引共育共享。

今后，对于高层次人才，中部六省将共引、共育、共享。

据了解，中部六省将依据用人需求，分门别类地制定紧缺急需专业（岗位）高层次人才目录（农业、能源原材料、高新技术、现代装备制造和交通物流、金融等领域），统一面向社会发布，联合招聘引进高层次人才；定期轮流培训中部六省高层次人才，六省商定各省将遴选出自己最具优势的一个学科项目，联手搭建培养平台，对区域内紧缺的高层次人才、创新型人才和急需人才进行培养；鼓励支持各省高层次人才以讲学、兼职和承包项目等方式在中部六省自由服务，开展互派博士服务团、互派青年干部挂职锻炼活动，建立中部六省高层次人才库，逐步实现区域内高层次人才共享。

（2）试行各建人才特区。

六省将试行人才特区制度。各在类似的支柱产业、高新技术产业、新兴产业和重点行业建立人才特区，制定相关的特殊优惠政策，引导和鼓励特区内高层次人才自由地流动。

2009 年起合办“就业服务月”。

六省还商定了从 2009 年起，每年的第四季度联合举办“高校毕业生就业服务月”活动。该活动包括：组织举办中部六省高校毕业生现场招聘大会、网络招聘大会、扩充高校毕业生人才库和开展高校毕业生就业指导等。

31. 2009 年 1 月 14 日，据武汉海关昨日统计数据显示，2008 年我省外贸进出口总值首次突破 200 亿美元，比上一年增长 38.4%，再创历史新高，进出口总值居中部六省首位。全年贸易顺差 26.1 亿美元，增加 11.2 亿美元，涨幅超过 75%。其中出口 115.9 亿美元，增长 41.8%，加快 11.2 个百分点；进口 89.8 亿美元，增长 34.3%，加快 12.3 个百分点。

32. 2009 年 1 月 19 日，山西省国税局坚持依法征税，加强对税收收入的监控和预测，尽最大努力防止收入大起大落，使国税收入继续保持了持续快速增长。2008 年，该局共组织国税收入 971.1 亿元，是国家计划的 114.1%，比上年同期增长 30.33%，增收 226 亿元，收入总量首次在中部六省位居第一。

33. 2009 年 1 月 21 日，尽管受国际金融危机等不利因素影响，2008 年河南省仍新增境内外上市公司 7 家，首发募集资金 27.6 亿元。截至 2008 年年末，河南上市公司已达到 62 家，在中部六省中居第二位。

去年 IPO 募资 27.6 亿元，记者在河南证券期货监管工作会议上获悉，去年河南省新增境内外上市公司 7 家，首发募集资金 27.6 亿元，其中在 A 股首发募集资金 7.95 亿元。截至 2008 年年底，河南省在境内外上市公司已达到 62 家，在中部六省中仅次于湖北省的 64 家。

此外，辉煌科技已经获得发审委审核，安阳钢铁通过定向增发实现了主业整体上市，华兰生物、风神股份等都实现定向增发，募集资金约 8.8 亿元。此外同力水泥、许继电气、中孚实业等公司的再融资申请材料也正在证监会审核。

# 后　记

2006~2008年中部发展蓝皮书：《中国中部经济发展报告》出版之后，受到广大读者的欢迎和好评，同时也收到宝贵的建议，这给我们极大的鼓励和鞭策。

《中国中部经济发展报告》为南昌大学中国中部经济发展研究中心主办、定期出版的理论文集。着重反映中国中部经济发展中的重大理论与现实问题，汇集这个方面的优秀成果。《中国中部经济发展报告》第一部分为中部地区经济发展评价报告；第二部分为中部地区经济发展专题研究报告，含中部经济与区域协调发展、中部工业与产业集群、中部资源与生态经济、中部科技创新与人力资源开发等栏目、第三部分为中部地区经济发展大事记等。

《中国中部经济发展报告》热烈欢迎您的投稿，让我们共同为中国中部崛起贡献力量。以下是投稿体例说明：

1. 来稿篇幅以8 000字为宜，稿件以纸质稿件或电子稿件形式投稿均可，来稿请邮寄：南昌市南京东路235号南昌大学中国中部经济发展研究中心，邮编：330047；电子邮箱：zbfzzx@126.com，联系人：吕唏；联系电话：0791-8304401。

2. 论文的中文正标题一般不超过20个汉字，必要时可加副标题。

3. 请附不超过200~400个字的摘要，3~6个关键词。同时，文章题目、作者单位、摘要及关键词均要译出英文，作者姓名要标出汉语拼音。

4. 国家、省部级基金及其他重大或重要科研项目产出的文章请注明项目名称和项目主持人名字。在括号内注明项目编号，并附上复印件。

5. 论文架构，一般以“一”、“1”、“(1)”作为文章层次，要通过简短的小标题方式加以提炼主要观点，以示突出。

6. 注释集中写在文章正文后，并标上序号，标明作者、篇名、出版社（或杂志名）、年份（或年期）和页码。

7. 论文须有引用文献，采用实引方式，参考文献列于文末，并标上序号，正文中也相应用方括号标注。请在文献题名后注明文献类型（专著M、论文集C、报纸文章N、期刊文章J、学术论文D、论文报告R、标准S、专利P、电子文献［EB/OL］）。文献著录格式如下：

（1）著作：［序号］主要责任者．文献题名［M］．版本．出版地：出版者，出版年：起止页码（任选）。

（2）期刊文章：［序号］主要责任者．文献题名［J］．刊名，年，（期）：起止页码。

（3）报纸文章：［序号］主要责任者．文献题名［N］．报纸名，出版日期（版次）。

（4）论文集中的析出文章：［序号］析出文献主要责任者．析出文献题名［A］．原文献主要责任者．原文献题名［C］，出版地：出版者，出版年：析出文献起止页码。

（5）译著：［序号］（国名或地区）主要责任者．文献题名［M］．（译者）．出版地：出版者，出版年：起止页码（任选）。

（6）电子文献：主要责任者．电子文献题名［EB/OL］．文献出处或可获得地址，发表或更新日期。

8. 来稿请按本刊的编排格式打印，若稿件中含有数学公式、表格、曲线图及其他图表，请用计算机编写相关内容，并务必保证其中的符号、数字、文字、图线清晰规范，以便本刊排录时直接按原样扫描。

**《中国中部经济发展报告》编辑部**

2009年1月20日